学习力养育法

如何培养身心健康、积极向上的孩子

饶清 —— 著

电子工业出版社
Publishing House of Electronics Industry
北京·BEIJING

内容简介

本书聚焦于青少年成长痛点，以"学习力 = 梦想 + 目标 + 自律 + 积极心态 + 人际支持 + 方法 + 坚持行动"为核心框架，融合教育学与心理学理论，通过大量真实案例与实操策略，系统破解学习动力不足、情绪管理、人际冲突、方法低效等七大成长难题。书中提供职业倾向测试、目标设定、自律评估等实用工具，配套 104 张思维导图辅助理解。

本书适合家长、教育工作者及心理辅导师阅读，帮助读者掌握科学教育方法，引导孩子构建积极心态与高效学习体系，是家庭教育与青少年成长的实用指南。

图书在版编目（CIP）数据

学习力养育法 ： 如何培养身心健康、积极向上的孩子 / 饶清著． -- 北京 ： 电子工业出版社，2025. 8.

ISBN 978-7-121-50957-5

Ⅰ．G782

中国国家版本馆 CIP 数据核字第 202542YY14 号

责任编辑：张慧敏

文字编辑：葛　娜

印　　刷：中国电影出版社印刷厂

装　　订：中国电影出版社印刷厂

出版发行：电子工业出版社

　　　　　北京市海淀区万寿路 173 信箱　邮编：100036

开　　本：720×1000　　1/16　　　印张：18.25　　字数：350.4 千字

版　　次：2025 年 8 月第 1 版

印　　次：2025 年 8 月第 1 次印刷

定　　价：69.00 元

推荐序

以学习力养育，点亮生命的无限可能

在教育的田野上，我们始终在追问：什么样的力量能真正唤醒孩子的成长自觉？当知识获取的渠道日益多元时，当"内卷"与"躺平"的声音交织碰撞时，广元天立学校心理教师饶清用《学习力养育法：如何培养身心健康、积极向上的孩子》一书，给出了极具时代价值的回应——教育不是灌输知识的容器，而是点燃生命的发展引擎。这部凝聚一线教育智慧的著作，将"学习力"拆解为可测量、可干预的动态系统，为破解当代青少年成长困境提供了科学路径。

学习力本质上是生命力的教育表达。本书中提出的"梦想—目标—自律—心态—人际—方法—行动"七维模型，打破了传统教育中"唯分数论"的线性思维。饶清老师通过大量真实案例让我们看到：当学生用航天梦点燃物理公式时，当人际冲突转化为情绪管理的实训课时，当错题本成为成长型思维的训练场时——学习便不再是痛苦的消耗战，而进化为持续终身的自我完善能力。这种将心理学原理转化为教育生产力的实践智慧，正是核心素养时代最珍贵的育人方法论。

本书最动人的力量在于其"问题导向"的实践品格。针对"知道但做不到"的教育痛点，书中没有停留在理论阐述层面，而是用"梦想可视化工具""目标拆解阶梯"等具体策略，搭建起从认知到行动的桥梁。这些经得起验证的解决方案，折射出作者深耕教育现场的专业沉淀。

作为校长，我特别珍视书中"人际支持"维度的创新阐释。在数字化生存成为常态的今天，饶清老师敏锐指出：真正持久的学习力，必然诞生于高质量的师生、亲子、同伴关系中。本书中的系列实操工具，将抽象的教育理念转化为可操作的对话模板。当教育者从"管理者"转型为"成长伙伴"时，当家庭从"压力源"转变为"能量站"时，我们便创造了滋养学习力的生态系统。

在翻阅书稿时，我常想起古希腊哲学家苏格拉底"产婆术"的教育隐喻。饶清老师就像智慧的助产士，通过精准的提问技术、专业的评估工具，帮助学生发现自己本就拥有的成长潜能。这种"赋能而非替代"的教育哲学，与天立教育"立身、立德、立学、立行、立异、立心、达人"的育人理念深度契合。本书中的大量实践案例，正是我校"绿色教育"理念的生动注脚。

站在教育转型的历史节点，本书的价值已超越方法论层面。当"双减"政策重构教育生态时，当 AI 挑战人类传统学习方式时，培养具备持续进化能力的学习者，已成为关乎国家竞争力的战略命题。饶清老师用数年心血凝练的这套体系，不仅是个体突围的成长指南，更是面向未来的教育设计方案。

期待每位翻开本书的教育者，都能获得重构教育实践的勇气与智慧。让我们共同践行这种"全人发展观"下的学习力养育——因为今日我们如何定义学习力，明日世界就将收获怎样的创造者。这或许就是教育本该应有的最本真的样子：在成就他人的过程中，永远保持对生命可能性的敬畏与期待。

广元天立学校总校长　黄永贵

序言

如何培养身心健康、积极向上的孩子

为什么要写本书

在当今这个竞争激烈、信息爆炸的时代，每一位家长都渴望自己的孩子能够身心健康、积极向上，拥有卓越的学习能力，以应对未来的种种挑战。然而，**孩子的成长之路并非一帆风顺，学习动力不足、成绩起伏不定、情绪波动大、人际关系紧张等问题常常让家长们忧心忡忡，却又感到迷茫与无助。**

作为一名长期从事心理辅导和生涯规划工作的一线教师，在与众多孩子和家长的交流中，我深刻洞察到他们在成长和教育过程中所面临的困境与焦虑。我深知，孩子的成长不仅依赖学校教育，家庭教育的作用同样至关重要。然而，许多家长在面对孩子的教育问题时，往往缺乏科学的方法和系统的指导，只能凭借自己的经验和直觉去应对，结果往往不尽如人意。

基于这些深刻的洞察和关怀，我决定写下本书。在多年的实践中，我总结出了影响孩子学习和成长的七大心理难题，以及对应的七把解决方案的金钥匙。这些金钥匙就像开启孩子心灵深处宝藏的工具，能够帮助他们克服困难，发掘潜力，实现自我价值。我渴望通过本书，将这些宝贵的经验和方法分享给更多的家长，让他们能够更加科学、有效地引导孩子成长，帮助孩子们在学习和生活中取得更好的成绩，培养出积极向上的人生态度。这不仅是我作为教育者的责任，更是我对孩子们未来的深切期望。

本书特色

本书以创新性的"学习力公式"为基石，深入探索孩子学习与成长的多元面向，涵盖心理机制、行为模式及学习习惯等关键领域。该公式"**学习力 = 梦想 + 目标 + 自律 + 积极心态 + 人际支持 + 方法 + 坚持行动**"不仅是一个理论框架，更是实践指南，引领家长全方位、多维度地助力孩子成长。本书特色主要体现在以下四个方面：

1. 理论与实践紧密融合

本书立足于教育学与心理学的深厚底蕴，同时吸纳了作者多年实战经验的精髓。每个章节围绕公式中的核心要素，不仅提供了坚实的理论基础，而且通过实践验证的方法论，确保了内容的实用性和可操作性。家长不仅能从中洞悉孩子成长的科学规律，还能学会一系列实战技巧，将理论与实践无缝对接，共同推动孩子的全面发展。

2. 系统性与针对性精妙结合

孩子的成长是一个多维度交织的复杂过程，本书从学习力公式的七大支柱出发，构建了一个全面且系统的成长框架。同时，针对每个要素展开深入探讨，提出了一系列具有高度针对性的解决策略，无论是对学习动力的激发、情绪管理的优化，还是对人际关系的建立、学习方法的提升，都提供了详尽而有效的指导。这种兼顾系统性与针对性的设计，使本书成为家长应对孩子成长挑战的得力工具。

3. 丰富案例易于理解

本书精选了众多真实生动的案例，覆盖了不同年龄段和学习阶段的孩子，展现了孩子成长过程中的种种挑战与应对策略。这些案例不仅增强了内容的可读性和吸引力，更重要的是，它们为家长提供了直观的问题呈现与解决方案示例，有助于家长深入理解问题本质，并将所学方法灵活地应用于实际教育场景中。

4. 思维导图助力高效学习

为了进一步提升读者的学习效率，本书精心设计了 126 张思维导图，这些图表以直观、简单的方式提炼了书中的核心观点与关键信息，帮助读者快速把握章节精髓，加深记忆。思维导图的运用，不仅提升了学习的效率，而且促进了知识的内化和应用，为读者提供了强有力的支持与指导，助力孩子在成长的道路上稳步前行。

本书读者定位

本书主要面向以下几类读者：

1. 家长

家长是孩子成长过程中最重要的陪伴者和引导者。本书为家长提供了一套科学、系统的教育方法和理念，帮助他们更好地理解孩子的心理特点和发展规律，解决孩子在学习和成长过程中遇到的各种问题。无论是孩子的学习动力不足、成绩不理想，还是情绪管理困难、人际关系紧张，家长都能够在本书中找到相应的解决方案，从而更加自信、从容地面对孩子的教育问题。

2. 教育工作者

教育工作者在孩子的成长过程中也扮演着重要的角色。本书不仅关注孩子的学习问题，还深入探讨了孩子的心理健康、人际交往等方面的内容，为教育工作者提供了更全面、更深入的教育视角。通过阅读本书，教育工作者可以丰富自己的教育理念和方法，更好地开展教育教学工作，为孩子的全面发展提供支持和帮助。

3. 心理辅导老师

心理辅导老师在帮助孩子解决心理问题、促进孩子健康成长方面具有专业优势。本书中关于孩子心理特点的分析、心理问题的解决方法等内容，对于心理辅导老师来说具有很高的参考价值。心理辅导老师可以将书中的理论和方法与自己的专业实践相结合，为孩子提供更加科学、有效的心理辅导服务。

学习建议

为了更好地从本书中受益，我建议读者在阅读过程中注意以下几点：

1. 深度思考，个性化应用

在阅读本书时，请深入思考书中的理念与方法，并紧密关联孩子的独特性格、兴趣及学习模式。每个孩子都是独一无二的，因此，在应用书中的策略时务必灵活变通，避免机械复制。唯有将理论与孩子的实情相结合，方能发挥策略的最大效用，促进孩子健康成长。

2. 亲子共读，携手成长

本书不仅是家长的教育宝典，还是亲子共读的优选。与孩子一同探索书中的内容，讨论成长难题与解决之道，不仅能加深亲子情感，还能让孩子深刻理解并主动实践书中的智慧。在共读过程中，家长能更贴近孩子的内心，适时调整教育策略，实现亲子的共同成长。

3. 实践为基，持续改进

提升孩子的学习力与积极品质，需长期不懈地实践与探索。请将书中的方法融入日常，细心观察孩子的变化，积极反思并调整策略。实践是检验真理的唯一标准，通过不断试错与改进，方能助力孩子形成良好习惯与积极态度，促进其全面发展。

以上建议，将助力您更有效地从本书中汲取养分，与孩子一同踏上成长的快车道。

致谢

在本书的写作过程中，我得到了许多人的帮助和支持。首先，我要感谢我的家人，他们一直默默地支持着我的工作和写作，给予我无尽的爱与鼓励。没有他们的理解和支持，我不可能有时间和精力完成本书的写作。同时，我要感谢我所接触过的孩子和家长，他们的故事和经历为我提供了丰富的素材和灵感。正是在与他们的交流和互动中，我不断深化了对教育和成长的理解，也更加坚定了我为孩子们服务的信念。此外，我还要感谢我的同事和同行们，他们在教育领域的专业知识和实践经验为我提供了宝贵的参考和借鉴。最后，我要感谢本书的编辑老师们，他们对本书的精心策划和编辑，使本书能够以更加完美的形式呈现给读者。

培养身心健康、积极向上的孩子是一项艰巨而伟大的任务，需要我们每一位家长、教育工作者和社会各界的共同努力。我衷心希望本书能够为家长们提供一些有益的指导和帮助，让我们携手共进，为孩子们创造一个更加美好的成长环境，助力他们走向成功的未来，拥有自己的璀璨人生。

饶 清

2025 年 1 月 10 日

目录

第 3 章 培养自律能力，帮助孩子养成良好的学习习惯 / 77

第 5 章　好的人际关系，为学习奠定情绪基础 / 149

第 1 章

点亮梦想，
为孩子找准努力方向

"孩子们的梦想是他们前进的动力，让他们不断超越自己。"

——古希腊哲学家苏格拉底

1.1 是什么盗走了孩童时代的梦想

1.1.1 你的孩子有梦想吗

每个人都有梦想，尤其是在孩童时代。有的孩子梦想成为医生、老师、科学家，有的孩子希望长大后能当工程师、军人、警察、律师、艺术家或作家。有的孩子想考入清华、北大等世界名校。

那你知不知道，你的孩子有什么梦想？长大想去哪里，想做什么呢？

虽然有些梦想会随着时间的流逝逐渐被淡忘，但它们却是孩子们年少时最珍贵的回忆和信仰。梦想，就如孩子们的力量源泉，激励他们勇往直前。

> 我有一个表妹，在她6岁的时候，镇上有商家举行抽奖活动。大人们喜欢让小孩子去抽奖，他们认为小孩子的手气很好，会带来好运。妹妹也真的很厉害，抽中一个很大的皮质旅行箱。大家在称赞她的好运气的时候，也打趣地问她拿着旅行箱干吗。妹妹当时很自豪地说："我要带着旅行箱去清华大学读书！"逗得大家哈哈大笑，笑声中带着赞扬，小小年纪志气高！
>
> 当然，妹妹学习很努力，不负众望，初中考到了全市最好的学校。她带着装着清华梦的旅行箱去县城上中学，随后又被保送到本校的高中部。妹妹上了高中后，在学习上也遇到过低谷，但是因为有名校梦，她一直努力去战胜学习上的困难。最后，她通过努力考上了上海交通大学。

"梦想是成功的翅膀，努力是梦想的动力。"妹妹的故事就是一个生动的例证。她不仅拥有远大的梦想，更用实际行动去追逐这个梦想，最终实现了自己的名校梦。对于莘莘学子，只要有梦想，有决心，有行动，就一定能够战胜一切困难，走向成功的彼岸。

梦想需要媒介。例如，上面案例中与梦想有关的旅行箱。

小时候，要去清华大学读书，也许只是妹妹当时不假思索的一个想法。长大一点儿，看着旅行箱，她就会忆起当时要上清华的梦想。这个旅行箱，在她看得见的地方，总激励着她成长。

梦想也需要可触，看得见。例如，访校，或与梦想相关的图片资料。

在写这部分内容的时候，刚好我先生告诉我，他的学生正在北大参观，这个学生的妈妈拍了照发朋友圈。看到这一张张照片，就会激起孩子的向往，让她记着自己努力的方向。

可见，梦想对孩子至关重要。孩子的梦想就像夜空中的星星，虽然遥远，但永远闪耀。梦想也会让孩子们拥有追求和坚持的力量，尤其是在遇到困难的时候，激励他们在人生的旅程中不断前行。

作为父母，我们的支持是孩子实现梦想的强大后盾，会让他们在成长的道路上勇往直前。亲爱的家长朋友们，你们也可以在周末的亲子时光中和孩子聊聊梦想，看看孩子将来长大后想做什么。

1.1.2 是什么盗走了孩子的梦想

看着孩子一天到晚玩手机，作为父母，你是不是恨铁不成钢？这怎么了得！再这么玩下去，不要说实现以前的豪情壮志和立下的梦想了，就是将来长大了能干什么呀？很多家长气啊，但毫无办法。

每个孩子都曾怀揣着一个个伟大的梦想前行。然而，随着孩子们逐渐长大，他们的梦想却变得模糊而遥远。

那么，是什么盗走了孩子的梦想呢？

作为一个有着多年学生心理辅导经验的老师，我发现孩子的梦想"消失"的主要原因有三点：父母态度、心理因素、社会因素。

是什么盗走了孩子的梦想
- 父母态度
- 心理因素
- 社会因素

1. 父母态度

　　小刘同学是一名高中生，从小崇尚自由，她梦想成为一名舞蹈家。在她小的时候，在舞蹈方面，父母投入了很多时间和金钱培养她，但面临高考，父母却坚持认为舞蹈这个职业是吃青春饭的，会受到年龄的限制，希望她选择教师或医生这类不受年龄限制，甚至越老越吃香的职业。最终，在家庭的压力下，小刘放弃了自己的梦想，选择了自己不喜欢的医学专业。但由于以前一直想走舞蹈专业路线，而忽视了文化课的重要性，最终小刘也没有考上理想的大学。

孩子小的时候，父母总是给孩子报各种兴趣班。那报班的目的是什么呢？是期待孩子有一个兴趣爱好，还是有一技之长？

根据**兴趣修炼三阶段模型**，兴趣是不断发展的。如果孩子对某个事儿有兴趣，就可以发展为爱好，也就是我们常说的乐趣。而随着时间的投入，爱好加深与聚焦，就会转变为志趣，形成技能，变成孩子的职业向往。

兴趣修炼三阶段
- 第三阶段：志趣
- 第二阶段：乐趣
- 第一阶段：兴趣

就如上面的兴趣修炼三阶段模型，小刘同学在舞蹈上的投入，从兴趣发展到乐趣，再到志趣，这颗梦想的种子从小就种下了，不断地发芽成长。

父母突然让孩子放弃自己喜欢做的事情，虽然孩子勉强答应，但却削弱了孩子的内在动机。如果父母帮助孩子选择了一个他们不太擅长的职业领域，那么对于孩子来说就是一种灾难。案例中的小刘同学，由于在舞蹈上投入了太多的时间，导致文化课落下不少，而且又选择对分数要求较高的医学专业，本身就是一种风险，所以她没考上理想的大学，也很正常。

可见，父母的期望、态度和支持对孩子的成长和发展是多么重要。如果父母对孩子的梦想不够支持和理解，或者对他们的选择进行过多的干预，则不仅会影响孩子的积极性和自信心，还会影响孩子的职业发展。

我在为学生进行生涯规划的时候，也会遇到孩子的职业想法和父母的想法不一致的情况。出现这种情况后，父母该怎么做才能避免亲子矛盾呢？

首先，尊重孩子的兴趣，助力孩子选择。

在孩子的成长中，父母的角色至关重要。父母应尊重孩子的兴趣和选择，细心观察，倾听孩子的心声，去发掘孩子的兴趣点。同时，鼓励其尝试和探索，并且提供必要的支持和资源，而不应强制干涉。

面对兴趣与学业的冲突，父母应与孩子共同探讨，平衡两者。例如舞蹈，假如孩子坚定要走职业舞蹈路线，父母应和孩子一起讨论，在当今环境下，把舞蹈当作职业的可行性，以及所面临的机遇和挑战。如果不能把舞蹈当作职业，孩子可以继续把跳舞当作兴趣，但在时间上可以适当减少投入。

父母应在引导孩子明确自己的选择的同时，培养他们的"兜底意识"。从当前高校录取情况来看，名校的艺术类专业既看中专业成绩，也看中文化课成绩。如果父母担心走艺术这条路会影响到学习，那么需要明确地向孩子表达自己的担忧，让孩子在追求艺术的道路上尽量不影响学习。

只有在尊重与引导的基础上，孩子才能在和谐、宽松的环境中健康成长，展现出最佳状态。父母的支持与理解，是孩子追求梦想道路上最坚实的后盾。

其次，和气探讨是解决与孩子的职业选择冲突的关键。

面对孩子的职业选择，父母有时会有自己的担忧。例如，有的父母会因孩子对法医学专业的热情而感到不安，担心与尸体打交道的工作内容，而孩子却觉得法医学专业很酷，双方在这个问题上僵持不下。面对这类亲子冲突该怎么办？

一方面，父母需要确保孩子明白自己的担忧是出于对他们的未来考虑，而不是反对他们的梦想；另一方面，避免将自己的意愿强加给孩子。

为了解决这类冲突，父母需要坐下来与孩子进行深入的沟通，了解他们的动机和想法。这种探讨还可以引导孩子对自己的兴趣进行更深入的思考。

父母也需要引导孩子全面了解其所选职业，包括工作内容、就业前景和挑战，确保他们的兴趣与目标相符。若父母仍有疑虑，在不否定孩子的职业梦想的前提下，可探讨其他相关职业。比如孩子在录取分数段内选不到法医学专业，能否接受临床医学或口腔医学专业，以确保孩子未来的职业发展。

无论孩子选择何种专业，父母的支持和鼓励都不可或缺。父母的陪伴和引导，是孩子追求梦想道路上最坚实的后盾。

最后，探索多元职业路径，助力孩子摆脱困境。

做自己感兴趣且擅长的事情，无疑是最幸福的。尊重孩子的兴趣和梦想是关键，但面对现实，父母也需要引导孩子理性思考。若孩子在某领域难以突破，长期下去就会陷入痛苦和挫败感中。

例如，热门领域如计算机、电子信息虽好，但对物理知识要求高，若孩子对此无兴趣或能力不足，则可探讨其他选择。

父母可以鼓励孩子尝试多种选择，发现真正适合自己的领域。重要的是，孩子喜欢的、擅长的、适合自己的才是最好的职业方向。

三百六十五行，行行出状元。**每个孩子都是一座富矿，蕴藏着自己的优势和潜能。**作为家长，我们要做一个积极的挖矿人，多发现孩子的优势，陪伴、引导和支持孩子，让孩子在成长的道路上充满信心和勇气。

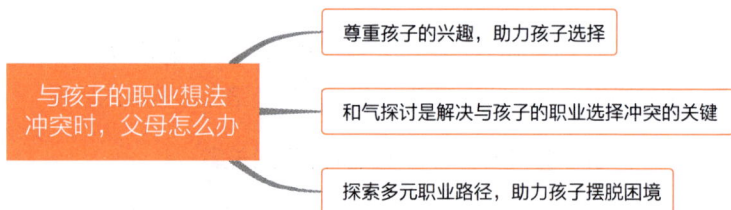

与孩子的职业想法冲突时，父母怎么办

- 尊重孩子的兴趣，助力孩子选择
- 和气探讨是解决与孩子的职业选择冲突的关键
- 探索多元职业路径，助力孩子摆脱困境

2. 心理因素

小李同学从小就梦想成为一名优秀的画家，尽管他很努力，但他的画作总是不尽如人意。同学们也总是嘲笑他，说："小李，你看你画的是什么鬼？""你的画是我见过最丑的画了！""哈哈哈！"虽然他很有创意，但面对同学们的取笑，渐渐地，他开始怀疑自己的能力，并思考自己是不是真的不适合画画。慢慢地，小李失去了对绘画的热情，最终放弃了成为画家这个梦想。糟糕的是，从此以后，他做什么事情都不够自信，害怕别人评价他。

小李同学的故事，让我们看到了一个孩子在面对挫折和负面评价时，是如何逐渐失去自信和梦想的。

心理学告诉我们，**自信是一个人对自身能力和价值的肯定。**而自信的建立，往往需要正面的反馈和肯定。当小李面对的是负面评价时，他的自信被削弱，这进一步影响了他对绘画的热情和坚持。更糟糕的是，这种挫败感逐渐泛化到他的其他行为中，使他在做任何事情时都变得不够自信，害怕别人的评价。

作为家长，我们该如何在这个关键时刻为孩子提供心理支持和鼓励，帮助他们建立自信、提升应对困难的能力呢？

第一，观察孩子的心理变化，及时交流。

孩子的情绪和心态是内心的真实反映。当孩子出现沉默、厌学或易怒等情况时，这往往是内心困扰的信号。家长应敏锐捕捉这些变化，及时与孩子沟通，了解他们的真实感受。

例如，大多数孩子的情绪会受到分数的影响，考得好的孩子回到家后话都要多很多，而没考好且很注重学习的孩子往往会表现出闷闷不乐。如果家长能注意到这一点，及时与孩子沟通并给予鼓励，则会帮助他们缓解情绪，重拾信心。

第二，带孩子参与多样活动。

活动是孩子成长的催化剂，不仅可以拓宽视野，还可以锻炼社交能力。家长应根据孩子的兴趣选择适合的活动，如体育、艺术、社区服务等，并确保孩子定期参与。

在活动前，家长可以与孩子进行深入沟通，了解孩子参加活动的期望、担忧和目标。在活动过程中，家长应强调参与的重要性，而非结果。例如，孩子想参加绘画班，但是又担心绘画不好被人取笑。这个时候家长可以给孩子"打预防针"，告诉孩子："爸爸妈妈理解你的担心，你担心的这种情况可能有。但我们是去学习绘画的，自己不断进步就好。相信你通过自己的努力，认真学习，课程结束的时候，肯定会画得非常好。"

当孩子面对失败时，家长的情感支持至关重要。但是家长的鼓励绝不是简单的一句"失败是成功之母！""下次努力！"家长可以通过复盘活动引导孩子从失败中吸取教训。

第三，挖掘孩子的优势，增强自信。

每个孩子都有独特的优势。家长要善于发现并鼓励孩子发展自己的长处。当孩子出现自卑或缺乏自信时，提醒他们关注自己的优势，有助于提升其自信心。

例如，小刚在数学方面不如人意，但妈妈发现了他在英语、记忆和表演方面的天赋，妈妈还表示愿意帮助小刚提升数学成绩。在这种情况下，小刚不仅看到了自己的优势，提升了自信心，而且在妈妈的鼓励下也愿意学好数学。

第四，鼓励孩子寻求专业心理支持。

在面对复杂或难以解决的问题时，寻求专业的心理支持是必要的。家长可以考虑带孩子与心理老师或咨询师进行交流。例如，小丽最近因为学习压力大而出现了焦虑情绪，家长发现后，决定带她去找心理老师进行咨询。心理老师通过和小丽的交流，了解到她的困扰所在，并给她提供了一些实用的建议和方法。经过几次咨询后，小丽的焦虑情绪得到了明显的缓解，学习也变得更加积极和主动。

需要提醒的是，在去找心理老师进行咨询之前，必须取得孩子的同意，并向他们解释心理咨询的正面意义，避免孩子产生不必要的误解。

家长在孩子的成长过程中扮演着无可替代的角色。作为家长，我们要时刻关注孩子的心理变化，给予他们必要的支持和鼓励。通过多观察、多交流、多鼓励以及寻求专业心理支持等方式，可以帮助孩子建立自信，提升他们应对困难的能力，让他们在未来的道路上更加坚定和自信地前行。

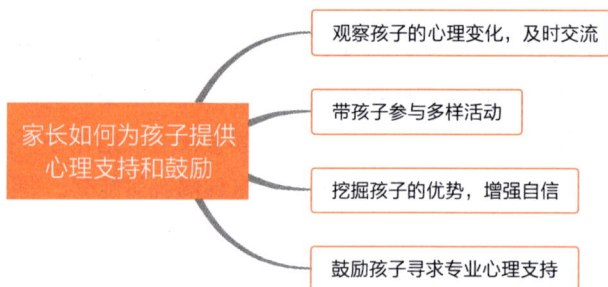

3. 社会因素

> 小张在高中的时候曾梦想成为一名老师，但他的朋友们都劝他要追求高薪的新工科，如计算机、电气自动化或电子信息等专业。在朋友和社会舆论的影响下，小张开始怀疑自己的选择是否正确。最终，他放弃了自己的梦想，选择了电气工程及其自动化专业。但是不擅长物理学科的他，一学习电路理论、电机学、模拟电子技术基础这些"烧脑"的专业课就头大，最终"挂科"不少，最后竟产生了退学的想法……

小张因受社交圈子和社会舆论的影响，迷失自我，追求他人眼中的"成功"。这反映了从众心理对孩子的负面影响。

从众是指在社交环境中，人们往往会倾向于与群体保持一致，以避免被孤立或排斥。小张的朋友们都追求高薪的新工科专业，这种群体压力使得小张开始质疑自己的选择。由于没有人去帮他评估什么才是最适合自己的，导致其盲目跟风，最后吃亏的还是自己。

对于家长来说，如何帮助孩子在这样的社会环境中坚守自己的信念和追求，就显得尤为重要。

第一，关注孩子的社交环境和朋友圈子。

在孩子的成长过程中，社交环境和朋友圈子对他们的影响是非常大的。家长需要时常关注孩子的社交环境，了解他们的朋友们的观点和态度。

例如，在和孩子聊天时，家长可以询问他们对某些社会现象或热门话题的看法，从而了解孩子的观点是否受到了周围人的影响。

如果发现孩子的观点或追求受到了不良的影响，那么家长可以适时地进行引导，帮助他们树立正确的价值观。

第二，鼓励孩子独立思考，切勿跟风。

在这个信息爆炸的时代，孩子们很容易受到各种信息的冲击和影响。家长需要鼓励孩子有独立的思考能力，不要盲目跟风或模仿他人。切记，每个孩子都有自己的特长和兴趣，适合隔壁老王家孩子的未必适合自家孩子。家长应该鼓励孩子坚定追求适合自己的梦想。

第三，及时给予孩子支持，共同解决困惑。

当孩子面临困惑或选择时，家长需要给予他们足够的支持和帮助。如果孩子在面对别人的影响时感到困惑或不确定自己的选择是否正确，那么家长可以与孩子一起探讨问题，寻找解决的办法。

例如，家长可以和孩子一起列出各种可能的选择和结果，然后一起分析每种选择的利弊和风险。通过这样的过程，孩子可以更加清晰地了解自己的需求和目标，从而做出更加明智的选择。

在面对社会因素的影响时，家长需要给予孩子足够的关注和支持，帮助他们树立正确的价值观。只有这样，孩子们才能在竞争激烈的社会环境中保持自己的信念和追求，成为更加优秀和有价值的人。

```
                              ┌─────────────────────────────┐
                          ┌───│ 关注孩子的社交环境和朋友圈子 │
┌─────────────────┐       │   └─────────────────────────────┘
│ 如何帮助孩子应对 │───────┤   ┌─────────────────────────────┐
│ 社会因素的影响   │       ├───│ 鼓励孩子独立思考，切勿跟风   │
└─────────────────┘       │   └─────────────────────────────┘
                          │   ┌─────────────────────────────┐
                          └───│ 及时给予孩子支持，共同解决困惑 │
                              └─────────────────────────────┘
```

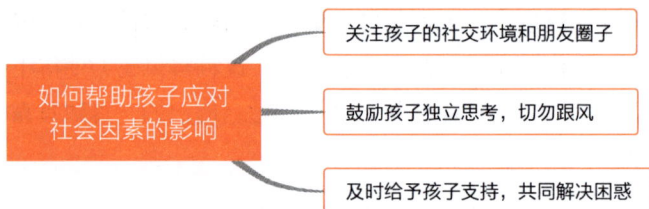

马云曾说："梦想还是要有的，万一实现了呢？"

梦想在一个人的成长中是非常重要的，尤其是在孩童时期。梦想犹如明灯，照亮孩子们前行的道路。作为家长，我们应该重视并鼓励孩子坚持自己的梦想，给予他们必要的支持和引导，让他们在成长的道路上勇敢追求自己的梦想。

致梦想

每个人心中曾经都有一个梦想　　　　每个人心中
随着时光流淌　　　　　　　　　　　依然需要曙光
是什么让它消失　　　　　　　　　　那一缕光 就是梦想
让自己遗忘　　　　　　　　　　　　评估现状
　　　　　　　　　　　　　　　　　找到适合自己切实可行的梦想
偶尔谈到那渐行渐远的梦想　　　　　感兴趣 且擅长
只能感叹
世事变迁　　　　　　　　　　　　　逐梦之旅 偶遇挫折
那不过是孩提时代　　　　　　　　　其实也很正常
幼稚的想象　　　　　　　　　　　　不畏风雨 坚定方向
　　　　　　　　　　　　　　　　　尝试接纳 积极合作
随着成长　　　　　　　　　　　　　自我实现不断成长
人生却越来越迷茫　　　　　　　　　终有一天
仿佛找不到前行的方向　　　　　　　我们会拥抱属于自己的梦想
过多的担忧
让现实充满太多的恐慌

1.2　职业探讨：以始为终，让职业激发热爱

每个孩子的心中都藏着一个未来的梦，那是他们对未来的憧憬，对职业的热爱。然而，在现实的迷雾中，许多家长对于如何帮助孩子找到适合的专业和职业方向感

到迷茫。这让他们往往容易陷入一种思维局限，不是追逐热门专业，就是盲目跟随他人的脚步，从而忽略了最重要的——孩子内心的真实需求和能力所在。

作为一名生涯规划师，经常有家长问我这样一些问题："若澄老师，我们家的孩子学什么专业合适？""若澄老师，我们家的孩子是女孩，学什么专业好？""若澄老师，我想让我们家闺女考师范，当个老师，但是她不愿意！""若澄老师，你给我们家儿子说说，就学临床医学，临床医学好，我和他妈妈都在医院工作！"遇到这样的问题，我只能笑着说："把你们家孩子带到我这儿，我给他测一测，看他适合做什么，适合读什么专业。"

1.2.1 探索职业潜能的六大引擎

一个好的职业规划不是盲目跟风，也不是单纯追求热门和高薪职业，而是要以孩子的兴趣、能力、性格和价值观为基础，结合家庭资源和职业未来的发展前景，通过综合衡量，做出明智的选择。但在这些因素中，兴趣是最重要的因素。在本节中，我要介绍给家长帮助孩子挖掘职业兴趣，**探索职业潜能的六大引擎：技能实践引擎、知识探索引擎、创意表达引擎、人际互动引擎、领导力发展引擎、规则秩序引擎**。通过这六大引擎，家长可以帮助孩子挖掘他们在动手操作、动脑研究、艺术创意、人际互动、财富欲望、事务性工作等方面的兴趣点。

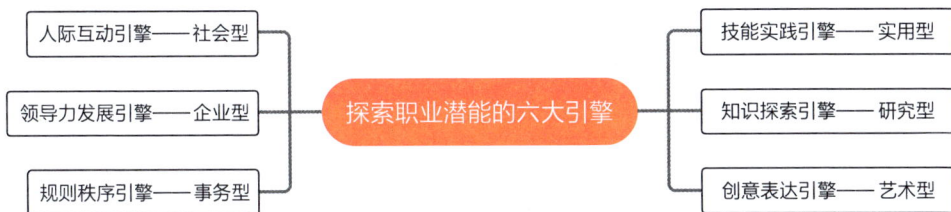

```
人际互动引擎——社会型
领导力发展引擎——企业型          探索职业潜能的六大引擎
规则秩序引擎——事务型

技能实践引擎——实用型
知识探索引擎——研究型
创意表达引擎——艺术型
```

1. 技能实践引擎——实用型

小明是一个热衷于动手实践的孩子，每当家里有东西损坏时，他总会尝试修复。他从小就喜欢拆卸玩具，然后再尝试组装回去，甚至有时能创造出新的功能。

根据霍兰德职业兴趣理论，小明的兴趣属于"实用型"。**拥有实用型兴趣的人对物理世界和物体构造有浓厚兴趣**，他们喜欢动手实践，享受工作成果。

对于拥有实用型兴趣的孩子，他们同样有着多样的职业选择。他们可能会成为出色的机械师、电气工程师或建筑师，也可能对工艺制作感兴趣，从而成为工匠、珠宝制作师。在科技领域，他们可能会选择成为电子工程师、软件工程师或技术专家，为现代社会创造出更多的实用工具和解决方案。

作为父母，对于拥有实用型兴趣的孩子，可以多鼓励他们参加实践活动。例如，小明的父母就鼓励孩子参加手工制作课程、科技制作比赛等活动，让他在实践中锻炼自己的技能，为他未来的职业生涯打下坚实的基础。

2. 知识探索引擎——研究型

> 小丽是一个对大自然充满好奇的孩子，总是喜欢观察昆虫、植物和天空中的云彩。她的父母发现，每当她谈论起一些自然奥秘时，她的眼中都会闪烁着光芒。她从小就喜欢翻阅科普书，梦想着成为一名生物学家。

根据霍兰德职业兴趣理论，小丽的兴趣属于"研究型"。拥有研究型兴趣的人喜欢观察、分析和解决问题，对科学研究和探索未知领域充满热情。

对于拥有研究型兴趣的孩子，他们可能会热衷于科学研究，成为生物学家、化学家、物理学家或天文学家。此外，他们也可能对技术研究和开发感兴趣，从而成为工程师、计算机科学家或数据分析师。在医学领域，他们可能会选择成为研究员或医生，致力于疾病的研究和治疗。

在了解到孩子的研究型兴趣后，父母可鼓励孩子参加相关活动。例如，小丽的父母就鼓励她参加科学营、生物学竞赛等，以更加深入地了解和学习生物知识。同时，为孩子提供职业规划指导，助其了解成为生物学家的路径和所需技能。

3. 创意表达引擎——艺术型

> 小华是一个沉浸在色彩与线条的奇幻世界中的孩子，她的涂鸦之作遍布家中，每一笔都流淌着她的情感与想象。从小学习绘画的她，获得了很多奖项。对于她而言，绘画不仅是创作，更是情感的出口。

根据霍兰德职业兴趣理论，小华的兴趣属于"艺术型"。拥有艺术型兴趣的人天生拥有创造美、表达情感的天赋，以艺术为媒介，向世界展示他们的内心世界。

对于拥有艺术型兴趣的孩子，他们未来可能成为画家、雕塑家或设计师，用艺术创造美；也可能成为演员、歌手，在舞台上绽放光芒；还可能成为文学家、翻译、教师、新闻媒体工作者，用语言表达内心的想法。

在了解到小华的艺术型兴趣后，父母开始为她提供更多的艺术资源和机会。父母鼓励小华参加绘画课程、艺术展览等活动，让她在专业的指导下深化对艺术的理解和热爱。同时，也鼓励她尝试与艺术相关的其他领域的探索，如参加语言表达类活动。父母还帮助她了解艺术行业的特点和要求，为她未来的职业规划提供指导。

4. 人际互动引擎——社会型

小红是一个在人群中熠熠生辉的孩子，无论是家庭聚会还是学校活动，她都能迅速融入。她乐于帮助他人，给予他人安慰和建议。大家都很喜欢她。

根据霍兰德职业兴趣理论，小红的兴趣属于"社会型"。拥有社会型兴趣的人热衷于人际交往和合作，具备出色的组织协调和沟通能力。他们关心社会，乐于助人，愿意为社会做贡献。

对于拥有社会型兴趣的孩子，他们未来的职业道路同样丰富多彩。他们或许成为教师或社会工作者，通过教育和帮助他人实现自己的价值；或许涉足公关、人力资源、市场营销等领域，通过沟通和协调推动组织的发展；或许在政治和公共服务领域发展，成为政治家或志愿者，为社会贡献力量。

在了解到小红的社会型兴趣后，父母为小红提供社交和团队合作机会，支持她参加社区活动、志愿服务，以提升她的社交和组织能力。同时，提供职业规划指导帮助她了解不同职业的特点。父母鼓励小红保持自己的热情和同理心，为未来的发展之路奠定坚实的基础。

5. 领导力发展引擎——企业型

小明作为班长，成绩好，领导才能出众，他不仅将班级事务打理得很好，组织能力也很强，经常策划和组织班级活动，在同学中的威信很高。未来，他期待能从事高薪工作。

根据霍兰德职业兴趣理论，小明的兴趣属于"企业型"。拥有企业型兴趣的人喜欢领导他人，追求权力和成功。他们具有说服力和商业头脑，善于组织和管理，对权力和金钱有着强烈的欲望。

对于拥有企业型兴趣的孩子，他们未来可能成为企业家、经理或销售代表，实现商业目标；他们可能对政治和法律感兴趣；在媒体和广告行业，他们可能成为广告商或公关专家，影响大众。

根据小明的企业型兴趣，未来想创业当老板，父母为他提供领导和商业方面的资源与机会，鼓励他参加青少年商业活动项目、领导力培训、演讲培训等，以提升他的领导、组织和表达能力。同时，也鼓励他多参加一些商业实践活动，如利用寒暑假到卖场打工。平时在家，父母也会和小明一起探讨社会上的一些问题或现象，引导他去思考如何解决。

6. 规则秩序引擎——事务型

> 小华是一个细心且有条理的孩子，他把家中的物品整理得井井有条，和家人外出旅行，他也非常乐意做好旅行计划。在学习上，他对细节的追求同样显著，假期有着非常完整的计划表，并且能够高效完成。

根据霍兰德职业兴趣理论，小华的兴趣属于"事务型"。拥有事务型兴趣的人喜欢遵守规则、处理数据和细节，他们通常细致、有耐心，并善于在系统化的工作中寻找规律。

对于拥有事务型兴趣的孩子，他们未来可以从事事务性管理的工作，如成为会计师、审计师、工程造价师，处理数据方面的工作；或成为秘书、行政助理，做一些事务性工作。他们也可以在工程管理、酒店管理、旅行管理等领域工作。

父母在了解到小华的兴趣后，为她提供数据处理和组织管理的机会。同时也让他参与家庭预算等，锻炼他的细致和耐心。父母一直鼓励小华保持对细节的关注和对规则的遵守，为事务型职业之路打下坚实的基础。

综上所述，了解自己的兴趣是找到满意的职业的第一步。上面提到的霍兰德职业兴趣理论，由美国心理学家约翰·霍兰德于 1959 年提出，是一个旨在帮助个人自我发现、认识职业潜能的理论，它将人们的职业兴趣划分为六大类型：实用型、研究型、艺术型、社会型、企业型和事务型。每种类型都有其独有的特征和发展方向，通过深入了解这些类型，可以让个体更好地认识自己的兴趣、优势和潜在的职业路径。

作为家长，如果能提前了解这个职业兴趣理论，则可以更好地发现孩子的兴趣，挖掘孩子的优势，提前为孩子规划职业发展方向，让孩子少走弯路，为未来的职业发展做好储备。

1.2.2　助力职业发展的两大能力

正如爱因斯坦所说："兴趣是最好的老师。"而能力犹如孩子的双翼，助力他们飞翔在梦想的天空。在职业发展的道路上，孩子们的**能力通常可以分为两大类：学科能力和职业需求能力**。这两大能力相互交织，共同推动着他们朝着自己的职业梦想前进。

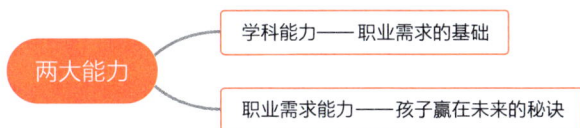

两大能力
├── 学科能力——职业需求的基础
└── 职业需求能力——孩子赢在未来的秘诀

1. 九大学科能力——职业需求的基础

学科能力是学生在学校学习过程中所积累的知识和技能。学科能力与职业关系密切。

- 语文学科能力：影响文案写作、编辑、新闻等职业的表达和沟通。

- 数学学科能力：对数据分析、金融、科技等领域至关重要。

- 外语学科能力：助力国际交流、翻译、外贸、语言教育等职业。

- 物理、化学、生物学科能力：是科研、工程、医学等领域的基石。

- 地理学科能力：对环保、城市规划等职业有重要影响。

- 历史和政治学科能力：对法律、公务员、教育等职业有深刻影响。

可见，学科能力是职业发展的基础。很多孩子想从事金融、经济类职业，但是需要很强的数学知识。而现在很热门的电气类专业，则需要很强的物理知识。

因此，父母在了解了孩子的职业兴趣后，要去帮助孩子分析职业和学科的关系，鼓励孩子好好学习，这样才能够更好地胜任未来的职业。对于与职业相关的学科，如果孩子确实学得痛苦，则建议果断换一个孩子喜欢学的专业。

15

2. 八大职业需求能力——孩子赢在未来的秘诀

想象一下，你的孩子步入社会后，成为职场中的一颗耀眼新星，那是多么令人骄傲的事情啊！但你知道吗？想要在职场中脱颖而出，除了扎实的专业知识，还需要一系列职业需求能力。**职业需求能力是学生为了未来的职业发展所必须具备的技能和素质。** 现在，就让我们一起来探讨八大职业需求能力，看看如何帮助孩子赢在未来。

（1）沟通能力。

沟通能力是职业需求能力中的基础。无论是与同事、上司还是客户进行交流，都需要清晰、准确地表达自己的观点。

作为家长，我们要鼓励孩子多说话，多参与社交活动，让他们在实践中锻炼自己的沟通能力。尤其在课堂上，要鼓励孩子积极参与讨论，这样既能提升语言表达能力，又能学会在多元观点中寻求共识，为未来的职场沟通奠定坚实的基础。

（2）创新思维能力。

创新思维能力是现代职场中的一股清流，它可以帮助你在复杂多变的工作环境中找到新的解决方案，从而在职场中脱颖而出。

作为家长，我们可以鼓励孩子多进行创造性思考，尝试用不同的方式解决问题。例如，一题多解、举一反三。此外，还可以鼓励孩子参与一些创意类活动，如绘画、手工制作等，这些活动可以激发孩子的创造力和想象力。

（3）问题解决能力。

在工作中，问题和困难是常态。问题解决能力是职业需求能力中的一项重要能力，它需要你能够迅速分析问题的原因，找到解决问题的方法，并付诸实践。

作为家长，我们可以在日常生活中设置一些实际问题让孩子解决，如家庭预算、旅行线路安排，甚至是家里或家长在工作中遇到的一些问题，也可以请孩子参与一起讨论。同时，家长还可以鼓励孩子多阅读一些与解决问题相关的书或文章，拓宽他们的思维视野。当孩子学会独立解决问题时，他们在职场中将更加游刃有余。

（4）团队合作能力。

在现代企业中，团队合作非常重要。团队合作能力是指一个团队中的成员为了共同的目标，相互协作、配合，以高效、和谐的方式完成工作任务的能力。在团队合作中，只有具备团队合作能力，才能实现 1+1>2 的效果，也才能更好地完成工作任务。

作为家长，我们可以鼓励孩子多参与集体活动，如团队活动、社区服务等。在这些活动中，孩子们需要学会与他人合作、分享和协调，以共同完成任务。此外，家长还可以引导孩子学会倾听他人的意见和建议，尊重他人的观点，以更好地促进团队合作。

（5）领导力。

领导力是一种能够激励他人、引领方向，并协调各方资源以达成目标的能力。领导力并非只适用于高层管理者，它同样是孩子们在团队中发挥关键作用的重要能力。

作为家长，我们可以鼓励孩子多参与学校或社区的团队项目，让他们在实践中学习如何担任领导角色，提升他们的领导力和影响力。

（6）时间管理能力。

时间管理是一门艺术，涉及如何有效地规划时间、设置优先级，并在规定的时间内完成任务。当孩子学会如何高效利用时间时，他们就能在未来的职场中更加出色地完成工作。

作为家长，我们可以帮助孩子学习时间管理技巧，比如制订学习计划、避免拖延等。同时，鼓励孩子合理规划课余时间，培养自律的好习惯。

（7）自我管理能力。

自我管理能力包括情绪管理、自我激励和应对压力的能力。自我管理能力涉及一个孩子如何控制情绪、保持积极心态，在面对挑战时保持冷静和自信。

作为家长，我们可以引导孩子学习情绪管理技巧，如深呼吸、冥想等，帮助他们建立积极的心态和情绪管理能力。同时，鼓励孩子设定明确的目标，并持续追求，以激发他们的自我激励能力。

（8）跨文化沟通能力。

在全球化的时代，跨文化沟通能力对于孩子的未来职业发展越来越重要。跨文化沟通能力不仅涉及如何与来自不同文化背景的人进行交流，还涉及如何理解和尊重他们的价值观、信仰和习俗。这种能力能够帮助孩子在国际化的环境中更好地适应和融入，并为他们提供更多的职业机会。

作为家长，我们可以引导孩子了解不同文化背景的知识和礼仪，培养他们的跨文化意识和跨文化沟通能力。同时，鼓励孩子参与国际交流项目或活动，与来自不同国家和文化背景的人进行交流互动，提升他们的跨文化沟通能力。

可见，职业需求能力是孩子未来职业发展的关键因素。**马克·吐温曾说："机会总是留给有准备的人！"**家长应该关注孩子在这些能力方面的培养和发展，为他们提供支持和引导。

家长要通过鼓励孩子参与实践活动，学习新知识和新技能，提升自我管理能力和跨文化沟通能力等方式，帮助孩子建立全面的职场能力体系，为他们的未来职业发展打下坚实的基础。

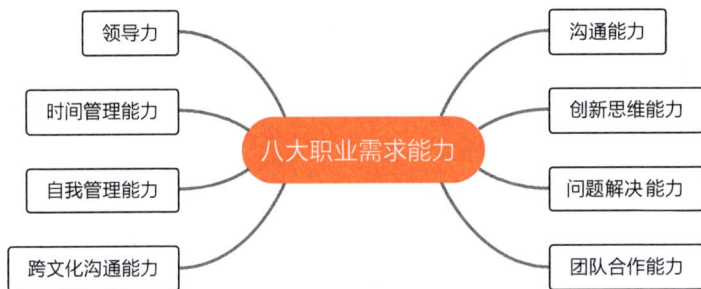

"兴趣激发动力，能力筑就基石。"在职业探索的旅途中，兴趣和能力两者相辅相成，缺一不可。一个孩子只有投入自己热爱的、擅长的领域，才会全身心地努力，从而有望取得最大的成就。这既是职业成功的关键，也是实现个人梦想的必经之路。

1.3　大学梦想：播下种子，携手孩子共筑大学梦

我们都知道，在中小学孩子学习的路上，最终的那个闪亮的目标就是考上心仪的大学，学自己热爱的专业。大学，对于孩子们来说，就像夜空中最亮的星，引领着他们向前奔跑。但是当真的到了选大学的关口时，家长和孩子都犯难了：星星成了一片璀璨的银河，让人眼花缭乱。

"中国大学千千万，哪所才是我的岸？"这成了不少孩子和家长心中的大问号。心里头就那么一两所大学，闪闪发亮，可手头的志愿填报单，要填的学校长长的一串，四十多个，有的省份甚至要填八九十个，看得人头晕目眩。这时候，突然觉得选择比努力还难！

在这一节中，我们来聊聊如何在这浩瀚的学海中找到那艘最适合孩子的"梦想之舟"，也就是如何帮助孩子从中国 3000 多所高校中选择最适合他们的院校。

1.3.1　了解中国院校层次

中国大学主要分为本科和专科两类。在本科院校中，又有"985 工程"（简称"985"）和"211 工程"（简称"211"）高校，它们代表了中国高等教育的顶尖水平。2015 年，又提出了"双一流"计划，旨在打造世界级的高等教育品牌。除此之外，还有省属重点院校、普通本科院校、独立院校、民办院校和专科院校。其中，专科院校主要培养应用型人才，专业设置更偏向于职业技能训练。

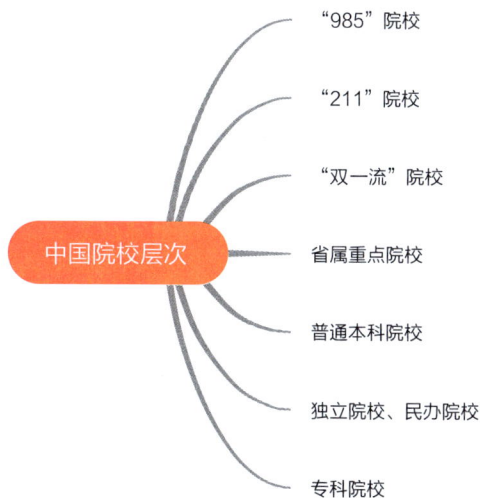

中国院校层次
- "985"院校
- "211"院校
- "双一流"院校
- 省属重点院校
- 普通本科院校
- 独立院校、民办院校
- 专科院校

1.3.2　挑选院校要考虑的六大因素

家长：若澄老师，您好！我们家孩子一直梦想着能考上"985"院校，觉得这样才能有更好的发展。您给他推荐一些"985"院校吧。

　　若澄老师："985"院校确实是我国高等教育中的佼佼者，拥有很好的声誉和资源。请问您家孩子喜欢什么专业呢？我们在给孩子推荐院校的时候，也需要结合孩子的专业需求来看。

　　家长：孩子的分数在600分左右，现在对金融专业特别感兴趣，目标就是"985"院校。

　　若澄老师：理解你们想读好学校的想法，但是在选择院校时，也不能仅仅盯着"985"这个标签，还得综合考虑多个方面。例如，孩子的分数是否够上"985"院校，这个非常关键。另外，您刚才提到孩子特别喜欢金融专业，其实在一些行业特色鲜明的"211"院校，甚至一些"双非"院校中，也有很多非常不错的院校。

　　家长：是吗？以前没有考虑过这些问题。老师，您说，我家孩子这个成绩能上"985"院校或者好的"211"财经院校吗？

　　若澄老师：根据目前孩子的成绩，想上"985"院校还需要继续努力。在一些"211"院校中，比如上海财经大学、中央财经大学、对外经济贸易大学，这些都是财经类顶尖的"211"院校，其不逊色于甚至录取分数超过部分"985"院校。

　　家长：哦，这样啊！那我们要多看一些院校了。还请老师费心帮我们推荐一些不错的财经院校。

　　若澄老师：确实需要多了解一些院校，咱们可以先评估孩子的现状，再按照"冲、稳、保、垫"的原则，为孩子制定合适的目标，这样孩子才有冲劲。

　　以上是我在给高三学生做志愿填报指导前，家长和孩子在择校方面常见的谈话内容。很多时候，家长和孩子心中只有一两所院校，这非常危险，尤其是在新高考要填报几十个志愿这种情况下。挑选院校，对于一个家庭来说是一件大事。挑选院校是一个综合考量的过程，我认为以下六大因素是非常重要的。

1. 分数

　　分数是硬道理，它直接决定了孩子能否跨越心仪大学的门槛，决定了孩子上大学的哪个专业。家长需要提前了解历年调档线，遵循"冲、稳、保、垫"的科学策略，既要勇于冲刺理想的高校，也要确保稳妥落地，同时预留安全垫，避免滑档风险。记住，冲刺需理智，专业需热爱，让每一分都发挥最大价值。

例如，如果孩子可以稳入四川大学，那么可以去冲刺几所比四川大学分数线高一点儿的学校，如厦门大学、中山大学，甚至是录取分数更高的学校。但是要记住，对于冲刺的学校，一定要能接受其专业。如果对其专业完全不喜欢、不接受，而且对于将来转专业之类的事情也有很多顾虑，那就失去了冲刺学校的意义。

2. 院校层次

前面提到的"985"院校、"211"院校、"双一流"院校等即为院校层次。对于层次高的院校，大众尤其是用人单位更为看重。有的用人单位甚至只要"985"院校、"211"院校的毕业生。

在实行新高考政策后，本科合并招生，家长一定要注意分清院校层次，有时候出现名字有重叠的院校，它们的层次并不一样。例如，曾经有一位分数为 600 多分的考生被一所独立院校录取（×××大学×××学院）。因此，家长和孩子一定要特别小心谨慎。

3. 行业

了解学校在行业内的地位和影响力，特别是对于那些有明确职业规划的学生来说，选择行业特色鲜明的院校或行业排名靠前的综合院校会更有优势。

例如，最有职业专业性要求的医科院校，在经过院校合并潮后，真正好的医科大学都被合并到综合"985"院校了，如口腔专业第一的华西医科大学被合并到四川大学，上海医科大学分别被合并到上海交通大学和复旦大学等。所以想读好的医科大学，不能只盯着名字中有"医科大学""医学院"字样的学校看，还要看看名字中没有"医科"字样的综合性大学。

4. 地域

学校的地理位置也会影响到学生的生活环境、实习机会以及未来的就业和深造。大城市通常拥有更多的资源和机会，所以在选择院校的时候，地域也是很重要的考虑因素。

大多数孩子想去大城市读书，不太想去偏远的学校。如果孩子能接受去偏远的学校读书，则可能对提升院校层次有一定的帮助。例如，对于南方的考生，东北的"985"院校、"211"院校，甚至其他很不错的行业院校收分就比同层次学校低不少，这是因为很多人觉得东北比较远，也比较冷。如果孩子的分数不够理想，一定要去"211"院校，或者公办院校，那么大多数时候需要考虑这类偏远的院校。

5. 就业

了解学校的就业率、就业质量以及毕业生的主要就业方向，对于未来的职业规划至关重要。如果要想就业前景好，一是要考虑院校层次，二是要考虑地域，三是要考虑行业院校。

例如，很多家长希望自己的孩子能进电网工作，除了清华大学、西安交通大学、重庆大学、华北电力大学这些"985"院校、"211"院校，东北电力大学、三峡大学等普通重点院校也是电网招聘的热门院校。

6. 深造

如果孩子有继续深造的打算，那么学校的保研率、考研氛围，以及和国外高校的交流与合作项目等也是需要考虑的因素。

例如，有的孩子志在北大、清华，但是距离心中的神校还有一定的距离。如果立志考研，那么在选大学的时候，就可以考虑选择和目标院校一个城市的大学，这样也就更方便考入目标院校，如本科考到中央民族大学，研究生考入北京大学。

我们需要用理性和审慎的眼光去看待每一种选择。毕竟，选择合适的院校，不仅关乎孩子四年的大学生活，而且可能影响孩子一生的发展轨迹。正如一位哲人所说："人生的路虽然漫长，**但紧要处常常只有几步**。"希望上述建议能对家长和孩子有所帮助，让孩子选择到最适合自己的院校，开启一段精彩的人生旅程。

1.4 选准赛道，实现孩子梦想的 25 条升学路径

在现今的教育体系下，"一考定终身"的观念已经逐渐被淡化，取而代之的是

多元化的升学路径。家长与孩子必须认识到，正确的选择往往比盲目的努力更为重要。选对了赛道，即使起点不高，也有可能实现"低分高就"，迈入理想的学府。

在从事生涯规划的这些年里，我帮助并见证了众多孩子通过多样化的升学道路，实现了升学梦想。我把他们的成就整理如下。

案例 1：张同学，某市高考状元，裸分 698 分，被北京大学医学部录取，同时获得香港大学全额奖学金。最终他选择了北京大学医学部临床医学八年制就读。

案例 2：袁同学，以雅思 7.5 分的学术成绩获得南洋理工大学的面试邀请，并在当年 5 月底收到南洋理工大学的录取通知书。这让紧张备战高考的她压力减轻不少，最终高考发挥出色，考取 662 分的高分，同时获得国防科技大学的录取。

案例 3：梁同学，成绩一般，勉强能上本科，但凭借网球国家二级运动员证书，通过高水平运动队考试，成功被"211"财经名校西南财经大学录取。（现在的录取标准是需要获得国家一级运动员证书。）

案例 4：王同学，成绩略高于一本线，原本只能入读浙大城市学院之类的普通重点大学，但他通过走艺术路线升学的编导专业，被"211"院校长安大学录取。

案例 5：孙同学，通过"强基计划"，以 630 分的高考成绩进入通常需要 650 分才能跻身的中山大学，并且提前确保获得直通硕士和博士的学习机会。

案例 6：罗同学，高考失利，未上本科，但是他通过雅思成绩和高中平时成绩成功申请到了世界名校 QS19 的新南威尔士大学。

案例 7：刘同学，平时成绩未达重本线，但因志在留学，目标明确为澳门院校后，努力提升，最终以超过重本线 10 分的分数获得澳门科技大学、澳门旅游学院、澳门城市大学和香港都会大学的 Offer。他从被选择者变成可以自己决定要去哪所学校读书的胜利者。

案例 8：谭同学，成绩优异，从小怀揣军校梦想。他身体素质过硬，"过五关斩六将"，经过层层选拔，通过空军招飞测试，以出色的成绩被空军航空大学录取。

案例 9：张同学，就读于某外国语学校，成绩优异，外语能力突出，被保送到北京大学的小语种专业。

案例 10：王同学，高考 550+ 分，通过地方专项计划顺利进入了需要 570+ 分才能被录取的西南石油大学。

案例 11：杨同学，高考 610+ 分，通过选择中外合作专业，被华中科技大学生物科学专业录取（普通专业的录取分数为 670+ 分）。

案例 12：袁同学，初三参加西安交通大学少年班考试，以优异的成绩被录取，获得西安交通大学预科、本硕连读的机会。

……

可见，在当今这个多元化、开放化的时代，教育升学的路径已不再是千军万马过独木桥的局面。高考升学，同样可以考虑多条赛道同步进行，为孩子提供更多的选择和可能性。要想让孩子实现"低分高就"，迈入理想的学府，首要任务是需要全面了解现有的各种升学路径及其对应的要求和条件。只有提前做好充分准备和规划，才能更有效地助力孩子走得更稳、更远。

以下是我整理的常见的 7 类 25 条值得关注的升学路径及其详细要求。

1.4.1 学科类

1. 少年班

针对成绩优异的初三到高二的学生，提供提前进入大学学习的机会。学生需通过高校组织的特殊选拔考试——考查学生的智力、学业水平及适应能力。例如西安交通大学少年班、中国科学技术大学少年班、清华大学的丘成桐数学班等。

2. 强基计划

"985"院校旨在选拔培养有志于服务国家重大战略需求且综合素质优秀或基础学科拔尖的学生。考生需通过高考选拔达到入围标准，并参加所报"985"院校的特殊选拔，包括笔试、面试、体测等。在五大学科（数学、物理、化学、生物、信息）竞赛中获得国家二等奖的学生，达到一本线，可以获得破格入围资格。通过"强基计划"录取的学生，正常可以本硕博连读，相当于提前锁定博士名额。"强基计划"的综合成绩一般由高考成绩和校测成绩组成，其中高考成绩占比 85%，校测成绩占比 15%，择优录取。

3. 综合评价招生

综合评价招生是指高校在招生录取时，综合考量考生的高考成绩、高校考核结果、高中学业水平测试成绩、综合素质评价等多个维度的内容，对考生进行综合评价，择优录取的招生方式。

综合评价成绩 = 高考成绩（X）占比 + 校测成绩（Y）占比 +
高中学业水平测试成绩（Z）占比

例如，中国科学技术大学、中国科学院大学采用的标准是 6 ：3 ：1，北京外国语大学采用的标准是 7 ：3。上海科技大学和南方科技大学，以及昆山杜克大学、上海纽约大学、深圳北理莫斯科大学也有自己的招生标准。

4. 竞赛保送生

中学生学科奥林匹克竞赛国家集训队成员，可直接被保送至高校，无须参加高考，但需满足高校的其他录取要求。

5. 外语保送生

对于符合教育部规定的具有推荐保送生资格的外国语中学的优秀应届高中毕业生，无须参加高考，通过被保送学校的初审、笔试和面试后，可被保送至高校的外语类专业学习。

1.4.2 政策类

1. 三大专项计划

"三大专项计划"是指国家专项计划、地方专项计划和高校专项计划。这些计划针对农村和贫困地区的学生，提供额外的升学机会和优惠政策。考生需满足特定户籍和学籍以及学业的要求。

2. 民族预科班、民族班

针对少数民族的学生，提供预科教育和普通教育优惠政策，帮助学生进入更好的大学学习。其中，民族预科班采取"1+4"学制的培养方式，最多可以比院校统招调档分降 80 分，而民族班采取正常 4 年学制的培养方式，最多可以比院校统招调档分降 40 分。

1.4.3 艺体类

1. 艺术类

考生需通过艺考和文化课考试双重选拔。对考生的艺术专业技能有较高的要求，如美术、声乐、舞蹈等。

2. 体育类

针对体育特长生，他们需通过体育测试和文化课考试。体育测试包括专项技能测试和身体素质测试。

3. 高水平运动队

针对取得国家一级运动员资质的体育特长生，他们需通过高校的高水平运动队测试，可以选择高校普通专业学习。他们需要在入学后参加校队的训练和比赛。

4. 体育单招

针对取得国家二级运动员及以上资质的体育特长生，面向运动训练、武术与民族传统体育专业进行选拔，注重考查学生的运动技能和文化水平。

1.4.4 提前批

1. 军校、警校招生

军校和警校招收成绩优异，身体素质、政治素质过关的学生。通过特定选拔程序，包括身体素质测试、政治素质审查等，学校根据学生报考的志愿择优录取。

2. 司法院校

针对有志于从事司法工作的学生，他们的身体素质过关，学校根据学生报考的志愿择优录取。

3. 国家公费师范生

国家在 6 所教育部直属师范大学实施公费师范生培养政策。学生毕业后需到生源所在省份的学校任教，履行 6 年的教育服务义务。

4. 国家优师计划

"国家优师计划"即优秀教师定向培养专项计划，由 6 所教育部直属师范大学负责实施。学生被录取后、获得入学通知书前，需与培养学校和省教育厅、乡村振兴工作部门签订协议书，承诺毕业后到生源所在省份定向县的中小学履约任教 6 年。

5. 免费医学生

重点为乡镇卫生院及以下的医疗卫生机构培养从事全科医疗的卫生人才。培养专业主要是临床医学和中医学（含民族医学），培养工作主要由举办医学教育的地方高等学校承担。原则上，免费医学生只招收定岗单位所在县的农村生源。

6. 海军和空军招飞

选拔具有飞行潜力、成绩在一本分数线上的优秀学生进入海军航空大学或空军航空大学学习。他们需通过严格的身体检查、心理素质测试和飞行技能评估。被录取后，成绩优异的学生有机会获得海军航空大学或空军航空大学和清华大学、北京大学、北京航空航天大学联合培养的双学籍。

7. 民航招飞

选拔具有民航飞行潜力、成绩优异的本科学生进入民航相关院校学习，其注重民航领域的专业知识学习和技能培养。

8. 轮机工程和航海技术

招收对轮机工程和航海技术有兴趣的学生。他们可以通过较低的分数进入相关大学进行学习，如大连海事大学、武汉理工大学等"211"院校。其对视力要求高，一般航海技术要求裸眼视力达 5.0，轮机工程要求裸眼视力达 4.8。它们大多招收男生。

1.4.5　地方政策

1. 乡村振兴计划

"乡村振兴计划"即乡村振兴急需紧缺专业大学本科生定向培养计划。针对愿意投身于乡村振兴事业的贫困县的学生，参照公费师范生政策，提供学费、生活费、住宿费等补助，鼓励学生在乡村振兴领域发挥作用。

2. 省属公费师范生

由省属师范院校培养的本科师范生。由省财政承担其在校期间的学费、住宿费，并给予一定的生活费补助。省属公费师范生在就业时，按照最初签署的定向培养就业协议，需到设岗县（市、区）从事教育教学工作不少于 6 年。到城镇中学任教的毕业生，应到农村义务教育学校任教服务至少 1 年。

1.4.6 院校政策

1. 中外合作

中方院校和外方院校联合培养项目。考生需填报志愿，录取需满足总分要求和外语单科成绩要求。学生毕业后可以获得中方院校的毕业证和学位证、外方院校的学位证。

中外合作项目的录取分数一般比院校正常专业的录取分数低 10~20 分。中外合作项目大多采取"4+0"模式（4 年本科都在国内学习，无须出国），但是费用一般较高。有些费用较低的中外合作项目可能有出国学习的要求，一定要认真了解清楚。

2. 名校分校

名校的分校属于异地办学或不同校区办学。分校提供与本部相似的教育资源和培养环境，但录取标准因为地域的不同可能相对较低，一般可以低 20 分左右。分校毕业生所获得的毕业证一般和本部一致。例如哈尔滨工业大学威海校区、成都理工大学宜宾校区、中国人民大学苏州校区等。

1.4.7 境外升学

1. 港澳院校招生

港澳院校认可中国内地高考成绩，除了香港中文大学、香港城市大学可以通过中国内地高考志愿填报录取，对其他院校需要通过港澳高校的网站自主申请。港澳院校既要求高考分数达标，也要求英语单科成绩达标，择优录取。学生入学后，学校采用全英文授课。大多数香港院校都有面试要求。

2. 出国留学

高中生申请国外本科，至少需要准备语言成绩（如雅思、托福、小语种等）和申请材料，满足国外大学的录取标准。并不是所有的国外大学都要求提供国际高考成绩，也有很多国家的学校认可中国高考成绩，如澳大利亚、加拿大、新西兰、马来西亚、美国和英国等部分院校。还有一些国家的优质院校可以通过语言成绩和高中平时成绩申请。

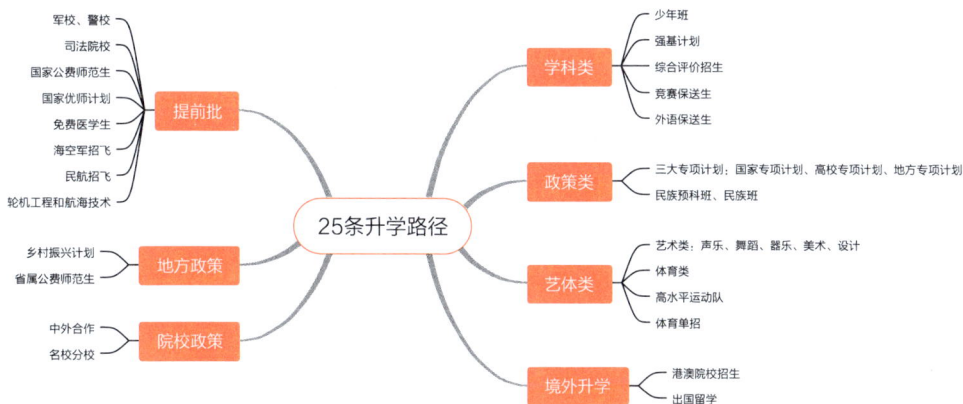

以上每条升学路径都有其独特的要求和优势，家长应秉持开放与探索的精神，精心绘制属于孩子的成长蓝图。家长应根据孩子的自身情况和兴趣特长进行合理选择，提前做好规划和准备，以实现更理想的升学目标。在此，我给出几点建议仅供家长们参考。

第一，面对多元化的升学路径，家长应保持开放的心态，积极探索适合孩子情况的多条途径。 每一种选择都可能开启一扇通往梦想的大门，关键在于勇于尝试，不懈追求。

第二，对于年龄较小的孩子，更要注重全面发展，培养多元才能。 家长不仅要重视孩子的学习成绩，也要关注对孩子的体育、艺术等特长的培养。如果孩子在特长方面有潜质，则不要轻易因学业而中断特长培养。因为在关键时刻，特长可以助力升学，成为孩子升学路上不可或缺的加分项。

第三，理性对待学科竞赛班的选择。 目前升学对竞赛的要求非常高，例如"强基计划"要求获得国家级二等奖。竞赛课，对提高学生的学科素养和思维有很大的好处。但需要注意，竞赛之路非坦途，资质一般的学生需量力而行，避免过度投入而牺牲对其他科目的学习。例如"强基计划"，如果拿不到国家级二等奖获得破格入围，就只能看孩子的高考裸分。如果裸分不高，就算再有学科特长，也无法入围"强基计划"，甚至在普通高考中，也会因为成绩不拔尖而无法进入心仪的学校。

第四，对于有志于留学海外的学子，提前规划与准备至关重要。语言成绩是留学之路的基石，务必提前攻克，尤其是小语种国家的语言关。当然，留学并非完全奢侈之选，也有许多性价比高的学校与项目。例如，英国、美国、澳大利亚、加拿大、新加坡等发达国家的学校排名好，费用较高，而欧洲小语种国家，以及马来西亚、日本、韩国、俄罗斯等国家的留学费用非常亲民，一般工薪阶层就能负担得起。很多国家认可我们国家的高考成绩，家长可以利用国内高考成绩搭配语言成绩来为孩子进行留学申请。因此，想要出国留学的孩子，高考成绩越高，院校选择的范围越广。最后要提醒的是，对于在国内升学有困难，但又想上好学校的孩子，出国留学是非常不错的且正规的选择。

关于多元化升学路径，给家长的几点建议
- 积极探索适合孩子的多条升学路径
- 注重孩子全面发展，培养多元才能
- 理性对待学科竞赛班的选择
- 海外留学需提前规划语言和资金

总之，升学之路虽长且艰，但只要我们以开放的心态、全面的视野、理性的判断去规划与行动，便能在纷繁复杂的选择中找到最适合孩子的那条路。正如这句名言所言："**路漫漫其修远兮，吾将上下而求索。**"愿每个孩子都能在不懈的努力与探索中抵达心中理想的彼岸。

1.5 孩子，为你自己而学：点燃内心的学习热情

在这个信息洪流奔涌、竞争日益激烈的时代，孩子们的学习之旅似乎被层层重压所包裹：外界的殷切期望如同密不透风的茧，将孩子们紧紧包裹；考试的沉重负担则如同无形的枷锁，束缚着他们探索世界的脚步。未来的不确定性更是像一片未

知的迷雾，让许多孩子在成长的道路上踟蹰不前。

在这样的背景下，孩子们的学习动机似乎变得扭曲而复杂。他们中的许多人将学习视为一项必须完成的任务，而非自我成长的途径。为了父母的笑容、老师的认可、同学的羡慕，他们夜以继日地埋头苦读，却渐渐忘却了学习最初的那份纯粹与热爱。这种外在驱动的学习方式，不仅让孩子们感到疲惫不堪，更让他们失去了对知识的渴望和对未知世界的好奇。

同时，随着家庭条件的日益优渥与物质生活的富足，有些孩子开始质疑学习的价值，甚至抱持"学习无用论"，选择以一种"摆烂"或"躺平"的态度来应对学业。这让无数家长和老师深感忧虑与无奈，他们不禁发出这样的感慨：孩子们的学习动力究竟去哪里了？

1.5.1 孩子，你为什么而读书

在我的生涯规划讲座上，我总会向孩子们抛出一个引人深思的问题：孩子，你为什么而读书？这是一个简单却又深刻的问题，它触及了学习的本质和动机的根源。答案五花八门，有的说是为了父母的期望，有的说是为了将来能找一份好工作，还有的说希望借此改变家族的命运，或守护家族的荣耀。当然，也有孩子以周恩来总理的豪情壮志为榜样，回答"为中华之崛起而读书"。

这些答案的背后，无不透露出孩子们对学习目的的不同理解，却也透露出一个共性——很多时候，学习需要外在因素推动，而忽略了来自内心的热爱与追求。**真正的学习不应仅仅是为了满足他人的期望或追求外在的成就，而是一场求知的旅行，感受思想的碰撞，体验成长的快乐。**因此，学习，不仅仅是为了面子，更是为了孩子的内在成长与未来的无限可能。

我们需要引导孩子重新审视学习的意义和价值，让他们明白学习是为了自己，是为了满足内心的渴望和追求。只有这样，他们才能在学习的道路上找到真正的动力和方向，从而点燃内心的学习热情。

1.5.2 再看学习的"失重感"

小明是一个成绩优异的孩子，是老师和家长眼中的骄傲。然而，在这光鲜亮丽的背后，是他深夜里的辗转反侧和无尽的迷茫。小明的书桌总是堆满了各式各样的参考书和习题集。这不仅仅是他的学习资料，更像是父母和老师期望的具象化。小明在日记中写道："我努力学习，是为了让父母开心，为了老师的表扬，为了同学们羡慕的目光。但当我放下笔时，心中却空空如也。"

小明的经历并非个例。在当今社会，越来越多的孩子开始体验到这种学习上的"失重感"。他们或许拥有出色的学业成绩，但内心却感到空虚和迷茫；他们可能按照既定的路线前行，但却对前方的目标缺乏热情和认同。这种"失重感"正是学习动力缺失的直接体现。这也是 "学习焦虑""空心病"等词汇频繁出现在公众视野中的直接原因。

那么，学习为何会失去色彩呢？我认为主要有以下几个原因。

1. 外在动机过强

在现今的教育环境中，家长和老师的期望、社会的竞争压力往往成为推动孩子学习的主要动力。然而，过度依赖外在奖励和惩罚，容易让孩子忽视学习的内在价值，将学习视为满足他人要求的任务，而非自我成长的需求。

小明曾是一名聪明且成绩优秀的学生，他的父母对他寄予了很高的期望，希望他能够考上顶尖的大学，为家族争光。当他考试成绩好的时候，父母会给予他奖励；反之，则会有责备和批评。在这种环境下，小明逐渐形成了"为父母学"的心态。他努力学习，但内心却感到空虚和迷茫。每当他面对困难或挑战时，他不是想着如何解决问题，而是担心父母的反应。有一段时间，父母因为工作暂时无法关注他的学习，小明就失去了学习的动力，他开始逃避学习，成绩也迅速下滑。

小明的故事告诉我们，这种外在动机的过度强化，不仅削弱了孩子的内在学习动力，还可能导致他们对学习产生厌倦和抵触情绪。当有一天，孩子不想为他人而学习的时候，就容易倦怠。

2. 目标缺失或错位

许多孩子缺乏清晰、长远的学习目标，或者将目标仅设定为考上好大学、找到好工作等。这些外在目标虽然具有一定的现实意义，但往往缺乏与孩子的个人兴趣和价值观的关联。因此，当孩子们在实现这些目标的过程中遇到困难或挫折时，他们很难从内心找到坚持下去的动力。此外，一些孩子可能将学习目标设定得过高或过低，从而导致他们在学习过程中感到迷茫或失去方向感。

> 小涵是一名成绩中等的高中生，长期受父母的影响，深信唯有考上名牌大学，未来方能光明。因此，她几乎完全聚焦于这一外在目标，每天刻苦学习，参加各种补习班和模拟考试。随着时间的流逝，她发现即便在学习上付出巨大的努力，也不能获得相应的回报。她渐渐感到迷茫和疲惫，心里更是恐慌。

对于小涵来说，找到与自己的兴趣和价值观相符的目标至关重要。只有这样，她才能在学习的道路上找到真正的动力和方向，不再迷失于外界的压力和期望之中。

3. 缺少成就感

在应试教育中，标准化的评价方式往往只关注结果而忽视过程。这使得部分孩子在努力后得不到应有的认可和鼓励，从而产生挫败感和厌学情绪。当孩子们在考试中取得好成绩时，他们可能只会得到短暂的喜悦和满足感，而当他们面对失败或挫折时，却可能陷入深深的自责和沮丧之中。这种缺乏持续成就感的学习环境很难激发孩子们对学习的热情和动力。

> 小红是一名初三的学生，她对数学充满热情，常常花费大量的时间钻研难题。然而，在一次数学考试中，她虽然解答出了很多复杂的题目，但因为一个小错误，最终的成绩没有达到预期。成绩公布后，她的家长因为她的失误对她进行了批评。小红觉得自己的努力被忽视了，她的成就感瞬间消散，对学习的兴趣也大打折扣。

小红是许多在应试教育下学习的孩子的缩影。正如一句名言所说："**教育的真正目标应该是培养一个能够独立思考、富有创造力和有责任感的人，而不是一台只会追求高分数的机器。**"如果评价方式过于关注结果，忽视了孩子们在学习过程中的努力和成长，就会让他们在取得好成绩时难以获得持续的成就感，而在面对失败时容易陷入深深的自责和沮丧之中。因此，家长要多注意对孩子的学习进行过程评价，让孩子在学习中找到乐趣，获得成就感，从而激发他们的学习热情和动力。

4. 自我认知不足

缺乏自我探索和自我认知的孩子，难以形成稳定的自我认同和价值观。因此，在面对学习的选择时，他们容易随波逐流，难以找到真正激发自己热情的方向。他们可能不知道自己喜欢什么、擅长什么，也不知道自己未来想成为什么样的人。这种迷茫和不确定感会让他们在学习过程中感到无所适从，甚至产生厌学情绪。

> 小杰是一名初中生，他对自己的未来感到迷茫，他不清楚自己在哪些领域有天赋。每当老师或家长问及他的兴趣和目标时，他总是含糊其词或回答"都可以"。因此，在选择课外活动时，他总是听从家长的安排，参加各种补习班和兴趣班，但从未真正感受到乐趣所在。久而久之，他对学习产生了厌倦情绪，觉得一切都没有意义。

正如古人所言："知己知彼，百战不殆。"在孩子成长的道路上，我们应该鼓励他们进行自我探索，了解自己的兴趣、优势和潜力，从而找到适合自己的学习方向和目标。只有这样，他们才能在学习的道路上走得更远、更稳。

```
缺少成就感                          外在动机过强
              学习为何会失去色彩
自我认知不足                        目标缺失或错位
```

1.5.3 家长助力点燃孩子学习热情的策略

在知识爆炸的时代，学习已成为孩子成长的基石，而点燃其内心的学习热情则是关键。作为家长，我们要成为孩子学习旅程中的引路人和支持者。我们可以通过一系列实操性强、富有成效的策略，引导孩子发现学习的乐趣和意义，激发他们的学习动力。

1. 帮助孩子设定明确而具体的目标

帮助孩子设定既具有挑战性又可实现的学习目标，通过分解大目标为小步骤，让孩子在逐步实现目标的过程中体验到成就感，从而增强他们的自信心和学习动力。

小明想提高数学成绩，通过现状评估，妈妈与他一起设定了期末考试达到90 分的目标。他们将这个大目标分解为每周攻克一个数学难点，每天额外练习10 道数学题的小步骤。随着每周目标的达成，小明感受到明显的进步，信心倍增。

明确具体的目标分解，让孩子在持续的小成功中积累自信，取得巨大进步。

2. 赋予孩子在学习上的自主选择权

允许孩子在学习上拥有一定的自主选择权，让他们能够根据自己的兴趣和爱好选择学习的内容。比如设立一个"学习菜单"，让孩子在家长或老师的指导下，选择自己感兴趣的学科或课题进行深入学习。这样，孩子在学习时会更加投入、更有热情。

热爱科学的小南，在"学习菜单"中选择了"小小科学家"项目，该项目涵盖火山模拟、植物生长、电路制作等实验。在家长的支持下，小南积极投入，完成实验并记录数据。在遇到难题时，他主动求助或自学解决。此过程不仅让小南掌握了科学知识，而且培养了他的独立思考和解决问题的能力。最重要的是，自主选择让小南的学习热情高涨，主动拓展知识领域。

可见，赋予孩子自主选择权，对孩子的学习热情具有巨大的激发作用。

3. 对孩子取得的进步要及时给予正向反馈

当孩子在学习上取得进步或成就时，家长要及时给予积极的正向反馈，让他们感受到自己的努力被看见和被重视。这种持续的正面激励能够增强孩子的学习动力，激发他们的学习热情。

小林在数学测验中进步显著，回到家，妈妈第一时间表扬了他，除了和他一起庆祝，还和他一起分析试卷。小林感受到自己这段时间的努力和付出被妈妈认可，学习的热情高涨。

这种及时的正向反馈，不仅可以增强孩子的自信心，还可以激发他们在其他学科上追求卓越的动力，在学习上形成良性循环。

4. 培养孩子良好的学习习惯

良好的学习习惯是点燃孩子学习热情的基础。家长可以引导孩子制订学习计划，帮助孩子管理时间、保持专注等，让他们在学习过程中逐渐形成良好的自律和自我管理能力。

> 妈妈鼓励小田每晚睡前规划第二天的学习任务，包括规划完成作业时间、阅读时间和休息时间。妈妈还给小田买了番茄钟定时器，应用"番茄工作法"（每学习 25 分钟，休息 5 分钟），帮助他在学习时保持专注。这样，小田不仅提高了学习效率，还学会了管理时间。渐渐地，小田养成了自律的习惯，成绩也稳步提升。

可见，良好的习惯是成功的基石，自律让孩子在成长的道路上更加坚定与自信。

5. 培养孩子的成长型思维

成长型思维是一种积极应对挑战、勇于接受失败并从中学习的思维方式。面对孩子在学习上的失利，家长要引导孩子认识到失败是成功之母，鼓励他们勇于面对困难和挑战。同时，也要教会他们如何从失败中汲取经验教训，不断调整自己的学习策略和方法，以更加积极的态度应对学习中的挑战。

> 小华在一次数学考试中只考了 80 多分，而班平均分是 120 多分，他感到很沮丧。爸爸和他交流，除了安慰他，更多的是鼓励他从这次考试做题的状态中去找失利的原因，找出自己的薄弱点。小华找到努力方向，调整学习方法后，成绩显著提升。

培养孩子的成长型思维，让孩子将挑战视为成长的机会，从失败中崛起，将会更加坚韧不拔。

家长如何助力点燃孩子的学习热情

- 帮助孩子设定明确而具体的目标
- 赋予孩子在学习上的自主选择权
- 对孩子取得的进步要及时给予正向反馈
- 培养孩子良好的学习习惯
- 培养孩子的成长型思维

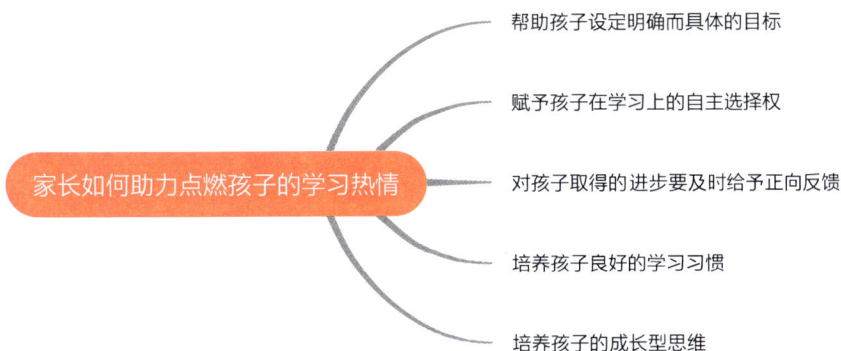

在点燃孩子学习热情的道路上，家长的角色至关重要。通过设定明确的目标、赋予自主选择权、正向反馈、培养好习惯和成长型思维，能够有效激发孩子的学习动力。"教育不是注满一桶水，而是点燃一把火。"让我们用智慧和爱心，点燃孩子内心的学习热情，助力他们走向成功的未来。

本章思维导图

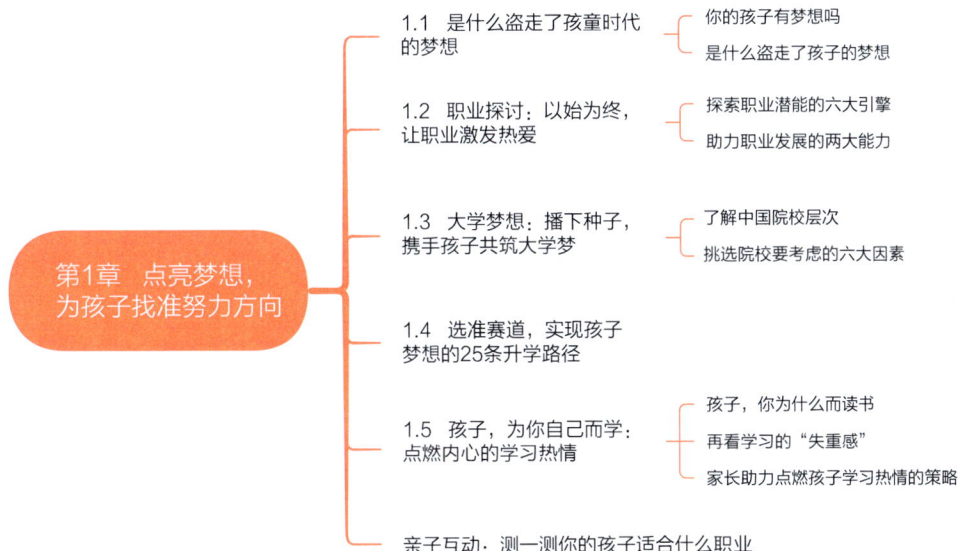

第1章　点亮梦想，为孩子找准努力方向

- 1.1　是什么盗走了孩童时代的梦想
  - 你的孩子有梦想吗
  - 是什么盗走了孩子的梦想
- 1.2　职业探讨：以始为终，让职业激发热爱
  - 探索职业潜能的六大引擎
  - 助力职业发展的两大能力
- 1.3　大学梦想：播下种子，携手孩子共筑大学梦
  - 了解中国院校层次
  - 挑选院校要考虑的六大因素
- 1.4　选准赛道，实现孩子梦想的25条升学路径
- 1.5　孩子，为你自己而学：点燃内心的学习热情
  - 孩子，你为什么而读书
  - 再看学习的"失重感"
  - 家长助力点燃孩子学习热情的策略
- 亲子互动：测一测你的孩子适合什么职业

亲子互动

测一测你的孩子适合什么职业

1. 游戏指导语

请让你的孩子想象他正在和导游一同乘坐飞机欣赏海域上的六个美丽且风格迥异的岛屿。导游热情地介绍每个岛屿的特点。

R 型岛屿：自然原始岛屿

岛屿特色：岛上风景如画，人与自然和谐共生。岛上居民擅长手工艺，生活质朴而充满创造力。

I 型岛屿：深思冥想岛屿

岛屿特色：岛上弥漫着浓厚的学术氛围。岛上居民善于思考，热衷于探索知识的奥秘。

A 型岛屿：美丽浪漫岛屿

岛屿特色：岛上每一寸土地都散发着艺术的气息，浪漫与灵感并存。岛上居民富有创造力，追求自由与个性的表达。

S 型岛屿：温暖友善岛屿

岛屿特色：岛上温暖如春，人情味十足。岛上居民热情好客，乐于助人，构建了一个充满爱的社区。

E 型岛屿：显赫富庶岛屿

岛屿特色：岛上经济繁荣，设施豪华，有着高档酒店和豪华俱乐部。岛上汇聚了众多成功人士，他们在这里度假，也许一不小心，你就会遇到人生中的伯乐。

C 型岛屿：现代井然岛屿

岛屿特色：岛上现代化程度高，制度完善。岛上建筑井然有序，白领们忙碌而高效地工作着。

孩子正认真地听着，飞机突然发出警报，要求游客在 15 秒内做出决定：必须找一个最喜欢的岛屿跳下去！请孩子迅速在心中排序：最想去的岛屿、第二想去的岛屿、第三想去的岛屿以及最不愿意去的岛屿。记住，孩子的选择将决定他接下来半年的"命运"，因为至少需要待半年才会有人来解救他。倒计时开始，勇敢地做出你的选择吧！

2. 孩子的选择

请孩子认真思考 4 秒，然后根据自己的真实感受在 15 秒内做出选择，并填写在下面的横线上。

最想去的岛屿：_____

第二想去的岛屿：_____

第三想去的岛屿：_____

最不愿意去的岛屿：_____

3. 岛屿揭秘

这六个岛屿就是享誉全球的霍兰德职业岛屿测试体系中的六大瑰宝岛屿。这些岛屿不仅风光旖旎，而且蕴藏着解锁孩子职业兴趣密码的钥匙。通过这场独特的岛屿之旅，我们能够精准地捕捉孩子内心深处的职业倾向，为他们绘制一幅通往未来职业生涯的蓝图，提供宝贵的指导。

岛屿名称	适合人群	适合职业领域
R 型岛屿	动手能力强的人	理、工、农、医
I 型岛屿	喜欢探索、分析和解决问题的人	理学、法学、经济学、文学
A 型岛屿	富有创意、追求自我表达和美的人	艺术、语言、传媒
S 型岛屿	乐于助人、喜欢与人打交道的人	教师、咨询师、医生、销售人员、律师、社会工作者
E 型岛屿	追求成功、对财富和权力有欲望的人	企业家、商人、律师、销售人员
C 型岛屿	喜欢稳定、有条理和遵循规则的人	财务、各种事务性管理

备注：

游戏结束后，家长可以根据选择结果查阅霍兰德职业兴趣理论，了解孩子的职业倾向和发展方向。关于霍兰德职业兴趣理论的更多内容，请参看 1.2 节"职业探讨：以始为终，让职业激发热爱"之"探索职业潜能的六大引擎"。

第 2 章

巧设目标，
激发孩子的学习动力

"如果成功是一个火炉，目标就是柴火。"

——汤姆·霍普金斯

2.1　孩子厌学，看看目标设定是否合理

2.1.1　一个孩子的厌学之路

在教育的征途上，孩子们偶有厌学情绪，实为成长路上的一道复杂风景，其根源往往交织着多重因素。其中，不恰当的目标设定如同一座难以逾越的山峰，无形中给孩子施加了沉重的压力，悄然间侵蚀了他们对知识的热爱与探索欲，甚至可能在他们心中种下挫败的种子。尤为值得关注的是，那些本就出类拔萃、习惯于追求卓越的高分学子，他们内心自我设定的标准往往更为严苛，一旦未能如愿达成既定目标，便可能陷入自我怀疑与厌学情绪的泥沼之中。

　　17 岁的小羽曾品学兼优，是父母的骄傲。她怀揣着踏入"985"顶尖学府的梦想，对未来有着无限憧憬。然而，随着自我期许的层层加码，那份纯真的笑容渐渐被重压之下的忧愁与困惑所替代。那些曾经让她如饥似渴追求的知识，如今却成了她心头难以言说的重负。成绩的下滑，如同警钟长鸣，让她在自我怀疑的漩涡中越陷越深，仿佛找不到出路的光亮，她开始厌学。

　　在与她相遇的那一刻，我看到了她眼中的挣扎与迷茫。我们谈及梦想，她轻声吐露："中科大，那是我向往的地方。"我轻轻点头。我为她评估最近几次模考成绩，发现凭她当前的成绩上四川大学都有点儿困难，更不要说上中科大了。我尝试引导她看向更广阔的天空，询问她是否还有其他心仪的学府。同济大学、浙江大学……她一一细数，每一个名字都闪耀着高分与荣耀的光芒，却也让她感到遥不可及。当再怎么努力也达不成目标的时候，带来的只有无限惆怅，于是她选择了退缩。

2.1.2　心理学视角下的厌学根源

在心理学中，厌学这一现象被赋予了更为复杂的内涵，它远非"懒惰"的代名词，也非单纯兴趣的消逝，而是多种心理力量交织缠绕的复杂产物。小羽的故事如同一面镜子，映照出了厌学情绪背后那些鲜为人知的心理学秘境，特别是"自我效能感"的微妙失衡与"目标设定理论"的微妙挑战，成为这场心灵探索之旅中不可或缺的钥匙。

心理学视角下的厌学根源 —— 自我效能感失衡

—— 目标设定不合理

自我效能感：这一概念由心理学家班杜拉提出，它指的是个体对自己能否成功完成某一行为的主观判断。在小羽的案例中，随着自我期许的不断攀升，她面临的挑战也日益艰巨，这直接影响了她的自我效能感。当连续的挫败（如成绩下滑）累积到一定程度时，小羽开始质疑自己的能力，认为无论多么努力都无法达到既定的目标。这种自我效能感的降低，是导致她学习动力减弱、最终产生厌学情绪的关键因素之一。

目标设定理论：该理论强调，合理且可实现的目标对于激发动机、维持努力至关重要。小羽的目标——考入中科大乃至其他顶尖学府，虽然崇高且值得追求，但显然超出了她当前的能力范围，成为难以实现的理想化目标。当目标变得遥不可及，甚至让人感到绝望时，它们便失去了激励作用，反而成为一种沉重的心理负担。小羽在这样的目标压力下，逐渐失去了对学习的兴趣和热情，最终选择了逃避和退缩。

合理的目标是梦想的起点，而非压力的源泉。 厌学，是自我效能感与目标设定失衡的必然产物。教育的真谛不仅仅在于知识的传授，更在于心灵的滋养与引导。只有学会了合理设定目标，保持对自我的信心与热爱，孩子们才能在学习的道路上越走越稳。

因此，要帮助小羽走出厌学的困境，最重要的是引导她评估现状，设定更加合理、可实现的目标，让学习过程重新成为充满希望和乐趣的探索之旅。

2.1.3 目标设定的常见误区

在孩子的成长旅程中，目标的设定如同一座灯塔，指引着他们前行的方向。然而，当父母与孩子携手共绘这幅未来蓝图时，不经意间却可能步入几大误区，让那座指引方向的灯塔黯淡无光，失去了原有的激励与导航魔力。以下是常见的让目标设定偏离航道的五大误区，让我们一同揭开它们的面纱，为孩子的成长之路重新点亮明灯。

误区一：忽视现状，盲目设定目标

在亲子共筑梦想的征途中，在为孩子设定目标时，一个常见的误区便是"忽视现状，盲目设定目标"。这不仅仅意味着忽视了孩子当前的学业水平，更意味着未能深入考量孩子的兴趣所在、能力边界以及未来的职业愿景，仅凭家长的主观臆断或社会的热门趋势来规划孩子的未来蓝图。

小丽擅长文科，对文学和历史充满热情，但父母却一味追求"热门专业"，强行将她的大学专业目标设定为计算机科学，让她在选科时放弃历史方向而选择物理方向，理由是未来就业前景好。这样的规划非但没有激发小丽的学习热情，反而让她在备考的道路上倍感压力，她甚至开始怀疑自己的价值和梦想，成绩也不见起色。

可见，脱离现实的规划，不仅可能让孩子在追求目标的过程中失去方向感和动力，还可能导致他们在不擅长的领域中挣扎，影响自信心和心理健康，自然也就影响学习成绩。从更长远来看，这样的目标设定可能会让孩子在未来的职业生涯中感到迷茫和不满，无法真正发挥自己的潜能。

在设定大学及考试的目标时，家长应"以孩子为中心，融合现实与梦想"。家长要了解孩子的兴趣、特长及能力，确保目标与其愿景相符。避免盲目跟风热门专业，鼓励孩子自我探索。对于孩子的大学和专业选择，家长应支持而非主导，多赋予孩子自主选择权。

"梦想是船，现实是帆，唯有两者结合，方能扬帆远航。"在设定大学及考试的目标时，家长应携手孩子，以梦为马，不负韶华，共同绘制一幅既符合现实又充满梦想的未来蓝图。

误区二：期望过高

在亲子共筑梦想时，家长常常陷入"期望过高"的误区，为孩子设定远超其能力范围的目标。这种过高的期望，忽视了孩子的心理承受能力和成长节奏。

我们回到"误区一"中小丽的例子，小丽的父母不仅让她选择了自己不太擅长的理科，还期待她能考到 600 分，进入"985"院校或"211"院校。看着手中 400 多分的成绩单，小丽无声流着泪水，她倍感"压力山大"！在父母的高压环境下，小丽感到窒息，开始对学习产生抵触情绪。不仅学习成绩停滞不前，甚至出现焦虑和抑郁等心理问题。

心理学中"期望值理论"的负面效应是，当个体感知到的期望与自身能力之间的差距过大时，会产生巨大的心理压力和挫败感。小丽的案例正是"期望值理论"

负面效应的生动体现。父母设定的目标过高，远远超出了小丽的实际能力范围，导致她的期望值极低。同时，由于目标设定得不切实际，其效价（**目标对个人需要的满足程度**）也大打折扣。因此，根据期望值理论的公式：

$$激励水平 = 期望值 × 效价$$

小丽所获得的激励水平极低，甚至可能产生负面激励，于是对学习产生抵触和逃避的情绪。

为了避免这一误区，家长应科学运用期望值理论，合理调整对孩子的期望。父母可以评估孩子的现状，与孩子共同制定既具挑战性又符合孩子能力的切实可行的学习目标。这样，方能增强孩子的成就感与自信。

"过高的期望是沉重的锁链，合理的期望则是前行的灯塔。" 成长之路漫长且复杂，耐心与坚持是关键。在这个过程中，家长要时刻保持一颗平常心，对孩子多点儿耐心，成为孩子的支持者、引导者和陪伴者，而不是成为他们成长道路上的阻碍者和压力源。

误区三：目标模糊，方向不清

家长们常感困惑：为何孩子的成绩如同过山车般起伏不定？每当成绩下滑时，一顿激励仿佛能点燃他们的学习热情，但激情退去后，成绩又悄然回到原点。这背后的根源何在？

在陪伴孩子成长的道路上，尤其是在规划其大学及未来学业路径时，一个不容忽视的误区便是"目标模糊，方向不清"。这种情况往往表现为家长或孩子自身对于长远目标缺乏清晰的认识和定位，仅仅停留在"想上好大学""要取得好成绩"等笼统而模糊的概念上，缺乏具体的、可操作的目标路径图。

> 小明从小就被家人寄予厚望，家人希望他能考个好分数，进入顶尖大学，但具体到要学习哪个专业、未来从事何种职业，小明自己心中并无明确答案。由于缺乏明确的目标指引，以及中学科目较多，小明又比较懒散，因此他在学习上存在盲目性和畏难情绪。经常是哪科老师找他谈话，在一段时间里，哪科进步就大，过后，又开始松懈下来。因此，小明的成绩波动不定。

从心理学的视角审视，目标模糊不仅削弱了孩子的学习方向感和动力，还让他们在分配时间和精力时显得力不从心。更重要的是，当挑战与困难袭来时，缺乏明确目标支撑的孩子更容易丧失坚持与毅力，而选择逃避或偏离原定的航道。小明的案例就反映出心理学中目标模糊的影响。可见，小明需要明确学习方向，设定具体的目标，以克服迷茫，实现稳定进步。

为了避免这一误区，家长应协助孩子设定清晰且具体的学习目标。家长可以从孩子的兴趣与优势出发，明确未来职业方向，再逆向规划至当前重点学习科目与成绩目标。同时，家长可以与孩子共同制定阶段性小目标，并设立奖励机制，激发其内在动力。

明确的目标是成功的起点。正如法国哲学家哈伯特所言："你的目标确定了，你的脚步也就轻快了。"要想让孩子学习有效而不累，家长需要与孩子一同规划目标，让孩子所走的每一步都坚实有力，坚定地朝着一个方向迈进。

误区四：短视与长远割裂

在教育孩子的征途中，另一个常见的误区便是"短视与长远割裂"。这种割裂不仅限制了孩子的视野，还阻碍了他们的全面发展。

> 小李自小便在父母的严格监督下，将全部精力投入到考试分数的提升上。每当考试临近时，他便夜以继日地复习，只为取得优异的成绩。然而，一旦考试结束，他便迅速松懈下来，对课外阅读、兴趣爱好等一概不感兴趣。

从心理学的原理来看，小李的案例反映了一种典型的"即时满足"。这种心理倾向使得他过分追求眼前的成就和奖励，而忽视了长远的发展和成长。同时，缺乏长远规划也让他难以建立持续的学习动力和内在目标感，导致他在面对挑战和困难时容易失去方向感和坚持力。

为了应对这一误区，首先，父母应调整自己的教育观念，从关注短期成绩转向重视孩子的全面发展和长远规划。父母可以与孩子共同探讨未来的梦想和目标，引导孩子理解每一步努力与未来成功之间的紧密联系。其次，在制订学习计划时，父母可以采用"目标倒推法"，即先设定长远目标，再逐步细化为中期目标和短期目标。这样可以帮助孩子明确自己的努力方向，并保持学习的连贯性和持续性。

远见卓识，方能行稳致远。让我们铭记，教育的真谛在于点燃孩子内心的火焰，而非仅仅追求眼前的分数。通过避免短视与长远的割裂，我们能够为孩子铺设一条充满希望与可能性的成长之路，让他们在追求梦想的过程中不断发现自我，超越自我。

误区五：缺乏灵活性，目标制定后不知调整

在目标的制定中，一个常被忽视的误区是"缺乏灵活性，目标制定不知调整"。父母和孩子往往在设定目标后，便如同航行在无垠大海中的船只，他们紧握罗盘，却忽视了风向与海浪的变化，坚持按照既定航线前行，即便前方是暗礁或风暴。

> 我接触到的学生小伟，期末考试只能考300多分。当初他也是以不错的成绩考到当地重点公立中学的。他在新学期初便满怀信心地制订了学习计划，目标是全班前五。然而，随着课程的深入，他发现自己学物理尤为吃力，突然感觉听不懂了，去办公室找老师请教，无奈几次老师都不在。他灰心失望，又不愿意请教其他同学。他想着自己班级前五的目标，感到焦虑和压力倍增。他固执地认为一旦偏离了原定目标，就意味着失败。这种对目标僵化执行的态度，让他在挫折面前倍感无助，不想听讲，每天在课堂上睡觉。

从心理学的角度来看，小伟的案例体现了"目标固着"现象，即过度执着于既定目标，忽视现实变化，导致适应不良和挫败感。小明面对学习遇挫，成绩下滑，未能灵活调整策略，在遇到问题时采取回避态度，因此加剧了心理压力。

面对这类困境，父母首先应展现出深切的理解与鼓励，让孩子明白面对困难是成长不可或缺的一部分。重要的是，父母要携手孩子一同评估当前的学习状况，引导孩子设定更为实际可达的学习目标，比如将"全班前五"调整为"提高物理成绩至及格线并逐步提升"，这样的目标既具挑战性，又切实可行。同时，引导孩子建立多元支持系统，主动寻求老师、同学的帮助，培养适应变化的能力。

正如古语所云："智者因时而变，愚者故步自封。"在孩子成长的道路上，父母应教会他们灵活调整目标，以积极的心态面对每一个挑战。只有这样，孩子才能在不断的变化与探索中稳步前行，迈向更加辉煌的未来。

```
                              ┌─── 忽视现状，盲目设定目标
                              │
                              ├─── 期望过高
                              │
        ┌──────────────┐     │
        │ 目标设定的五大误区 │─────┼─── 目标模糊，方向不清
        └──────────────┘     │
                              ├─── 短视与长远割裂
                              │
                              └─── 缺乏灵活性，目标制定后不知调整
```

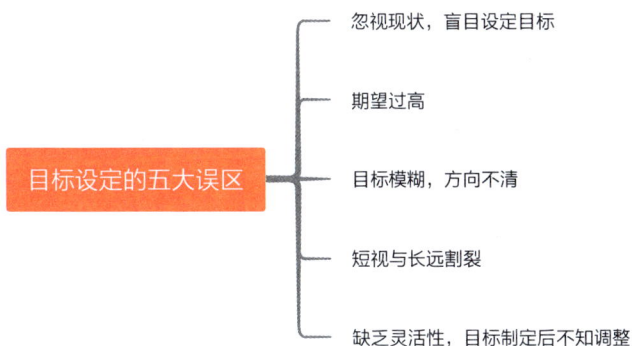

目标是指南针，但生活不是直线。目标设定的误区常常与孩子的厌学情绪紧密相连。当目标被设定得盲目、过高、模糊、短视和缺乏灵活性时，孩子容易感到挫败和无助，从而对学习产生抵触情绪。这种情绪不仅影响孩子的学业成绩，更阻碍了其全面发展。

正如美国作家约翰·鲍威尔所言："目标之于人生，如同指南针之于航海者。"设定合理的目标显得尤为重要。合理的目标需要符合孩子的现状，适中、清晰，远期目标和近期目标相结合，并应随着时间和孩子的成长适时调整。这样，不仅能够帮助孩子明确方向，还能够激发他们的内在动力，让他们在追求目标的过程中找到学习的乐趣和价值，从而更加积极、主动地投入学习中。

2.2　好目标是孩子行动的催化剂

在 2.1 节中，我们深入探讨了在目标设定过程中常见的误区，如忽视现状、期望过高、目标模糊、短视与长远割裂以及缺乏灵活性等。这些误区不仅影响孩子的学习积极性和成长动力，还可能导致他们对学习产生抵触情绪，甚至影响心理健康。

可见，一个好目标如同璀璨星辰，不仅能为孩子指引方向，更能激发他们的无限潜能。那么，究竟什么样的目标可以被认为是"好目标"呢？在本节中，我们一起来探讨好目标对孩子成长的深远影响。

2.2.1 案例分享：小南的学习与成长之旅

小南是一名 16 岁的高中生，起初他对学习并不太感兴趣，成绩也徘徊在班级中等水平。每当父母提起学习目标和期望时，他总是显得有些抵触，觉得那些目标遥不可及，难以达到。一次偶然的机会，我为他设定了一个既具体又富有挑战性的"好目标"，这个目标不仅激发了小南的学习兴趣，还引领他踏上了一段充满成就感的成长之旅。

在这个案例中，我采取了以下方法，帮助小南解决目标设定问题。

1. 目标设定：从模糊到清晰

起初，小南的父母总是笼统地要求他"好好学习，提高成绩"，这样的目标对于小南来说既模糊又缺乏动力。在小南找我辅导的过程中，我了解到他想提高学习成绩，但是又不知道怎么做的茫然心境。我和小南一起探讨他的学习情况，最终将目标细化为"在接下来的一个学期里，将数学成绩从现在的 85 分提升到 100 分"。这个目标既具体又符合小南的实际情况，让他看到了努力的方向和可能取得的成果。

2. 分解步骤：让目标触手可及

为了实现这个目标，我和小南一起制订了一个详细的行动计划。将目标分解为每月、每周甚至每天的小目标，比如每月要重点解决的问题、每周要突破的知识板块、每天 20 分钟可以学的数学知识点。这些小目标让大目标变得不再遥不可及，小南每天都能感受到自己的进步，这种成就感极大地增强了他的学习动力。

3. 灵活调整：适应变化，持续前进

在实施计划的过程中，小南也遇到了不少困难。有时他会因为某个知识点难以理解而感到沮丧，这时我会鼓励他和学科老师多交流，并且调整学习进度和学习计划，比如暂时放缓进度，加强基础知识的巩固，或者寻找更适合自己的学习方法。

4. 父母支持：让目标更加有温度

在小南的成长之旅中，父母的角色至关重要。我特别和小南的父母进行了沟通，请他们不要局限于分数，多给孩子情感上的理解与支持。小南父母的教育观念也发生了转变，每当小南遇到挫折时，他们都会耐心倾听，与小南共同分析问题，让他

感受到家庭的温暖与支持。这份有温度的支持，让小南更加坚定了实现目标的信心，也让他的学习之旅充满了爱与力量。

5. 成果展示：见证成长的喜悦

经过一个学期的努力，小南不仅在数学上取得了显著的进步，成绩成功提升到 117 分，超过了预设的 100 分的目标。更重要的是，他学会了如何独立解决问题，自信心和自主学习能力都有了很大的提高。在年级期末大会上，小南作为进步生代表发言，分享了自己的学习心得和成长经历。他的话语中充满了对学习的热爱和对未来的憧憬，这一刻，他深刻体会到了好目标对其成长的深远影响。

2.2.2　好目标的六个关键特征

在探讨个人成长与成功的轨迹中，设定一个优质的目标无疑是至关重要的一环。优质的目标不仅是指引孩子前行的灯塔，更是激发孩子的内在潜能、驱动其持续努力的源泉。从小南的故事中我们深刻领悟到，一个真正意义上的好目标应当蕴含以下六个关键特征，这些特征相互交织，共同构筑了通往梦想彼岸的坚实桥梁。

1. 具体明确

好目标之所以引人入胜，首先在于它的具体与明确。它不是一个模糊的愿望或空洞的口号，而是如同一张详尽的地图，清晰地标注出起点与终点，以及沿途的关键节点。小南将目标设定为"在接下来的一个学期里，将数学成绩从现在的 85 分提升到 100 分"，这样的目标既具体又直观，让小南能够清晰地看见自己需要跨越的障碍和期望达到的结果。这种明确性为他的努力指明了方向，减少了迷茫与徘徊。

2. 可达成性

好目标应该是可达成的，既具有挑战性，又不能遥不可及。当然，它不应是轻易可达的，否则便失去了激励的意义；也不应是遥不可及的幻想，以免挫伤积极性。小南的目标设定，既考虑了其当前的学习水平，又具有需要全力以赴才能达到的一个高度。这样的平衡激发了小南的斗志，让他相信通过不懈努力，梦想终将照进现实。

3. 可衡量性

好目标应该具有可衡量的标准，是评估努力成果的关键。它如同一把精确的尺子，能够让孩子随时丈量自己与目标的距离。在小南的案例中，通过数学成绩来衡量目标的达成情况，让小南通过周考、月考等考试直观地看到自己的进步。

4. 有时间限制

好目标应该被设定一个明确的截止时间，以促进紧迫感和行动力。对于学生而言，没有时间限制的目标，往往会被无限期地搁置，他们会觉得时间还早，不紧急，产生拖延。在小南的案例中，为目标设定了一个学期的时间限制，使得小南能够在有限的时间内集中精力，高效达成目标。

5. 鼓励自我反思和调整

在追求目标的过程中，难免会遇到挫折与困难。一个好目标，应当能够鼓励孩子不断进行自我反思，勇于调整策略，以更加灵活和坚韧的姿态面对挑战。小南在遭遇学习瓶颈时，没有选择放弃，而是积极调整学习计划，这种自我调整的能力正是他能够持续进步的关键。

6. 促进情感支持

好目标能够激发家长、老师等社会支持系统的情感支持。在小南的案例中，父母的情感支持和理解，让小南在追求目标的过程中感受到了温暖和力量，进一步增强了他的学习动力和信心。

好目标的六个关键特征：有时间限制、鼓励自我反思和调整、促进情感支持、具体明确、可达成性、可衡量性

综上所述，好目标不仅是梦想的璀璨起点，更是成长的强大催化剂。它以其具体明确、可达成性、可衡量性、有时间限制、鼓励自我反思和调整，以及促进情感支持的六个关键特征，犹如星辰指引，为孩子铺设了一条通往成功彼岸的璀璨大道。

在这条既充满挑战又满载希望的旅途中，或许会遭遇风雨交加，但正如**海伦·凯勒**所言："人生最大的灾难，不在于过去的创伤，而在于把未来**放弃**。"只要孩子怀揣着坚定不移的信念，勇往直前，持续不断地自我超越，终将穿越迷雾，抵达心中那片璀璨夺目的星辰大海。

2.2.3　好目标对孩子的影响

在人生的浩瀚星空中，每个孩子都是一颗独一无二的星星，而一个好目标便是那引领他们穿越迷雾、闪耀着光芒的隐形翅膀。正如**苏格拉底所言："教育不是灌输，而是点燃火焰。"**好目标，正是那把点燃孩子内心热情与潜能的神奇火种，让他们在未来的征途中勇敢地追逐属于自己的星辰大海。好目标会对孩子产生如下积极影响。

1. 激发内在动力：梦想的引擎，自我驱动的源泉

想象一下，当孩子的眼中闪烁着对梦想的渴望，心中怀揣着明确而诱人的目标时，那是一种怎样的力量在驱动着他们前行？一个好目标如同为孩子的梦想插上了翅膀，让他们从被动学习转变为主动探索，每一次努力都仿佛是在为自己的未来添砖加瓦。正如**爱默生所言："有了热爱，就有了力量。"**这份由内心深处涌动的热爱与动力，将成为孩子成长路上最坚实的后盾。

2. 提升自信心：成长的阶梯，跨越障碍的勇气

在追求目标的过程中，孩子会经历无数次的尝试与失败，但正是这些经历，如同磨砺宝剑的砂石，让他们的自信心在挫折中熠熠生辉。每当他们克服一个困难，实现一个小目标时，那份成就感与自信便会油然而生。正如**托马斯·爱迪生所说："我没有失败，我只是发现了一万种行不通的方法。"**这种从失败中汲取力量、从成功中累积自信的能力，将伴随孩子的一生，成为他们面对未来挑战的坚实盔甲。

3. 培养责任感：成长的必修课，自我管理的艺术

好目标不仅关乎梦想与追求，更是一种责任的体现。当孩子意识到自己的目标是为了实现自我价值和梦想时，他们便会自然而然地承担起相应的责任。无论是学习上的刻苦钻研，还是生活中的点滴小事，他们都会以高度的责任心去对待。正如**梁启超所言："人生须知负责任的苦处，才能知道尽责任的乐趣。"**这份责任感的培养，将让孩子在未来的道路上更加稳健地前行。

4. 促进全面发展：成长的蓝图，多维度的塑造

一个合理且全面的目标，应当如同一张精心绘制的蓝图，指引着孩子在各个维度上均衡发展。它鼓励孩子不仅要在学业上追求卓越，更要在兴趣、社交、品德等

多个方面进行探索与提升。正如雨果所言："人有了物质才能生存，人有了理想才谈得上生活。"一个好目标能够让孩子在追求梦想的同时，不断丰富自己的内心世界，成为一个全面发展、多才多艺的人。

激发内在动力：梦想的引擎，自我驱动的源泉

提升自信心：成长的阶梯，跨越障碍的勇气

好目标对孩子的积极影响

培养责任感：成长的必修课，自我管理的艺术

促进全面发展：成长的蓝图，多维度的塑造

可见，**好目标是激发孩子内在学习动机的金钥匙。**在这个充满变数与挑战的时代，为孩子设定一个好目标，就是为他们开启了一扇通往无限可能的大门。这扇门后有知识的海洋等待遨游，有梦想的舞台等待绽放，更有那片属于他们自己的璀璨星空。每一个孩子都是未来的希望，而好目标正是他们飞向未来的隐形翅膀。

2.3 帮助孩子设定好目标的四大秘诀

在孩子的成长道路上，一个明确、有效的目标就像是一座明亮的灯塔，为他们的航行提供指引。无数研究和实践经验证明，一个好目标可以极大地激发孩子的学习兴趣和潜能。那么，作为家长，我们该如何帮助孩子设定这样的目标呢？接下来，我将为你揭示四大秘诀，让你帮助孩子轻松设定并实现目标。

2.3.1 SMART 原则

想象一下，当孩子说"我想变得优秀"时，我们的任务是和孩子一起，把这份模糊的愿望变成一条清晰可见的路径。SMART 原则，就像是这条路上的五个路标，引领我们前行。SMART 这五个字母不仅仅是简单的缩写，它们还各自承载着深刻的含义。

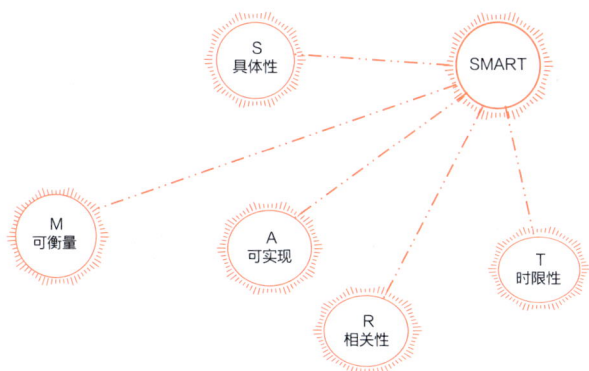

S（Specific）——具体性

目标具体得就像晚餐菜单一样。我们不说"你要学习更努力"，而是说"每天放学后，你要先复习今天数学课本的内容，再做 5 道练习题"。这样，孩子就知道学习任务（晚餐）的具体内容（食物）了。具体性让目标不再遥不可及，让孩子知道该往哪里努力，从而更能激发他们的行动力。

M（Measurable）——可衡量

让进步看得见、摸得着。比如，小明的目标是"希望下次数学考试能多得 5 分"。这 5 分就像是孩子努力后能够实实在在捧在手心的果实，每一点儿提升都清晰可感。可衡量的标准如同标尺，让进步一目了然。这样的目标让孩子能够清晰地看到自己的成长轨迹，每一点儿进步都成为前进的动力。

A（Achievable）——可实现

目标，跳一跳，够得着。目标不是遥不可及的星星，而是孩子踮起脚尖就能触碰到的苹果。设定一个既不过分轻松也不过分艰难的目标，才能让孩子在挑战中找到成就感。比如，"每天用 20 分钟练习数学"就比"每天必须额外学习 1 小时数学"更容易实现，并且能够坚持。

R（Relevant）——相关性

目标应与孩子的兴趣、需求或长远规划紧密相连。比如，如果孩子的梦想是成为科学家，那么"参加科学夏令营，并完成一项小实验报告"便是与其梦想高度相关的目标；如果孩子的梦想是成为画家，那么"每周完成一幅画作，并尝试一种新的绘画技巧"就是与其梦想紧密相连的目标。

T（Time-bound）——时限性

为目标设定明确有效的截止时间。比如，"在接下来的 3 个月内，完成《史记》的初步阅读并撰写读书笔记"。时间限制就像是小闹钟，提醒孩子珍惜时间，把握现在。时限性促使孩子合理规划时间，避免拖延。

爱迪生曾说："一个有着明确目标的人，比一个徘徊不前的人更能在人生旅途中到达远方。"

SMART 目标设定原则不仅仅是一个工具，更是一种思维方式，是让孩子学会如何规划自己人生的小技巧。作为家长，我们的角色就是引导孩子发现并运用这个原则，让他们在成长的道路上更加自信、坚定。

2.3.2 倒推法

使用**倒推法**设定目标，是一种从未来目标出发，逆向规划当前行动步骤的方法。它强调先设定清晰、可达成的长远目标，再逐步倒推至当前应采取的具体行动。这种方法在孩子的成长和学习目标的设定中尤为有效。

以好莱坞明星、美国加州前州长施瓦辛格为例，他年轻时立下成为美国总统的宏伟目标。他意识到要成为总统，首先需要成为州长；要成为州长，必须先成为名人。而选择通过电影行业积累名望是最有效的途径。于是，他刻苦练习健身，成为健美冠军，并成功进入好莱坞，最终凭借影坛成就和不懈努力，实现了从演员到加州州长的跨越，向总统梦迈进。

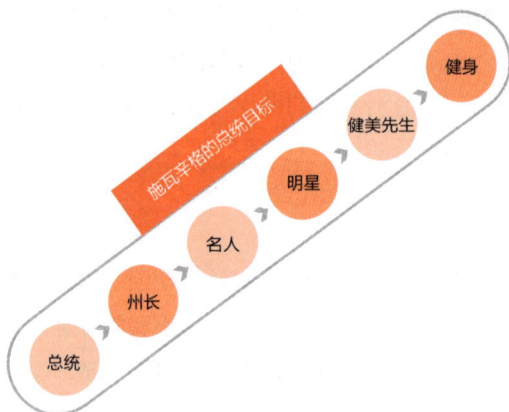

施瓦辛格以成为美国总统为终极目标，其成功路径正是使用倒推法设定目标的典范。从健身界的健美冠军到好莱坞的璀璨明星，再到加州的杰出州长，每一步都紧密围绕最终目标展开，体现了倒推法的精髓。

倒推法通过明确最终目标，逆向分解任务，使复杂的成长路径变得清晰可行。倒推法的好处在于：

- 目标导向性强。确保每一步行动都服务于最终目标。

- 计划性强。通过分阶段实施，提高执行效率。

- 激励作用显著。看到未来愿景，激发孩子的积极性和动力。

在孩子成长与学习的征途中，倒推法作为一种高效的目标设定与执行策略，展现出了不可小觑的力量。以下两个案例进一步阐释了如何在不同情境下运用倒推法助力孩子实现梦想。

案例一：长远目标——成为科学家

小李从小就希望成为一名科学家，但他深知这一目标的达成需要长期且系统的规划。小李运用倒推法，首先明确了成为科学家所需的必备条件，包括深厚的专业知识、持续的科研能力，以及对科学探索的无限热情。于是，他将目标逆向分解为如下几个关键阶段。

大学阶段：选择并专注于与科学相关的专业，积极参与科研项目，积累实践经验，并升入国内顶尖名校如中国科学技术大学攻读研究生，为未来的科研生涯打下坚实的基础。

高中阶段：加强数理化等基础学科的学习，掌握扎实的理论知识，同时培养独立思考和解决问题的能力，为大学的学习做好准备。

初中阶段：激发对科学的兴趣和探索精神，参加科学兴趣小组或竞赛，通过实践活动培养观察、实验和推理的能力，为高中的学习奠定兴趣基础。

通过倒推法，使每一阶段都紧密相连，形成了一条清晰的成长路径，帮助小李有条不紊地朝着科学家的梦想迈进。

案例二：短期目标——期末考试取得好成绩

面对即将到来的期末考试，小张希望取得好成绩以证明自己的学习能力。他同样运用了倒推法来制订学习计划。

考前一个月：全面梳理各科知识点，制订详细的复习计划，确保每个章节都能得到充分的复习。同时，开始做一些综合性的模拟试题，检验学习成果。

考前两周：重点攻克难点和易错点，通过错题集进行有针对性的练习，加强记忆和理解。同时，调整作息，保持良好的身体状态。

考前一周：进行最后的冲刺复习，回顾重要公式、定理和概念，做几套全真模拟题以熟悉考试节奏。同时，进行心理调适，保持积极乐观的心态，减少考前焦虑。

考前每日：按照计划完成每日的学习任务，包括复习笔记、做题练习和查漏补缺。确保每天都能有所收获，增强自信心。

通过倒推法，小张将期末考试的目标细化为一系列具体的行动步骤，提高了学习效率和执行力，最终成功取得了好成绩。

以终为始，结果倒推。这两个案例充分展示了倒推法在孩子成长和学习中的应用价值。它不仅能够帮助孩子明确方向、制订计划，还能够提升他们的行动力和执行效率，是实现目标的有效工具。

2.3.3 金字塔目标法

在孩子成长与学习目标的设定中，**金字塔目标法**也是非常适用的方法。它犹如精心构建的阶梯，助力孩子攀登至梦想的巅峰。此法将宏大的愿景细化为一系列具体可行的小目标和日常任务，形成一座稳固的金字塔。

金字塔的每个层级都紧密相连，共同支撑起最终的成功。其特点是既保持了目标的远大与激励性，又确保了每一步都脚踏实地，易于实现。

> 以参加英语演讲比赛为例，金字塔目标可以这样构建：顶层是"进入英语演讲比赛全国决赛并获奖"终极目标；上层细化为"参加校级、市级、省级英语演讲比赛并获金奖"；中层是"提高英语口语流利度和演讲技巧"；底层是"练习口语、背诵英语演讲稿、观看并学习优秀演讲视频"等具体行动。这样的结构让孩子能够清晰地看到自己的进步轨迹，每完成一个小目标都是向梦想迈进的一大步。

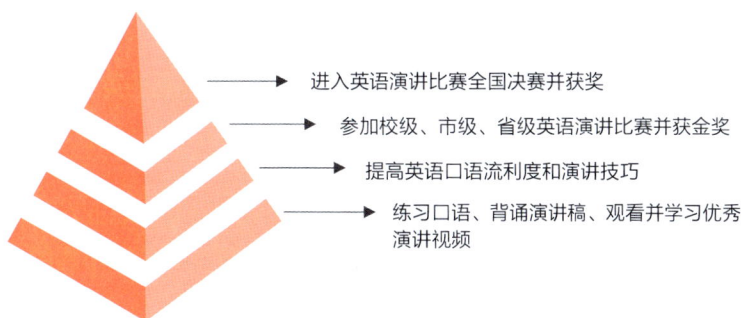

进入英语演讲比赛全国决赛并获奖

参加校级、市级、省级英语演讲比赛并获金奖

提高英语口语流利度和演讲技巧

练习口语、背诵演讲稿、观看并学习优秀演讲视频

与倒推法相比，金字塔目标法更侧重于目标的层次分解与日常积累，鼓励孩子从基础做起，逐步提升自我；而倒推法更多的是从最终结果出发，逆向思考所需的步骤和资源。两者各有千秋，但在参加英语演讲比赛这一具体场景中，金字塔目标法或许更能激发孩子的内在动力，让他们在持续的努力中感受到成长的喜悦与成就。

2.3.4 SWOT 分析法

SWOT 分析法原本是一种常用的战略分析工具，但用在孩子设定目标与规划未来的过程中，不仅能增强孩子的自信，还能挖掘孩子的潜能。我们可以运用 SWOT 分析法，和孩子一起分析他们在学习上的优势和劣势，以及外部的机会和威胁，然后根据分析结果设定目标。

> 小嘉的英语很优秀，经常获得英语比赛大奖。但是她偏科比较严重，每次数学考试后都垂头丧气，非常自卑。

我们运用 SWOT 分析法来全面审视小嘉的学习状况，帮助她重建自信，明确发展方向。

S（Strengths）——优势

英语能力出众，经常在英语比赛中获奖，展示了小嘉在语言学习上的天赋和深厚的语言功底。

W（Weaknesses）——劣势

数学成绩不好，影响了整体学习成绩，小嘉在每次数学考试后都感到沮丧和自卑。

O（Opportunities）——机会

随着全球化的发展，多语种及跨学科能力融合将成为很强的竞争优势。

T（Threats）——威胁

如果不能有效克服偏科问题，可能会影响到未来的升学和职业发展，尤其是在需要数学基础的学科或专业上。持续的挫败感和自卑情结可能对小嘉的心理健康和学习动力造成负面影响。

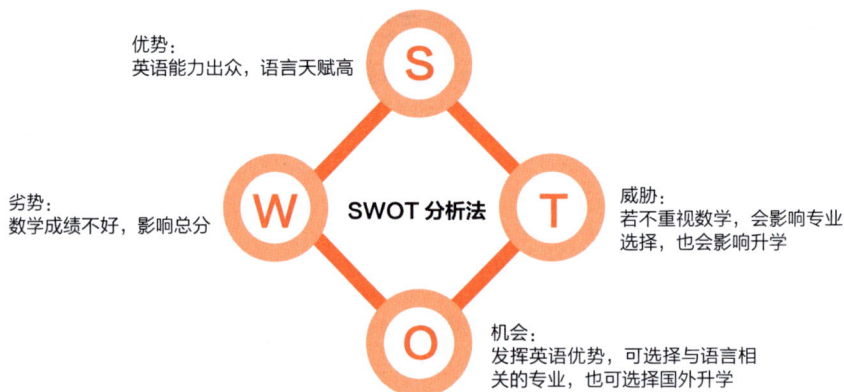

优势：
英语能力出众，语言天赋高

劣势：
数学成绩不好，影响总分

SWOT 分析法

威胁：
若不重视数学，会影响专业
选择，也会影响升学

机会：
发挥英语优势，可选择与语言相
关的专业，也可选择国外升学

通过 SWOT 分析法，我们可以清晰地看到小嘉的优势与劣势，以及她面临的机遇与挑战。接下来，重要的是帮助她制定一个有针对性的发展目标。

发挥优势： 鼓励小嘉继续在英语方面深造，参加更多与英语相关的活动和竞赛，增强自信心和成就感。

弥补劣势： 针对数学成绩不好的问题，寻找合适的学习方法和资源，如参加数学辅导班、每天在数学的学习上花费一定的时间，逐步提升数学成绩。

把握机会： 利用英语优势积极参加各种英语比赛，或国际化跨学科竞赛、活动，拓宽学习视野。

应对威胁： 建立积极的心态，正视数学学习的挑战，通过努力逐步克服畏难情绪；同时，寻求家长、老师或心理咨询师的帮助，缓解心理压力，摆脱自卑情结。

通过这样的分析与规划，小嘉不仅能够更清晰地认识自己，还能在发挥优势的同时积极应对劣势与挑战，逐步走出自卑的阴影，实现全面发展。

挖掘优势的过程，更是一次心灵的洗礼。"知己知彼，百战不殆。"它让孩子意识到真正的强大不在于有没有弱点，而在于能够弥补短板，充分认识并发挥自己的长处。

孩子的优势，正是其独一无二的魅力所在。父母可以通过 SWOT 分析法，帮助孩子学会如何以优势为基石，搭建起通往梦想的桥梁，即使路途遥远且布满荆棘，也能因内心的自信与坚定而勇往直前。

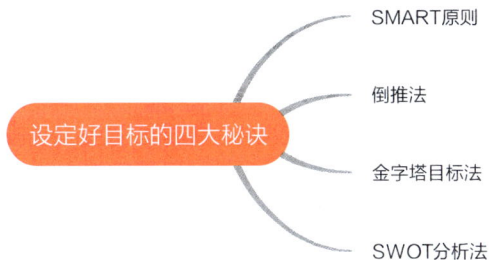

SMART原则

倒推法

设定好目标的四大秘诀

金字塔目标法

SWOT分析法

在帮助孩子设定成长与学习目标的过程中，SMART 原则、倒推法、金字塔目标法和 SWOT 分析法四大秘诀都是极为实用的工具。其中，SMART 原则确保目标的具体性和可行性，倒推法帮助孩子从结果反推行动步骤，金字塔目标法将长远目标分解为一系列可达成的小目标，SWOT 分析法则帮助孩子认清自我和外部环境，从而制定更加明智的目标。

这四大秘诀相辅相成，共同编织成一张引领孩子走向成功的地图，不仅教会他们如何设定目标，更重要的是让他们学会如何在成长的道路上自我净化、自我完善、自我革新、自我提高。正如**爱默生**所言："**有了崇高的目标，加上不懈的努力，我们就能成就非凡的事业**。"在这样的旅程中，每一步都坚实有力，每一次回望都充满自豪，因为孩子知道，正是这些清晰、实际且鼓舞人心的目标，铺就了他们通往梦想与辉煌的康庄大道。

2.4　培养孩子的执行力，确保目标的实现

在孩子成长的道路上，我们总是满怀期待地为孩子设定各种目标，希望他们能够成为更加优秀的人。然而，现实往往不尽如人意，许多美好的目标最终只停留在纸面上，难以实现。

当我们回望那些未竟的目标和梦想时，心中不免会有些许遗憾。为什么很多人明明设定了清晰的目标，最终却半途而废，问题究竟出在哪里呢？关键的一环往往在于"执行"，也就是将计划付诸实践的过程。很多人将目标设定得天花乱坠，但在执行时却力不从心，最终导致目标落空。在这一节中，我们就来谈谈如何培养孩子的执行力，确保他们设定的目标能够——得以实现。

2.4.1 为什么目标难以实现

在探索为什么目标难以实现这一问题时，我们不禁要问：是什么让目标的实现变得如此艰难？在深入剖析目标实现之路的障碍时，我们发现有以下三大挑战，它们如同"拦路虎"，阻碍了目标实现的进程。

1. 目标设定宽泛模糊

孩子们设定的目标常常过于宽泛，缺乏具体性和可操作性，导致在起步时就感到迷茫，不知从何下手。这种模糊性使得计划难以执行，进而影响了整个目标的实现进程。

> 小明想要提高学习成绩，但他的目标是"成为学霸"。这个目标过于宽泛，没有具体说明要在哪些科目上提高，也没有设定具体的分数或排名目标。因此，小明虽然有心提高学习成绩，但依然对学习感到迷茫，不知道应该先从哪里开始努力。

2. 陷入"全能主义"陷阱

部分孩子倾向于认为每件事情都至关重要，试图同时兼顾所有的任务和兴趣，结果却导致精力严重分散。这种"全能主义"心态使他们难以集中精力攻克关键任务，最终可能一事无成。

> 小华是一名多才多艺的学生，他对音乐、绘画、编程和体育都充满了热情。每个学期开始时，他都会雄心勃勃地为自己定下许多目标：加入学校的乐团、参加绘画比赛、自学完成一门编程语言课程，以及在学校的篮球队中担任主力。然而，小华很快发现，自己的时间和精力根本无法同时满足这些目标的需求。他不仅在各个领域都没有取得令人满意的成绩，反而因为过度分散精力而感到疲惫和沮丧。

3. 拖延症的侵扰

拖延症是孩子们完成目标时面临的最大挑战。他们常常以"时间还早，不着急"为借口，将原本计划好的行动一拖再拖。这种拖延行为不仅浪费了宝贵的时间，还可能让他们错失最佳的行动时机，进而影响到目标的顺利实现。

> 小刚计划周末完成一篇作文，但他总是以"先玩一会儿游戏放松一下"或"明天再做也来得及"为借口，将写作任务一拖再拖。直到周日晚上，他才匆忙开始写作，结果作文质量不高，还因为熬夜影响了周一的学习状态。

阻碍目标实现的三大"拦路虎"

- 目标设定宽泛模糊
- 陷入"全能主义"陷阱
- 拖延症的侵扰

目标实现之路布满荆棘，目标设定宽泛模糊、陷入"全能主义"陷阱与拖延症的侵扰成为"拦路虎"。"千里之行，始于足下。"家长要引导孩子明确具体的目标，专注于关键任务，克服拖延，方能稳步前行，迈向成功。

2.4.2 如何解决执行力不足的问题

在深入探讨如何解决执行力不足的问题之前，我们需要认识到，执行力是孩子在学习与生活中不可或缺的一项能力。它不仅关乎目标的达成，更影响着孩子的自我管理能力、时间规划能力，以及面对挑战时的应对态度。因此，掌握提升执行力的方法，对于孩子的成长与发展至关重要。下面我们将从明确目标、科学规划和时间管理三个维度出发，详细阐述如何有效解决执行力不足的问题，帮助孩子在成长的道路上更加稳健地前行。

1. 明确目标——最重要的事情只有一件

在培养孩子的执行力的过程中，首先要做的就是帮助他们明确目标，并聚焦重点。无论目标有多少，最重要的事情永远只有一件。心无旁骛，专注于执行，才能确保目标顺利达成。为了实现这个目标，所有妨碍目标实现的因素都需要让路。

当小明想要提高自己的数学成绩时，他可能会面临多项学习任务和兴趣爱好的冲突。然而，他认识到只有提高数学成绩，才有机会在总分中脱颖而出。所以，提高数学成绩就是他当前最重要的事情。于是，他决定在这段时间内，将主要精力集中在数学的学习上，将其他的如绘画、阅读等兴趣活动暂时放在次要位置，利用周末休息时再安排。

明确目标，专注于一事，是提升执行力的关键。小明通过识别并聚焦于提高数学成绩这一核心任务，暂时搁置了其他兴趣活动，展现了高度的执行力和自律。这种**"最重要的事情只有一件"**的思维方式，不仅帮助他有效管理时间和精力，更为他实现目标奠定了坚实的基础。

2. 科学规划——4W1H 方法：找准目标，确定任务执行路径

在当今这个信息爆炸、任务堆积如山的时代，如何高效地管理时间、执行任务并达成目标，成为许多家长和孩子共同面临的挑战。特别是在培养孩子的执行力方面，找到一种既科学又实用的方法显得尤为关键。为此，我将经典的 5W1H 方法改良为更适合学生群体的 4W1H 方法，旨在帮助孩子们精准地找准目标，并高效地规划执行路径。

4W1H，即 What、Why、Where、When、How，为孩子们提供了一个全面而系统的思考框架。

- "What"代表"是什么"，即明确目标或任务。
- "Why"代表"为什么"，即探究目标或任务背后的原因或意义。
- "Where"代表"在哪里"，即确定任务执行的具体场景或环境。
- "When"代表"什么时候"，即确定任务执行的具体时间或时间表。
- "How"代表"怎么做"，即制定实现目标的具体方法和步骤。

通过对这五个维度的深入思考，我们可以更加清晰地认识任务，从而更有条理地执行任务。

以小红提高英语口语能力为例。首先，明确目标（What）——提高英语口语能力。然后，探究原因（Why）——为了未来有机会出国留学或在国际交流中更加自信。接着，确定场景（Where）——学校的英语课、口语活动课和家里。确定时间（When）——每天练习口语的具体时间，比如每天晚上的7点到7点半。最后，制定方法（How）——每天练习半小时口语对话，每周参加一次口语活动课，一周上两次与线上外教进行一对一口语对话的课程。

通过对 4W1H 方法的运用，小红不仅明确了提高英语口语能力这一目标，还深入理解了其背后的意义，确定了任务执行的具体场景，学会了管理时间，并制订了详细的行动计划。这样的过程使小红在执行任务时更加有方向、有动力，也更容易坚持下去。几个月后，小红的英语口语能力得到显著提升。

"行动之前先思考，是智慧的第一步。"这句箴言与 4W1H 方法不谋而合，在执行任务时，方向明确、动力充足，效果才会显著。4W1H 方法可以帮助孩子避免盲目行动，确保每一步都走在正确的道路上。家长在培养孩子的执行力的过程中，引导他们学会运用 4W1H 方法，将极大地提升他们的目标意识和执行效率。4W1H方法让孩子的行动更加有力，在成长的道路上走得更加稳健。

3. 时间管理——预留时间给重要的事情

时间管理是提升执行力的关键。而预留时间给重要的事情，是管理时间与提升执行力的核心策略。在这个快节奏的时代，孩子常常面临多任务并行的挑战，若不加区分地去执行任务，就会很容易陷入**"万事开头难，最后皆未竟"**的困境。家长需要帮助孩子学会合理安排时间，把重要的事情放在前面，预留足够的时间去完成。

预留时间的重要性在于，能够确保孩子在纷繁复杂的任务中保持清醒的头脑，优先处理那些对成长、学习或兴趣发展至关重要的事情。这样做不仅能有效避免"捡了芝麻丢了西瓜"的遗憾，还能让孩子在完成任务的过程中积累成就感，增强自信心。

那么，如何实践预留时间的策略呢？

例如，小明每天放学后都有作业、阅读、数学、英语和户外活动等多项任务。

首先，识别任务。小明和他的家长一起识别哪些任务是"重要且紧急"的，如作业和即将到来的考试复习；哪些是"重要但不紧急"的，如阅读和兴趣培养。

其次，标注任务时间。 根据任务的优先级，在日历或时间规划表上明确标注每项任务的时间段，特别是要为那些重要但不紧急的任务预留出固定的时间段。例如，设定每天晚上睡前 20 分钟为"阅读时光"，无论多忙，这段时间都专门用于阅读，拓宽视野；周末则预留 2 小时作为"项目时间"，专注完成一个自己感兴趣的项目、做一个科学实验或写一份研究报告，培养深度学习与解决问题的能力。

最后，预留时间。 这意味着在孩子的时间表里为那些对成长、学习或兴趣发展至关重要的活动设定专属时间。在实施时，家长可以与孩子共同制定"优先级清单"，明确哪些任务是"必须做且重要"的，哪些任务是"可以稍后处理"的，通过可视化工具如日历、时间轴等，来规划每日、每周乃至每月的任务。这样一来，孩子不仅能学会自我管理，还能在实践中体验到达成目标的成就感。

正如彼得·德鲁克所言："有效的管理者不是从他们的任务开始的，而是从他们的时间开始的。"预留时间给重要的事情，不仅是对时间的尊重，更是对孩子自我成长和未来发展的投资。家长应成为孩子时间管理的引路人，帮助他们学会这一宝贵技能，让时间成为实现梦想的加速器。

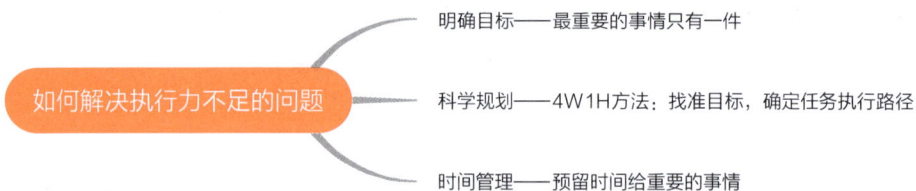

```
                              明确目标——最重要的事情只有一件
  ┌──────────────────┐
  │ 如何解决执行力不足的问题 │────  科学规划——4W1H方法：找准目标，确定任务执行路径
  └──────────────────┘
                              时间管理——预留时间给重要的事情
```

执行力是孩子成长的基石，明确目标、科学规划、时间管理缺一不可。专注于一事，让目标清晰；运用 4W1H 方法，规划任务执行路径；预留时间给要事，避免本末倒置。提升执行力，才能让孩子在成长的道路上稳健前行。

2.4.3 生成具体行动措施

生成具体行动措施，是确保目标实现的关键环节，在孩子成长的道路上尤为重要。它不仅能帮助孩子将模糊的愿景转化为清晰的行动指南，还能培养他们的时间管理能力和自我执行力。具体行动措施就如同航海图上的航线，引领孩子稳步前行，避免在茫茫大海中迷失方向。

很多家长可能都遇到过这样的情况：孩子在放假时立下豪情壮志，要快速写完作业。但最终被各种诱惑如睡懒觉、看电视、打游戏以及其他活动拉回懒散状态，从而导致在开学前一周匆忙赶作业。

那么，如何做好假期规划，帮助孩子度过一个充实而有意义的假期呢？生成具体而有效的行动措施显得尤为重要。

1. 明确目标与期望

家长可以与孩子进行深入交流，了解他们的兴趣与愿望，同时结合家庭教育目标，共同设定假期希望实现的具体目标。这些目标可以包括完成假期作业、阅读几本书、学习一项新技能（如绘画、编程）、参与体育锻炼或户外探险等。

2. 制订详细计划

（1）**时间分配**：根据孩子的年龄、兴趣及目标，制定一个合理的时间表。在这个时间表中，可以分成早晨、上午、中午、下午、晚上五个时间段。确保每天有足够的时间用于学习、休息和娱乐，同时留出时间进行家庭活动或社交活动。

（2）**任务分解**：将假期作业、阅读计划、技能学习等任务分解为每日小目标。例如，每天要完成哪些科目的作业，要提升哪些学科知识，要完成多少阅读量，以及要进行什么兴趣活动。

（3）**任务与时间匹配**：在制订了假期的具体目标和详细计划后，任务与时间的匹配是确保计划顺利执行的关键。以下是如何将任务与时间进行有效匹配的几条建议。

首先，考虑优先级排序。

家长与孩子一起审视所有任务，根据重要性和紧急性进行排序。例如，假期作业可能具有较高的优先级，因为它们有明确的完成期限；而阅读和新技能学习则可以灵活安排。

其次，合理分配时间段。

早晨：通常被认为是精力充沛、记忆力最佳的时间段，适合进行语文学科或记忆性学科的诵读和练习。

上午：可以继续进行学习活动，完成需要高度集中注意力的任务，如完成数学或科学等难度较大的作业。

中午：中午时间短暂，孩子在午睡前可以学习自己感兴趣的重要学科。不超过

30 分钟。

下午：在完成适当的学习量后，考虑到孩子可能产生疲劳感，可以对孩子进行兴趣培养。比如安排一些比较轻松有趣的任务，如绘画、编程等，或者安排一些户外活动、体育锻炼，如游泳等，既能让孩子放松身心，又能促进孩子全面发展。

晚上：晚上是复习和预习的好时机，可以安排 30 分钟复习重要学科的重点知识，完成 30 分钟的预习。还要进行 20 分钟睡前阅读，养成阅读的好习惯。

3. 设定具体时间段任务

为每项任务设定明确的时间段，并在时间表上标注出来。例如，每天上午 9:00—11:00 做作业，中午 13:00—13:30 学习重要学科。下午 2:30—3:00 做作业，3:30—5:30 进行户外探险或兴趣活动。晚上 8:30—9:30 进行复习和预习，9:40—10:00 进行阅读。

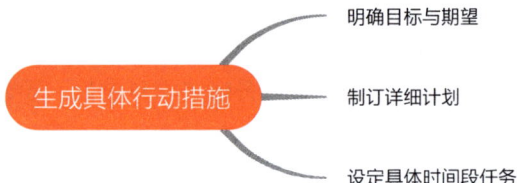

生成具体行动措施
- 明确目标与期望
- 制订详细计划
- 设定具体时间段任务

通过以上步骤生成具体而有效的行动措施，可以帮助孩子度过一个充实而有意义的假期。这样的假期规划，让他们从心底里愿意参与并享受这个过程，同时也养成了自主学习的好习惯。

当然，每个孩子都是独一无二的，他们的假期规划也应根据个人的兴趣和需求来定制。"**成功源于计划，更源于执行。**"只有这样，才能确保孩子在假期真正有所收获并得到成长，而不是在收假前夕匆匆忙忙赶作业。

附：8 岁小嘉的暑假计划

时　间	任　务
8:30—8:40	早读
9:00—9:30	语文作业
9:40—10:00	英语自然拼读
10:00—12:00	户外运动、自由安排
12:40—12:50	KET 语法

时　　间	任　　务
13:00—13:30	KET 课程
14:20—14:50	数学作业
14:50—15:00	KET 单词
15:00—16:00	英语电影时光
16:00—18:00	自由安排
20:30—20:40	RAZ 绘本阅读
20:50—21:00	河小象写字
21:30—22:00	数学预习课程
22:00—22:10	大英儿童百科全书阅读

备注：每天有效学习时间为 3 小时 20 分钟，自由安排时可以读杂志、玩耍或进行户外运动等。

2.4.4 父母如何激励孩子，确保目标的实现

在培养孩子执行力的过程中，父母的激励和支持是不可或缺的。父母要给予孩子足够的肯定和鼓励，让他们感受到自己的努力和付出得到了认可。同时，父母还要及时关注孩子的进展和成就，给予他们及时的反馈和建议。

1. 设定明确的奖励机制

奖励是培养孩子执行力的有效手段。父母可以和孩子一起设定明确的奖励机制，比如达成某个小目标后，可以给予一定的奖励，让孩子有动力去完成。

2. 定期回顾与调整

在实现目标的过程中难免会遇到各种问题，父母需要定期和孩子一起回顾目标的执行情况，及时调整计划，确保目标仍然可行。

3. 鼓励孩子自我反思

自我反思是提升执行力的重要环节。父母可以引导孩子学会自我反思，思考在实现目标的过程中哪些地方做得好，哪些地方需要改进。

4. 以身作则，树立榜样

父母是孩子的第一任老师，父母的行为对孩子有着深远的影响。如果父母能够

以身作则，展现出强大的执行力，孩子也会在潜移默化中受到影响，学会如何去达成目标。

设定明确的奖励机制

定期回顾与调整

父母如何激励孩子，确保目标的实现

鼓励孩子自我反思

以身作则，树立榜样

"行动是成功的阶梯，执行力是握住阶梯的手。"这句话强调了执行力在目标实现过程中的决定性作用。只有通过实际行动，孩子们才能攀登成功的阶梯。

培养孩子的执行力是一个长期而复杂的过程。在这个过程中，父母需要关注孩子的成长和变化，给予他们足够的支持和鼓励。同时，父母也要引导孩子学会独立思考和解决问题，培养他们的自律性和责任感。只有这样，才能培养出具有强大执行力的孩子，让他们在成长的道路上更加自信和坚定。

2.5　适时调整目标，让孩子的多巴胺不下线

2.5.1 揭开"快乐激素"的神秘面纱——多巴胺初探

在探索如何帮助孩子保持持续的学习动力和热情之前，让我们先揭开一个藏在大脑深处的秘密武器——多巴胺的神秘面纱。想象一下，当孩子解开一道难题、完成一幅画作或赢得一场比赛时，他们脸上洋溢的那种难以言喻的喜悦和成就感，这背后正是多巴胺在默默发挥着它的魔力。

多巴胺，这个听起来既科学又充满魅力的东西，其实是我们身体内一位勤劳的"快乐信使"。它是我们身体内一种非常重要的内源性含氮有机化合物（英文名为dopamine，简称DA），也被称为儿茶酚乙胺或羟酪胺。它属于儿茶酚胺类神经递质，是酪氨酸在代谢过程中产生的一种中间产物。

当我们提到多巴胺时，很多人会联想到快乐和满足，但实际上，它的作用远不止于此。多巴胺更像是一个内在的奖励系统，当我们完成某项任务、达成某个目标或体验到某种愉悦时，大脑就会释放多巴胺，给予我们一种"奖励"和"愉悦感"。

在孩子的世界里，多巴胺更是扮演着不可或缺的角色。它像是一位无形的指挥官，调控着孩子的情绪、动机、欲望乃至学习行为。它又像是一位隐形的导师，引导着孩子探索未知、挑战自我、不断前行。

2.5.2　多巴胺对孩子实现目标的深远影响

在孩子的成长过程中，多巴胺如同一位隐形的导师，不仅塑造着他们的情绪体验，更深刻地影响着他们的行为动力和目标实现。以下是多巴胺对孩子实现目标产生的三大深远影响，让我们通过具体例子和心理学分析来一探究竟。

1. 激发学习动力，培育持久兴趣

家长常常能感受到，当孩子得到老师或家长的表扬和赞许时，他们的学习热情仿佛被瞬间点燃，积极性显著提高。同样地，如果老师在课堂中多邀请孩子参与互动，并给予积极反馈，孩子的注意力就会变得异常集中，学习态度异常认真。这一切，正是得益于多巴胺这一神奇化学物质的精妙作用。

即时的正面反馈，犹如一股强劲的推动力，不断为孩子的学习动力注入新的活力。它促使孩子从被动接受知识的状态转变为积极主动探索未知的主体，实现了从"要我学"到"我要学"的根本转变。这一现象正是心理学中强化理论的生动体现：正面的强化手段（如表扬、成就感等）通过触发多巴胺的分泌，极大地增强了孩子对学习行为的内在动机与持久兴趣，让他们在学习的道路上越走越远，越学越爱。

2. 提升注意力，专注于关键任务

家长往往能深切感受到，孩子在低年级阶段对英语展现出的浓厚兴趣，在很大程度上得益于课堂的设计活泼多样。低年级的英语课堂，以听说训练为核心，融入了丰富多彩的活动，即便孩子偶尔分心，也能迅速被多变的活动环节重新吸引。

孩子们回家后也会经常与家长讨论哪位老师的课最吸引人，这大多是因为这位老师讲课幽默风趣，让学习变得生动有趣。

这些现象深刻揭示了多巴胺在提升注意力方面的神奇作用。当课堂变得新颖且充满趣味时，孩子的大脑会自然分泌多巴胺，这种"快乐激素"不仅让孩子感到愉悦，更促使他们自然而然地聚焦于学习任务，有效筛选并吸收关键信息，自动屏蔽外界的无关干扰。因此，创造一个充满乐趣与挑战的学习环境，是引导孩子集中注意力、高效完成学习任务的关键所在。

3. 促进创新思维，勇于挑战自我

多巴胺对孩子的创新思维与勇气有着不可忽视的深远影响。父母可以想象一下自己的孩子在面对难题时，从冥思苦想到豁然开朗，再到奋笔疾书后的会心微笑，这一过程正是"越挫越勇"的体现。

尽管可能屡试屡败，但每次挫败都如同催化剂，激发孩子大脑中多巴胺的分泌，赋予孩子不屈不挠的力量。这种"冒险－奖励"机制，激励孩子勇于探索未知，不断调整策略，穿越迷雾，直至在挑战中找到通往成功的道路。

有了多巴胺的激励，孩子学会了在逆境中寻找机遇，敢于跳出舒适区，勇于挑战自我极限，从而解开思维的枷锁，绽放出创新的火花。在这个过程中，他们不仅学会了解决问题，还学会了如何以更加坚韧和灵活的心态去拥抱每一个未知的挑战。

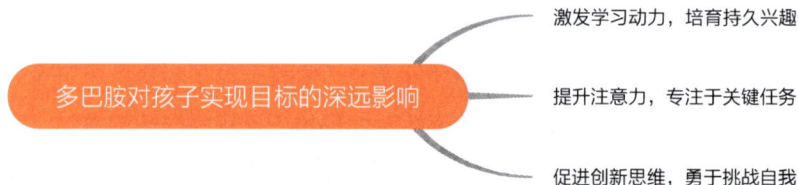

多巴胺对孩子实现目标的深远影响
- 激发学习动力，培育持久兴趣
- 提升注意力，专注于关键任务
- 促进创新思维，勇于挑战自我

多巴胺，这位内在的"快乐信使"，以其独特的方式影响着孩子的成长和学习。它激发学习动力，让孩子在追求知识的过程中享受乐趣；它提升注意力，帮助孩子更好地专注于任务；它促进创新思维，鼓励孩子勇于挑战自我。因此，作为家长，我们应当了解并善用多巴胺的力量，适时调整目标和激励方式，让孩子的多巴胺始终保持在线状态，助力他们健康成长、全面发展。

2.5.3 多巴胺的短暂效应与高效达成目标的调整策略

虽然多巴胺在激发孩子的学习动力、促进目标实现方面发挥着重要作用，但其持续时间却不是足够长。这意味着，要想让孩子保持持续的学习动力和注意力，就

需要产生新的多巴胺。有时候家长会发现，"这招不管用了"。这实质上就是多巴胺水平降低了，因此需要不断地给予孩子新的刺激和奖励。

然而，在现实生活中，家长很难做到时时刻刻都给予孩子刺激和奖励。这时，就需要适时地帮助孩子调整目标，让他们重新获得多巴胺的激励作用。那么，家长如何运用多巴胺的时间持续特点，帮助孩子做得更好呢？下面以孩子暑假背古诗为例，讲讲怎么做。

1. 及时调整目标

在实施"及时调整目标"这一策略时，关键在于敏锐地捕捉到孩子的情绪变化和学习进度，以便做出恰到好处的调整。每个孩子的学习节奏和兴趣点都是独特的，因此，家长需要成为细心的观察者和灵活的指导者。

如果长期目标难以达成，就需要设定短期可达成的小目标。例如，让孩子暑假背 30 首古诗，可以先尝试每天背一首，用 30 天背完。但是，如果孩子觉得枯燥乏味，无法坚持每天背，则可以调整为两天背一首。将大目标分解成若干个细化的小目标，让孩子在每个小目标达成时都能获得成就感和满足感。这样既能保持孩子的学习动力，又能避免他们因目标过于遥远而感到沮丧。

2. 多样化奖励方式

除了传统的物质奖励，还可以采用精神奖励、活动奖励等方式来刺激孩子的多巴胺分泌。例如，给予孩子口头表扬、与孩子分享成功的喜悦、让孩子参与有趣的活动等。

同样是背古诗，在夏天，家长可以采用为冰淇淋涂色的奖励方式。每背一首古诗，就让孩子给冰淇淋涂上自己喜欢的色彩；每背完 4 首古诗，就可以兑换一个真正的冰淇淋；每背完 10 首古诗，就可以带孩子看一场电影；30 首古诗都背完了，就可以满足孩子一个小小的愿望。

通过这种方式，孩子会在不断有惊喜的多巴胺刺激下，爱上背古诗。

3. 创造有趣的学习环境

在孩子的学习过程中，营造一个既充满乐趣又能有效激发多巴胺分泌的学习环境是至关重要的。父母可以鼓励孩子采用多样化的学习方法，也可以参与到孩子的学习中。

例如背古诗，可以通过选取适合孩子年龄段的古诗，将其改编成小故事或情景剧，让孩子扮演诗中的角色。这种身临其境的参与感不仅能加深孩子对古诗内容的理解，还能让孩子享受角色扮演的乐趣，刺激多巴胺的分泌。或者，父母和孩子可以开展古诗接龙比赛，每个人轮流背诵古诗的开头一句，另一个人需接上下一句，依次类推。这样可以激发孩子的竞争意识和参与热情，同时享受游戏带来的成就感，促进多巴胺的分泌。有些古诗比较难懂，也可以引导孩子想象诗句的画面感，这样有利于理解和记忆古诗。

在孩子的学习过程中，父母协助孩子创造有趣的学习环境，采用多样化的学习方法，是激发孩子的学习兴趣、提升学习效果的关键。

多巴胺的短暂效应与高效达成目标的调整策略

及时调整目标

多样化奖励方式

创造有趣的学习环境

多巴胺是无形的引擎，驱动着孩子的学习热情与探索精神。面对多巴胺的短暂效应，"流水不腐"之理启示我们，需持续注入新鲜刺激，灵活调整目标。以"小步快跑"之姿，拆解大梦想为小目标，让孩子在步步成功中累积自信，延长多巴胺的激励之光。同时，多样化奖励如同调味剂，物质与精神并重，让每份努力都伴随惊喜与期待。更需"寓教于乐"，创新方法将学习变得有趣，让孩子在角色扮演、游戏竞赛中享受知识盛宴，让多巴胺的每一次跃动都成为成长的黄金燃料。

父母作为孩子成长道路上的引路人，应善用多巴胺的魔力，以智慧与爱心为笔，绘制出一幅幅充满乐趣与挑战的学习画卷，引领孩子在知识的海洋中自由翱翔，成就更加辉煌的未来。

本章思维导图

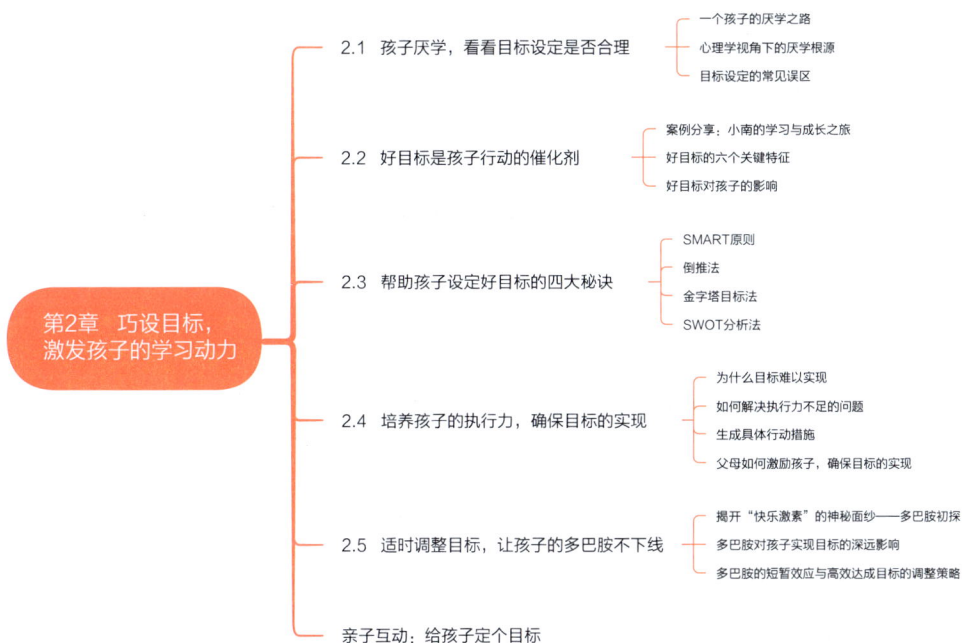

```
                                    ┌─ 一个孩子的厌学之路
                2.1 孩子厌学，看看目标设定是否合理 ─┼─ 心理学视角下的厌学根源
                                    └─ 目标设定的常见误区

                                    ┌─ 案例分享：小南的学习与成长之旅
                2.2 好目标是孩子行动的催化剂 ─────┼─ 好目标的六个关键特征
                                    └─ 好目标对孩子的影响

                                    ┌─ SMART原则
                2.3 帮助孩子设定好目标的四大秘诀 ──┼─ 倒推法
第2章 巧设目标，                          ├─ 金字塔目标法
激发孩子的学习动力                          └─ SWOT分析法

                                    ┌─ 为什么目标难以实现
                2.4 培养孩子的执行力，确保目标的实现 ─┼─ 如何解决执行力不足的问题
                                    ├─ 生成具体行动措施
                                    └─ 父母如何激励孩子，确保目标的实现

                                    ┌─ 揭开"快乐激素"的神秘面纱——多巴胺初探
                2.5 适时调整目标，让孩子的多巴胺不下线 ─┼─ 多巴胺对孩子实现目标的深远影响
                                    └─ 多巴胺的短暂效应与高效达成目标的调整策略

                亲子互动：给孩子定个目标
```

亲子互动

给孩子定个目标

主题：SWOT 助力未来规划

背景

　　进入小学中高年级，尤其是进入中学后，孩子开始思考未来方向，请结合 SWOT 分析与长期目标设定，设计一个主题为"SWOT 助力未来规划"的亲子互动练习，帮助孩子更清晰地认识自我，规划未来。

准备

- SWOT 分析表。

- 行动计划清单。

- 目标调整表。

- 家长反馈与激励表。

- 职业兴趣测试资料（见第 1 章末尾的"亲子互动：测测你的孩子适合什么职业"）。

流程

1. 自我探索

鼓励孩子进行职业兴趣测试，初步确定自己感兴趣的职业领域或未来发展方向（见第 1 章末尾的"亲子互动：测测你的孩子适合什么职业"）。

职业兴趣代码：_____

感兴趣的职业：_____

2. SWOT 分析

引导孩子进行深入的 SWOT 分析，不仅关注个人特质和能力，还要考虑外部环境因素。优势可能包括学习能力、领导力等；劣势可能是缺乏某些技能或经验等；机会可以是即将到来的竞赛、实习等；威胁则是竞争压力、行业变化等。

3. 设定长期目标

基于 SWOT 分析结果，设定一个长期目标（如考入某所大学的特定专业、成为某领域的专家等），确保目标既具有挑战性，又符合个人兴趣和实际情况。

专业目标：_____

大学目标：_____

4. 制订行动计划

将长期目标分解为多个短期目标，并为每个目标制定具体的行动措施，包括时间表、所需资源等。

短期目标	措　　施	时间期限	所需资源

5. 调整目标

家长要监督孩子的计划执行情况，鼓励孩子保持自律和毅力。同时，定期回顾进展，根据实际情况调整计划，确保目标的顺利实现。

需要调整的目标	新的措施

6. 反馈与激励

家长应给予孩子积极的反馈和适当的激励，认可他们的努力和进步，同时帮助他们建立面对挑战和失败的正确态度。

反　　馈	时　　间	反馈内容	激励内容

"设定具体而富有挑战性的目标，是激发孩子潜能、培养其自主学习能力的关键。"

—— 史蒂芬·柯维

致积极的我们

感恩有你
伴我身旁
让我有能量
放下过去眺望远方

降低原点
认真评估现状
努力挖掘属于自己身上的那座富矿
树立目标
我们再次启航

心驻阳光
从此不再迷茫
接纳自己所有的喜怒哀乐
原来这一切都很正常

积极投入
用心体验心流带来的幸福时光
赋能自我
让生命的火花持续怒放

第 3 章

培养自律能力，
帮助孩子养成良好的学习习惯

"自律是一种秩序，一种对于快乐与欲望的控制。"

——柏拉图

3.1　手机不是洪水猛兽，却是孩子成长的拦路虎

3.1.1　手机问题：孩子成长道路上的"双刃剑"

在瞬息万变的数字化浪潮中，手机已悄然成为现代生活中不可或缺的一部分，特别是对于正值成长关键期的孩子而言，它既是探索世界的窗口，又是引发家庭微妙变化的催化剂。

随着年龄的增长，许多孩子从小学高年级起便拥有了属于自己的"掌上世界"。然而，这份便利与自由的背后，却悄然滋生着家长们的忧虑与不安，手机使用问题如同一道隐形的墙，不时引发亲子间的误解与冲突。

我在心理课堂上常常能捕捉到孩子们的心声："每当我拿起手机时，父母的目光总是充满质疑，仿佛我立刻就会沉浸在游戏的虚拟世界里，随之而来的便是一连串的责备。"这种无形的压力让孩子们在享受科技带来的乐趣时，也不得不背负起沉重的心理负担。

为了深入剖析这一现象，我和孩子们共同探讨了三个核心问题。

问题一：父母为何对孩子玩手机心存芥蒂？

在孩子玩手机的背后，往往隐藏着家长对孩子的健康、学业及未来发展的深切关怀。他们担心孩子过度使用手机会损害视力，影响学习效率，甚至担心孩子会因此而沉迷于网络世界，远离现实生活的美好。

问题二：在孩子使用手机时，父母最为忧虑的是什么？

父母最担忧的莫过于孩子是否能自我约束，合理安排时间，避免沉迷；同时，他们也害怕不良信息或网络欺凌等潜在风险会伤害到孩子的心灵。

问题三：假如你是父母，面对孩子使用手机，你会如何应对？

这个问题激发了孩子们深刻的思考。他们纷纷表示理解父母的担忧，只要父母与他们好好说话，他们愿意通过沟通来建立信任，共同制定手机使用规则，确保既能享受科技带来的便利，又能保持健康的生活习惯和积极的学习状态。

小明原本是一个聪明伶俐、成绩优异的孩子，也经常使用手机查找学习资料、听网课。但自从沉迷于手机游戏和社交媒体后，他的世界似乎被一块小小的屏幕所占据。夜晚，本该是温习功课、进入梦乡的时间，小明却常常偷偷躲在被窝里，与手机为伴至深夜。

手机是一把"双刃剑"，在帮助孩子便捷获取信息、拓宽社交圈子的同时，也悄然侵蚀了他们的学习时间、睡眠质量和身心健康。成绩下滑、注意力不集中、与家人沟通减少……这些变化让孩子的父母心急如焚，他们开始意识到，手机问题已成为孩子成长路上的一块巨石，阻碍了孩子前行的步伐。

但是，在数字化时代，手机已经成为人们生活的一部分。面对孩子对手机的依赖，家长应理性看待，认识到手机并非洪水猛兽。毕竟，手机作为现代科技的产物，其积极作用不容忽视。手机能够帮助孩子快速获取知识、拓宽视野，甚至在某些学习应用中成为高效的辅助工具。手机既能提供丰富的学习资源，又能帮助孩子与同龄人建立联系。

因此，在面对手机这把"双刃剑"时，关键在于如何引导孩子正确使用手机，让手机在孩子成长的道路上发挥积极作用，而非成为拦路虎。

3.1.2　理性看待手机，避免过度恐慌

在面对手机这把"双刃剑"时，家长无须过度恐慌，更不应简单粗暴地禁止孩子使用手机，或者直接把孩子的手机摔坏；否则，可能引发一系列不良的行为和后果，不仅影响家庭氛围，还可能对孩子的心理健康和成长产生负面影响。以下是一些可能的后果。

1. 孩子逆反心理增强

如果家长对孩子使用手机表现出极度的焦虑和限制，孩子可能会感到被监视和不被信任，从而增强逆反心理。他们可能会更加隐蔽地使用手机，甚至故意违反规则，以表达对家长控制的反抗。

2. 亲子沟通障碍

对孩子使用手机过度恐慌，可能导致家长与孩子之间的沟通变得困难。家长可

能倾向于单方面制定手机使用规则，或者指责孩子，或者禁止孩子使用手机，而忽视了与孩子平等对话和共同解决问题。这种沟通方式不仅无法有效解决问题，还可能加深亲子间的隔阂。

> 曾经有一位母亲，因为孩子使用手机的问题，在没有征求孩子意见的情况下，把孩子送入戒网中心。孩子回家后，一句话也不愿意和母亲说，还把自己关在房间里，每天不是睡觉就是上网。这位母亲很后悔当时的决定。

3. 亲子信任缺失

长期的过度恐慌和过度限制会让孩子感受到家长对他们的不信任。这种信任缺失不仅会影响亲子关系，还可能影响孩子建立对其他人际关系的信任，对他们的社交能力和情感发展产生负面影响。

4. 孩子心理压力增加

面对家长的严格控制和不断指责，孩子可能会感受到巨大的心理压力。他们可能会担心自己的行为是否符合家长的期望，是否会被批评或惩罚。这种持续的紧张状态可能对孩子的心理健康造成不良影响，如产生焦虑、抑郁等情绪问题。

5. 孩子逃避现实

其实很多孩子也觉得游戏玩久了很无聊，但是如果家长对孩子使用手机的态度过于严厉，孩子可能就会觉得现实世界充满了限制和束缚，从而更加倾向于在手机营造的虚拟世界中寻找安慰和满足。这种逃避现实的行为可能使孩子逐渐与现实社会脱节，影响他们的社会适应能力和责任感。

6. 孩子学习动力下降

虽然手机可以提供学习资源，但家长过度恐慌和限制可能让孩子对学习产生抵触情绪。他们可能将学习视为一种负担或束缚，而不是成长和进步的途径。这种心态的转变可能导致孩子的学习动力下降，即使给他们手机，他们也不愿意使用手机来学习，这大大影响了他们的学业成绩和未来发展。

综上所述，家长在面对孩子对手机的依赖时，应保持冷静和理性，建立科学的"手机观"。家长可以通过与孩子共同制定规则、引导孩子合理使用手机、提供其他有益的活动等方式来平衡手机的使用与孩子的成长之间的关系。同时，家长也应关注孩子的心理健康和成长需求，与孩子建立良好的沟通和信任关系，共同促进孩子的健康成长。

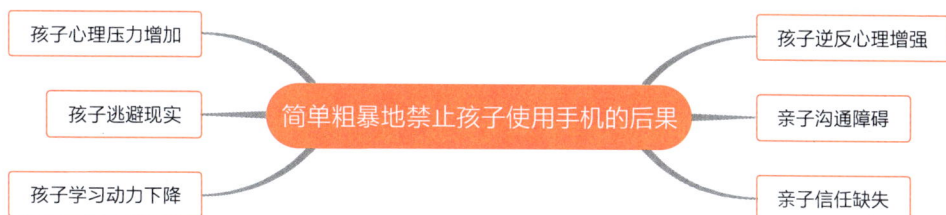

孩子心理压力增加		孩子逆反心理增强
孩子逃避现实	简单粗暴地禁止孩子使用手机的后果	亲子沟通障碍
孩子学习动力下降		亲子信任缺失

古人云："水能载舟，亦能覆舟。"关键在于我们如何驾驭这股力量，让它成为孩子成长的助力而非阻力。

3.1.3 合理规划手机的使用，避免亲子矛盾

在数字化时代，手机不仅是孩子获取信息、学习的工具，也是娱乐的源泉。然而，不合理的手机使用习惯却悄然威胁着孩子的身心健康，也带来了不少家庭挑战，尤其是亲子间的矛盾。因此，作为家长，合理规划孩子使用手机显得尤为重要。为了引导孩子健康使用手机，并有效避免因手机使用问题而产生的亲子冲突，家长可以采取以下策略。

1. 家庭会议开放沟通，共同制定规则

召开家庭会议，家长与孩子一起坐下来进行开放、平等的对话。通过家庭会议，家长可以了解孩子对手机使用的真实需求和想法。在此基础上，双方共同制定手机使用规则，确保该规则既符合家长的期望，又能得到孩子的理解，被孩子接受。这样的过程能够增强孩子的参与感和责任感，减少因单方面强制规定而产生的抵触情绪。

2. 明确界限，设定合理的时间框架

家长通过与孩子进行充分沟通，共同约定每日手机使用的时间上限、时间段以及禁止使用手机的场合（如餐桌、卧室等）。同时，这些约定应具有灵活性，能够根据孩子的年龄、学业负担以及家庭情况进行适时调整。这样既能保证孩子有一定的自由空间，又能确保他们不会沉迷于手机。

例如，可以约定在放假期间，每天使用手机不超过 3 小时，如上午、下午、晚上各 1 小时。开学后，每天使用手机不超过 1 小时，且在不同的时间段内使用，如早、晚各半小时。这样的安排既保证了孩子能够享受到手机带来的便利与乐趣，又避免了长时间连续使用手机可能导致的视力下降、注意力不集中等问题。

3. 任务优先，明确不能浏览的内容

家长可以引导孩子明确使用手机的优先级，鼓励孩子在完成学习任务后再使用手机进行娱乐活动。例如，可以规定在完成所有的家庭作业和课外阅读任务之前，不得使用手机进行游戏或浏览社交媒体。这样不仅能促进孩子养成良好的学习习惯，还能确保他们在使用手机时更多地参与到有益于身心的活动中。

4. 设定"无手机时段"，促进亲子互动与休息

为了保障孩子睡眠充足和拥有高质量的亲子时光，可以设定"无手机时段"，比如用餐时间、睡前 1 小时等。在这些时间段内，全家共同遵守不使用手机的规则，转而进行面对面的交流、阅读或进行其他家庭活动。这样的安排不仅能增进亲子关系，还能帮助孩子养成良好的作息习惯，减少夜间使用手机对睡眠质量的影响。

同时，家长自己应成为遵守手机使用规则的典范，以身作则，为孩子树立良好的榜样。家长在孩子面前应减少不必要的手机使用，尤其是与孩子相处时，尽量避免分心查看手机。通过实际行动，家长可以向孩子传递出手机并非生活全部的信息，从而引导他们形成正确的价值观。

5. 关注需求，提供替代活动

当孩子表现出对手机的过度依赖时，家长应关注他们的真实需求，并尝试提供其他有益的替代活动。例如，鼓励孩子参加户外运动、阅读书籍、学习乐器或参与社交活动等。这些活动不仅能丰富孩子的生活体验，还能帮助他们发展多种兴趣爱好和技能。

当孩子遵守手机使用规则并表现出积极的行为时，家长应及时给予肯定和奖励。这种正面反馈能够增强孩子的自信心和动力，使他们更愿意遵守规则并保持良好的手机使用习惯。

6. 化解矛盾，增进亲子关系

在执行规则的过程中，难免会遇到孩子不配合或违反规则的情况。此时，家长

应保持冷静和耐心，以理解和包容的态度与孩子沟通。通过倾听孩子的想法和感受，寻找问题的根源，并共同探讨解决方案。

在解决问题的过程中，家长应注重关爱和支持，避免使用指责和惩罚的方式。这样不仅能够化解矛盾，还能增进亲子间的信任和理解，使孩子更愿意遵守规则并保持良好的手机使用习惯。

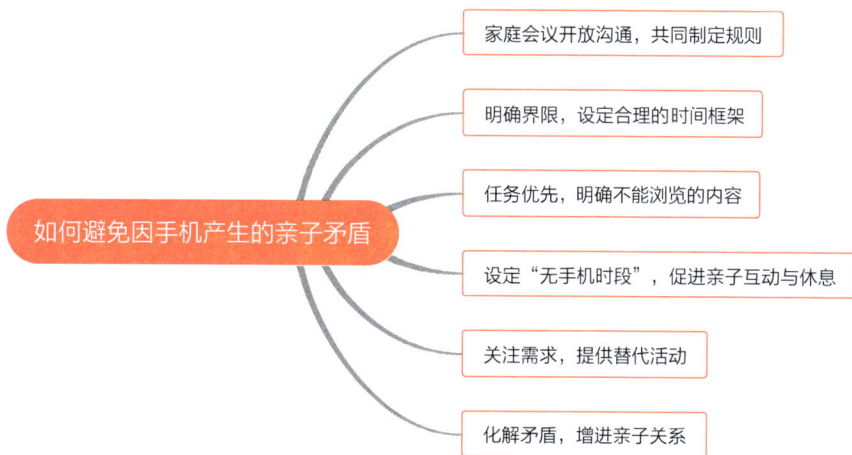

如何避免因手机产生的亲子矛盾
- 家庭会议开放沟通，共同制定规则
- 明确界限，设定合理的时间框架
- 任务优先，明确不能浏览的内容
- 设定"无手机时段"，促进亲子互动与休息
- 关注需求，提供替代活动
- 化解矛盾，增进亲子关系

合理规划手机的使用，是缓解亲子矛盾、促进孩子健康成长的明智之举。正如马克·吐温所说："习惯就是习惯，谁也不能将其扔出窗外，只能一步一步地引下楼。"家长应以身作则，通过开放沟通、明确界限、提供替代活动等方式，温柔而坚定地引导孩子形成良好的手机使用习惯。让孩子在爱的引导下，学会自律与平衡，享受数字化时代带来的便利而不迷失方向。

3.1.4 利用手机工具，助力孩子学习和成长

在数字化教育的浪潮中，手机已不仅仅是通信的媒介、娱乐的工具，更是孩子学习和成长的加速器。作为家长，我们可以巧妙地运用各类教育应用，为孩子打造一个全方位、个性化的学习环境。

在这几年陪伴孩子成长的过程中，我发现手机和平板电脑上的教育软件已成为孩子课外学习与知识提升的重要伙伴。作为一位积极参与孩子学习过程的家长，我也乐于分享一些利用这些科技工具助力孩子在语言学习、数理辅导和阅读拓展方面取得显著进步的经验。

1. 语言学习工具

在语言学习方面，我尝试给孩子使用了多款寓教于乐的App，如"英语趣配音""小狐狸 ABC""AI 外教"等，对孩子的语言能力提升有很大的帮助。

"英语趣配音"激发了孩子对语言应用的热情，通过模仿电影片段的配音，不仅提高了发音的准确性，还增强了语感和表达能力。

"小狐狸 ABC"作为一款创新的英语学习软件，巧妙地融合了情境口语与角色扮演的元素，为孩子们打造了一个既刺激又富有教育意义的英语学习环境。在这个平台上，孩子们不再是被动的知识接受者，而是成为故事中的主角，通过参与精心设计的冒险剧情，自然而然地掌握了英语口语技能。

此外，我还尝试了"AI 外教"应用，为孩子提供与真实语言环境相似的对话练习机会，让孩子的口语水平在短时间内实现了质的飞跃。

2. 数理辅导工具

众多家长，也包括我，深知数学对孩子成长的重要性，因此常常为孩子的数学成绩不佳而忧心。而课外辅导班费用高、耗时长，成为不少家庭的负担。而今，网络工具让这一难题迎刃而解。无须远行，即可坐拥海量优质数学资源。在众多的数理辅导应用中，"学而思""猿辅导"等 App 脱颖而出。

"学而思"课程严谨，融合视频讲解、例题精析与互动练习，激发了孩子们的学习兴趣，培养了他们的数学思维。其基础课程对假期的预习很有帮助，而培优课程可以选择在周末学习。

"猿辅导"同样是一个备受推崇的在线教育平台，其擅长将复杂的数学问题拆解成简单易懂的步骤，帮助孩子们逐步掌握解题技巧。此外，"猿辅导"还提供了个性化的学习计划和智能化的学习反馈系统，能够根据孩子们的学习情况及时调整教学策略，确保每个孩子都能得到最适合自己的辅导。

各家在线教育平台都有其特色，家长应根据孩子的实际需求和兴趣点，精选一个平台，引导孩子深入学习，而非贪多求全。

3. 阅读拓展工具

阅读是孩子成长过程中不可或缺的一部分。为了拓宽孩子的阅读视野和兴趣范围，我使用了"学而思大阅读""咔哒故事""RAZ"等阅读软件。

　　"学而思大阅读"提供了丰富的图书资源和分级阅读指导，让孩子在享受阅读乐趣的同时，逐步提升阅读能力和深度思考能力。

　　"咔哒故事"以生动有趣的动画和音视频形式呈现故事内容，吸引了孩子的注意力，激发了他们的阅读兴趣。

　　"RAZ"是一款专为儿童设计的在线英语阅读分级软件，涵盖从 AA 到 Z2 共29 个难度级别，提供超过 2000 本定制的英文绘本阅读材料，内容涉及常识、天文、地理、历史、童话、人文、动植物等方面，深受家长和孩子的喜爱。其界面友好，支持音频朗读，助力孩子理解绘本故事。"RAZ"在世界各地广受欢迎，是提升儿童阅读能力的有效工具。

　　通过这些平台，孩子逐渐养成了良好的阅读习惯，阅读已成为他们日常生活中不可或缺的一部分。

　　回顾这段使用教育软件辅助孩子学习的历程，我深刻感受到了科技工具在教育领域的巨大潜力和价值。它不仅为孩子提供了更加丰富、便捷的学习资源，还让家长能够更加高效地参与到孩子的学习中来。

　　孩子使用手机的时间是有限的，如果给予孩子其感兴趣的学习内容，他们玩游戏或刷视频的时间自然就会减少。正如**乔布斯所言**："**技术应当服务于人类最美好的追求。**"作为家长，我们可以探索更多优秀的教育科技产品，与孩子一起成长、共同进步，为孩子铺设一条通往知识殿堂的康庄大道。

　　在数字化浪潮的浩瀚星海中，手机如同一把"双刃剑"，它既是开启知识宝库的钥匙，又是考验孩子自律与智慧的试炼场。家长应明智地引导，不让它成为孩子前行路上的绊脚石，而是让它成为助力孩子飞跃的翅膀。正如**爱迪生所言**："**教育之于心灵，犹如雕刻之于大理石。**"我们需要精雕细琢，引导孩子正确使用科技工具，同时注重沟通，倾听孩子的声音，共同寻找手机使用的平衡点，避免亲子间的矛盾与冲突。

　　在引导的过程中，家长的榜样作用不可或缺，正如**孔子所言**："**其身正，不令而行；其身不正，虽令不从。**"家长应以身作则，展现自律与责任，为孩子树立良好的榜样。面对手机问题，家长需要保持耐心与理解，不武断，以**史蒂芬·柯维的"首先，要事第一"**为原则，引导孩子明确生活中的优先级，让科技工具真正服务于孩子的成长与发展。

3.2　明明立下豪情壮志，却败给无限拖延

3.2.1 何成的故事：梦想与现实的交锋

在成长的道路上，每个孩子都是怀揣梦想、勇往直前的勇士。然而，在追求目标的过程中，一个隐形的敌人常常悄然出现，它就是——拖延。本节就让我们通过何成的故事，深入探讨这一现象，理解拖延的本质，揭示其危害，并分享一些父母帮助孩子战胜拖延症的实用妙招。

何成，一名充满活力的中学生，每到周五放学的时候，他总是满怀憧憬地规划着当晚的学习蓝图。他郑重其事地向妈妈宣布："我要开始写作业了，请不要打扰我，我争取在晚饭前全部完成。"然而，这份决心在实践的道路上遭遇了重重挑战。

他首先选择了语文作业作为突破口，但面对密密麻麻的文字，几分钟后便感到有些力不从心，心里不禁嘀咕："这字也太多了吧！"于是，他转而投向了数学的怀抱，希望能找到一丝解题的快感。然而，数学的难题又让他迅速陷入挫败感之中，心中暗自思量："还是英语简单些，先从它开始吧。"正当他准备翻开英语作业本时，一本心爱的科幻小说意外地从书包中滑落，瞬间吸引了他的全部注意力。他心想："看一会儿小说放松一下，应该不影响大局。"结果，这一看便入了迷，直到妈妈唤他吃晚饭，他才猛然惊醒，发现作业进度几乎停滞不前。

饭后，他本想立即投入到学习中，但家人的散步邀请让他暂时放下了书本。散步归来，疲惫感袭来，他选择边吃水果边看电视小憩，时间就这样悄悄流逝。直到晚上10点，他才终于下定决心回到书桌前，准备全力以赴完成作业。然而，写字台上那久违的平板电脑再次勾起了他的游戏欲望。他心想："就玩一会儿，放松一下。"于是，他打开了游戏，并与朋友畅聊起来。这一玩一聊，时间已悄然滑至深夜12点，疲惫不堪的他最终决定放弃，安慰自己道："今晚实在太累了，作业还是留到明天再做吧。"

看了何成的故事，家长们定能感同身受，那些场景仿佛就是自家孩子日常学习与生活的真实写照，让人不禁会心一笑，又略带几分忧虑。我在心理课堂上也曾给

学生们讲过这个故事，学生们纷纷说似乎通过这个故事看到了自己的影子。

这个故事生动地展示了何成在面对学习任务时，如何因缺乏持续性和专注力而一步步陷入拖延的漩涡。拖延，是梦想与现实之间的隐形墙，唯有自律与坚持，方能凿穿壁垒，让梦想照进现实！

何成的故事不仅是对个体拖延行为的生动体现，更是对家长与孩子共同面对挑战、寻求成长之路的温馨提醒。正如**爱默生所言**："**习惯若不是最好的仆人，便是最差的主人。**"我们需要行动起来，引导孩子，以积极的态度和有效的策略，将拖延的习惯改变为高效行动的伙伴，共同书写属于他们的精彩篇章。

3.2.2 拖延的解释：心理学视角的洞察

在心理学领域，**拖延的心理学定义是指个体在面临任务或责任时，主动选择推迟或者延迟开始或完成该任务的行为。**这种行为的背后往往伴随着复杂的心理机制，是一种自我调节的失败，表现为个体明知有重要任务需要完成，却故意延迟行动，最终导致任务未能按时完成或完成质量下降。

为什么会产生拖延呢？拖延并非简单的懒惰或缺乏时间管理技能，而是一种更为复杂的心理现象。它涉及个体对任务的认知、情绪反应、动机水平以及自我控制等多个方面。拖延产生的五大原因如下。

1. 自我控制力不足

个体在面对诱惑时，难以抑制即时的满足感，导致原本计划的任务被推迟。例如，何成在面对科幻小说、游戏的诱惑时，无法控制自己不分心，最终导致学习计划一再被打乱。

2. 任务回避心理

对任务产生负面情绪，如无聊、有压力或恐惧失败等，从而选择逃避或推迟完成。例如，何成对语文作业和数学作业的复杂性与难度感到畏惧，因此选择逃避这些任务，转而选择看似更简单的英语作业，但最终还是被其他活动所吸引。

3. 情绪调节不当

将拖延作为应对负面情绪（如焦虑、有压力等）的手段，通过推迟任务来暂时缓解不适感。例如，看科幻小说和玩游戏成为何成调节学习压力的方式，他通过逃避学习来暂时缓解内心的焦虑和不安。

4. 分心与注意力分散

现代生活中的各种刺激（如社交媒体、娱乐活动等）分散了个体的注意力，使个体难以专注于当前任务。例如，从散步到看电视、玩游戏，何成的注意力被不断分散，使他难以长时间保持对学习的专注。

5. 时间管理技能缺失

缺乏有效的时间规划和管理能力，导致任务被不合理地推迟或未完成。例如，尽管何成有学习计划（晚饭前完成作业），但计划不明确，且没有有效地管理时间，导致计划落空，最终不得不将任务推迟到第二天来完成。

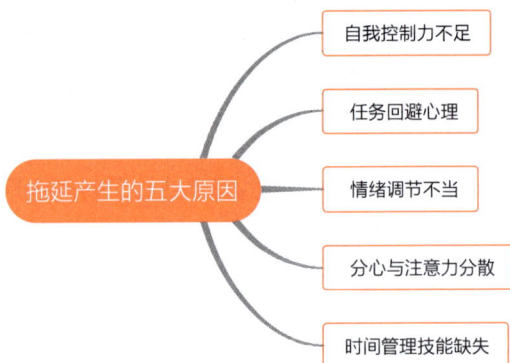

```
                              ┌──────────────┐
                          ┌───│  自我控制力不足  │
                          │   └──────────────┘
                          │   ┌──────────────┐
                          ├───│  任务回避心理  │
  ┌──────────────┐        │   └──────────────┘
  │ 拖延产生的五大原因 │────────┼───┌──────────────┐
  └──────────────┘        │   │  情绪调节不当  │
                          │   └──────────────┘
                          │   ┌──────────────┐
                          ├───│ 分心与注意力分散 │
                          │   └──────────────┘
                          │   ┌──────────────┐
                          └───│ 时间管理技能缺失 │
                              └──────────────┘
```

通过何成的案例，我们可以看到拖延行为是多种心理因素共同作用的结果。这些心理因素相互作用，使何成一步步陷入拖延的漩涡，最终影响了学习计划的执行和目标的达成。

正如塞涅卡所言："真正的智者，是那些能够驾驭自己内心欲望与时间的人。"只有通过深入了解拖延背后的心理机制，家长才能引导孩子采取有效的策略。这样不仅能够帮助孩子重获对时间的掌控，更能让孩子成为自己生活的主宰，让他们的梦想与行动同频共振。

3.2.3 拖延的危害：不容忽视的阴影

拖延行为具有循环性和累积性。一旦开始产生拖延，个体就会因为未完成任务而产生负罪感，这种情绪可能促使他们通过进一步拖延来逃避，形成恶性循环。同时，拖延会导致任务积压，增加后续完成的难度和压力。

拖延，这个看似微不足道的习惯，实则如同暗流涌动，悄无声息地在生活的各个角落编织着一张错综复杂的网，其危害之深远，不容忽视。它不仅侵蚀着孩子的时间管理能力，更是对孩子的心理健康、学业成绩乃至未来的职业生涯构成了潜在的威胁。拖延的危害表现如下。

1. 拖延是孩子学习道路上的绊脚石

在这个知识爆炸的时代，学习任务繁重且竞争激烈，每一个知识点、每一次作业都可能是通往成功之路上不可或缺的"石子"。然而，拖延却让这些宝贵的"石子"在时间的流逝中逐渐堆积成山，不仅增加了学习负担，而且让复习变得仓促而低效。面对堆积如山的作业和即将到来的考试，孩子往往感到力不从心，焦虑与挫败感油然而生，进而影响到他们的自信心和学习动力。

2. 拖延严重破坏了孩子的时间管理能力

时间是世界上最公平的资源，每个人每天都拥有相同的 24 小时。然而，如何高效利用这些时间，却成为区分成功者与平庸者的关键。拖延者往往缺乏明确的目标和计划，生活和学习节奏混乱无序，仿佛被时间的洪流推着走，无力掌控方向。这种混乱不仅体现在学业上，而且可能渗透到生活的方方面面，影响孩子的生活习惯和自律能力的培养。

3. 拖延可能对孩子的心理健康产生深远的影响

未完成的任务如同沉重的枷锁，让孩子时刻背负着负罪感和内疚感的重担。他们可能会陷入自责的漩涡而无法自拔，甚至开始怀疑自己的能力和价值。长此以往，这种消极情绪可能逐渐累积成严重的心理问题，如焦虑、抑郁等，对孩子的身心健康造成不可估量的伤害。

4. 拖延让孩子错失许多宝贵的成长机会

在人生的旅途中，每一次尝试、每一次挑战都是锻炼自己、提升能力的契机。然而，拖延却像一道无形的墙，将孩子与这些机会隔绝开来。孩子可能会因为拖延而错过参加兴趣小组、竞赛活动或社会实践的机会，从而禁锢了自己的视野和限制了潜能的发挥。

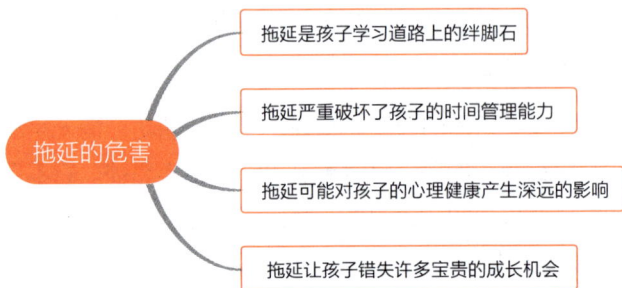

因此，"今日事今日毕"这一古训在当今社会依然具有重要的现实意义。它不仅是对高效生活的倡导，更是对孩子意志力的锤炼。我们应该引导孩子树立正确的时间观念和价值观，学会合理规划时间、高效利用时间，用实际行动去战胜拖延的阴影。只有这样，他们才能在未来的道路上走得更远、更稳。

3.2.4 家长助力：破解孩子拖延症的五大妙招

面对孩子在学习中的拖延现象，家长的智慧引导与耐心陪伴显得尤为关键。以下是几个既科学又贴近生活的策略，旨在帮助家长携手孩子共同跨越拖延的障碍，迈向更加高效与自律的学习和生活。

1. 引导孩子制订可执行的学习计划

家长可以坐下来，引导孩子制订既符合孩子的兴趣又切实可行的学习计划。在计划中，不仅要明确每日的学习任务，还要设定具体的时间节点。

例如周五放学回来，如果孩子说要晚饭前完成作业，家长需要和孩子一起评估作业量和作业难度，看看晚饭前完成是否现实。基于评估的结果，如果不能实现，再和孩子一起探讨可行的作业计划。例如：周五 17:00—18:00（晚饭前）完成英语作业；晚饭后与家人去散步，回来后休息一会儿（可边看电视边和家长聊天）；21:00—22:00 完成数学作业；周六上午 9:30—11:00 完成语文作业。这个计划就能确保任务量与时间匹配，孩子也更愿意专注执行。

2. 培养孩子日常时间管理观念

利用生活中的点滴细节，如固定家庭早餐／午餐／晚餐时间、睡前阅读时间、使用手机时间、运动休闲时间等，潜移默化地培养孩子的时间观念。可以使用定时器或时间管理相关 App，将抽象的时间概念具体化，让孩子在实践中学会合理分配时间。

根据孩子的年龄特点和专注力情况，设定适宜的"学习—休息"循环。例如，对小学中低年级段的孩子可以设定 30 分钟的专注学习时间，而对功课较多的小学高年级段的孩子和中学生可以设定 60 分钟的专注学习时间，之后休息 10 分钟。这样既能保持高效学习，又能避免疲劳累积。

3. 设定时间优先级

通过情景模拟和现实生活案例，引导孩子识别任务的"四象限"（重要且紧急、重要但不紧急、紧急但不重要、不重要也不紧急），教会孩子识别任务的紧急程度和重要性，优先处理重要且紧急的任务。这样不仅能有效减少拖延，还能让孩子学会在复杂情境下做出明智的决策。

对于年幼的孩子，家长可以让孩子化身为"任务大师"，负责管理和完成一系列任务。这些任务可以是日常生活中的小事（如整理玩具、准备午餐等），也可以是模拟的学习任务（如完成数学作业、阅读故事书等）。每个任务都有不同的重要性和紧急程度，让孩子在模拟情境中学习如何快速判断并优先处理重要且紧急的任务。

对于青少年，家长可以根据孩子在实际学习中遇到的时间管理困惑，进行优先级设定。例如，将即将到来的考试视为"最高优先级任务"，那么与考试相关的复习就是最重要的事情，而将玩游戏或看电视这种不重要也不紧急的事情放在一边，如果有时间，可以去做。

4. 打造有利于专注的学习小天地

为孩子营造一个专属的、无干扰的学习环境，是提高学习效率的重要保障。家长可以通过减少孩子房间内不必要的装饰和娱乐设备，如电视机、游戏机等，确保学习区域整洁有序。同时，家长可以与孩子一起挑选一张舒适的学习桌和椅子，增添绿植或励志标语，营造积极向上的学习氛围。这样的环境有助于孩子集中注意力，提高学习效率。

5. 身教胜于言传，树立榜样

家长是孩子最好的老师。要想让孩子远离拖延，家长首先要以身作则，做到不拖延、守时守信。无论是对于工作还是生活琐事，都要展现出高效、有序。比如，与孩子一起制订家庭计划，并严格按照计划执行；在约定好的时间内完成家务或工作任务等。家长通过自身的行为示范，为孩子树立一个积极向上的榜样。

破解孩子拖延症的五大妙招
- 引导孩子制订可执行的学习计划
- 培养孩子日常时间管理观念
- 设定时间优先级
- 打造有利于专注的学习小天地
- 身教胜于言传，树立榜样

总结而言，家长是孩子成长的舵手，破解拖延症需要智慧与耐心并施。正如马克·吐温所言："二十年后，你们将对那些没有做过的事更遗憾，而不是那些做过的。"通过制订计划、培养时间观念、设定优先级、打造有利于专注的环境和树立榜样，家长能够引导孩子迈向高效、自律的学习和生活，让未来的他们无憾于今日的努力与坚持。

3.3 注意力不集中，是专注度问题还是自律问题

3.3.1 注意力不集中的表现与影响

在育儿这条漫长且充满挑战的道路上，家长们总会遇到各种各样的难题，而孩子注意力不集中无疑是其中较为常见且令人倍感困扰的一个难题。

注意力不集中，直观表现为孩子在做作业、听课、阅读或者参加其他需要集中精神的活动时，极易分心、走神，难以长时间将注意力聚焦在任务上。他们可能会频繁地东张西望，不停地摆弄手边的小物件，随意打断别人的谈话，或者表面上看似在听讲，实则心思早已飘远。

注意力不集中主要表现在以下几个方面。

- 稳定性差：孩子往往只有"三分钟热度"，很难长时间专注于某件事情。比如写作业时，一会儿玩笔，一会儿看窗外，导致作业完成的进度缓慢且作业质量欠佳。

- 持续性差：注意力集中的时间非常短暂，上课坐不住，小动作不断，容易走神儿。这种情况在课堂上尤其突出，孩子看似在认真听讲，实则遗漏了诸多重要内容。

- 集中性差：孩子极易被外界干扰，哪怕是极其细微的声音或动作，也能使其注意力分散。例如，窗外飞过一只蝴蝶，就能让他们分心好几分钟。

- 主动注意力差：孩子通常无法依照自己的意愿和计划集中注意力，即便有心想要完成某件事情，也常常难以达成。

注意力不集中对孩子的影响可谓深远，主要表现在以下几个方面。

1. 在学习方面，成绩提升困难重重

注意力不集中的孩子，作业完成的速度慢，知识掌握得不牢固，考试时还容易因粗心大意而丢分。有些孩子每次考试时都由于注意力不集中，看错题目或者漏题，致使成绩一直不尽如人意。而且，他们在课堂上注意力涣散，无法接收老师讲授的重点知识，课后就得花费更多的时间去弥补，学习效率低下，压力也随之增大。

2. 在生活方面，做事容易半途而废

例如，注意力不集中的孩子，在学习乐器时，可能练了没几天，觉得有难度就放弃了；在参加体育活动时，没一会儿就失去兴趣了。长此以往，这些孩子长大后，在遇到困难时可能就会轻易选择退缩。

3. 在身心方面，不利于健康成长

注意力不集中，不但严重影响了孩子的学习效率，而且可能让他们错失许多重要的学习良机。从长远来看，注意力不集中还可能对孩子的身心发展、社交能力以及情绪稳定性造成不良影响。例如，孩子可能因为学习困难而产生自卑心理，也可能由于无法与同学建立良好的关系而变得孤僻。

注意力不集中对孩子的影响

- 在学习方面，成绩提升困难重重
- 在生活方面，做事容易半途而废
- 在身心方面，不利于健康成长

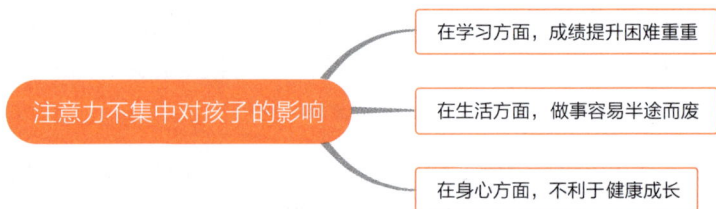

正如法国生物学家乔治·居维叶所说："天才，首先是注意力。"孩子的注意力问题不容忽视，家长们需要密切关注，积极引导，帮助孩子摆脱注意力不集中的困扰，才能为他们的未来奠定坚实的基础。

3.3.2 注意力不专注的原因

孩子注意力不专注的原因错综复杂，涉及生理、环境、心理、兴趣、方法等多个维度，深入剖析这些原因有助于家长采取有针对性的措施，助力孩子提升专注力。

1. 生理因素

孩子的注意力发展与其大脑及神经系统的成熟度紧密相关。在成长的道路上，如同小树苗需要时间茁壮成长，孩子的注意力集中能力也会随着年龄的增长而逐渐增强。

从 5 岁起，孩子的注意力就像初升的太阳，虽显微弱却逐步攀升，10~15 分钟是他们最初的能力；到了 7~10 岁，注意力这束光芒更加稳定，能够持续集中更长的时间，达到 15~20 分钟；进入青春期，特别是 12 岁以后，孩子的注意力如同正午的阳光，强烈而持久，常能维持超过 20 分钟，甚至逼近成人的注意力水平。而在13~18 岁的青少年阶段，孩子的注意力集中时间已经相当可观，能够维持较长时间的学习和活动，但具体多长时间仍会受到任务难度、个人兴趣、学习环境等多种因素的影响。

总的来说，随着孩子年龄的增长，他们的大脑发育更加成熟，自我控制能力增强，因此注意力集中的时间也会相应地延长。

2. 环境因素

一个宁静而有序的环境是注意力集中的温床。试想，孩子在家中学习时，耳边充斥着电视节目的喧闹声和大人交谈的嘈杂声，轻易就打乱了其专注的思绪。此外，现代科技工具的诱惑也不容忽视，如手机、平板电脑等电子产品带来的即时满足感，让孩子的注意力如脱缰的野马，难以驾驭。

3. 心理因素

孩子的内心世界同样影响着他们的专注力。孩子内心的烦恼，比如与同学的矛盾、学习压力等，如同沉重的包袱，让他们难以轻松前行。当学习成为负担而非乐趣时，抵触情绪自然会削弱他们的专注力。

4. 兴趣问题

兴趣是最好的老师。枯燥无味的学习内容如同在荒漠中旅行，让孩子难以提起兴趣，自然容易走神儿。试想，若将数学公式融入生动的故事或游戏中，是否能让孩子的学习之路充满乐趣呢？

5. 方法问题

有效的学习方法和时间管理技巧是孩子专注力的加速器。缺乏合理规划的孩子，如同航行中失去罗盘的船只，容易被琐事和紧急任务带偏方向，难以保持对核心任务的专注。

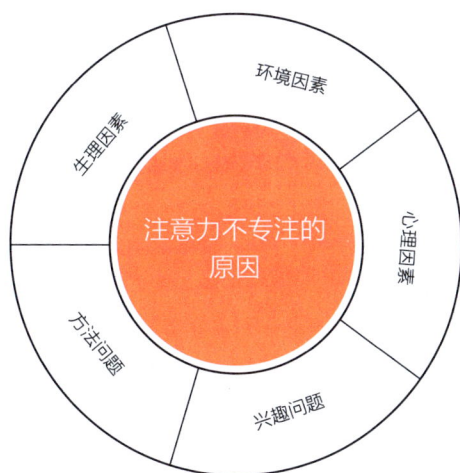

歌德曾说："一个人不能骑两匹马，骑上这匹，就会丢掉那匹。聪明人会把凡是分散精神的要求置之度外，只专心致志地学一门，学一门就要把它学好。"只有深入了解注意力不专注的原因，家长们才能有的放矢，引导孩子走向注意力集中的光明之路。

3.3.3 注意力不专注的本质问题

在细致剖析了孩子注意力不专注的五大根源后，我们不难发现，这一问题并不是孤立存在的，而是生理发育、环境因素、心理状态、兴趣导向、学习方法等多重因素交织的复杂现象。接下来，我们将深入探究这一现象的核心本质：注意力不专注是纯粹的专注度不足的问题，还是自律能力缺失的反映，抑或是两者相互交织，共同作用于孩子的注意力表现？

从专注度的视角来看，孩子的注意力发展深受大脑及神经系统成熟度的影响，这是一个随年龄自然增长的过程。然而，即便是相同年龄段的孩子，其专注度也会因个体差异而有所不同。如果孩子在面对学习任务时频繁分心，则可能是由于其当前的专注度尚未达到任务所需水平，或者任务难度超出了其当前的注意力集中能力。在此情境下，提升专注度成为解决问题的关键。

从自律的角度审视，环境、心理、学习方法等因素与孩子的自律能力紧密相连。宁静而有序的学习环境、健康的心理状态以及高效的学习方法，都是自律能力的具体体现。若孩子难以抗拒外界诱惑（如电子产品的吸引）、无法有效应对内心困扰（如学习压力）、缺乏合理的时间管理策略，其注意力便容易涣散，进而影响学习效率。在此情境下，培养自律能力显得尤为重要。

通过综合分析，注意力不集中并非单一维度的专注度问题，而是自律能力缺失的一种外在表现。**自律，即个体能够自我约束，按照既定目标和计划行动，不受外界干扰和内心冲动的左右。**而出现注意力不集中的现象，往往反映出孩子在面对任务时难以有效调控自己的注意力，无法持续聚焦于特定任务，这正是自律能力不足的体现。

因此，面对孩子的专注度与自律能力的双重挑战，家长应采取双管齐下的策略。一方面，通过科学的方法和训练来提升孩子的专注度；另一方面，注重培养孩子的自律能力，帮助他们建立良好的学习习惯和积极的心态。唯有如此，孩子才能在成长的道路上稳步前行，不断实现自我超越。

3.3.4 通过解决自律问题来提升注意力的五大妙招

在提升孩子注意力的过程中，解决自律问题至关重要。以下是将自律与注意力提升相结合的五大妙招，旨在帮助家长更有效地引导孩子。

1. 设定目标并建立奖励体系

与孩子共同设定清晰、可实现的目标，并围绕这些目标建立奖励体系。这不仅能激发孩子的内在动力，还能让他们学会为达成目标而自我约束。奖励应基于孩子的兴趣和需求，以强化其自律行为。

> 妈妈和小明一起设定了"一周无拖延完成作业"的目标，并设立了"周末探险日"作为奖励。每当小明连续三天按时完成作业时，他就能获得一张"探险卡"，集齐五张即可兑换一次周末的户外活动。

这样的目标既具体又吸引人，也直接将奖励与孩子的兴趣相关联，有效激发了小明的自律动力。

2. 营造有利于专注与自律的学习环境

为孩子营造一个有利于专注与自律的学习环境，减少外界干扰。同时，家长也应以身作则，展现自律的行为习惯，为孩子树立榜样。宁静而有序的家庭氛围有助于培养孩子的自律意识。

> 小华家有一个"学习小屋"，里面只放置了学习用品和几盆绿植，没有电视机或游戏机的干扰。每当小华进入这个房间时，他都能感受到一种宁静和专注的氛围。同时，小华的父母在这个时间段也尽量减少交谈和走动，确保小华在学习时不被打扰。

这种环境让小华更容易投入到学习中，培养了良好的自律习惯。

3. 培养时间管理与优先级意识

教孩子使用时间管理工具，如日程表或时间块等，来规划每日的学习和活动。引导孩子学会区分任务的优先级，优先完成重要且紧急的任务。通过实践，孩子将逐渐掌握时间管理技巧，提高自律能力。

> 妈妈教小丽使用彩色便笺来规划每日的学习任务。小丽将学习任务按照优先级分为红、黄、蓝三色，其中红色代表重要且紧急的任务，黄色代表重要但不紧急的任务，蓝色代表日常任务。小丽每天早晨都会根据便笺的颜色顺序来安排自己的学习和活动。

这种方法让小丽学会了如何高效利用时间，同时也培养了她的优先级意识。

4. 增强自我监控与自我反思能力

鼓励孩子自我监控注意力表现，及时发现并纠正分心行为。同时，定期进行自我反思，总结在自律和注意力方面的进步与不足，明确改进方向。这种自我监控和自我反思的能力将帮助孩子更好地掌控自己的行为。

> 爸爸鼓励小刚每天睡前写"成功日记"。小刚在日记中记录了自己当天的学习成果、遇到的问题以及解决这些问题的过程。他还特别标记了自己在自律和注意力方面的进步与不足。

通过这种自我监控和自我反思的方式，小刚逐渐学会了如何调整自己的行为，提高自己的自律性和注意力水平。

5. 融合兴趣与自律

将孩子的兴趣与学习任务相结合，使学习过程更加有趣和吸引人。通过探索性学习，让孩子在实践中发现问题、解决问题，从而增强学习的主动性和自律性。同时，可以适度挑战孩子的能力，给予及时的反馈和鼓励，以激发孩子持续进步的动力。

> 小悦喜欢画画，妈妈就将她的数学学习与画画相结合。比如在学习几何图形时，妈妈会让小悦尝试画出各种图形并标注其特点；在解决应用题时，妈妈会鼓励小悦用图画来表达题目中的信息。

这种探索性学习让小悦觉得数学既有趣又实用，从而更加主动地投入到学习中。同时，给予及时的反馈和鼓励，进一步激发了小悦的学习动力和自律性。

上述五大妙招相互融合、相互促进，旨在通过解决自律问题来提高孩子的注意力水平。家长可以根据孩子的年龄和个性特点，灵活运用这些妙招，帮助孩子逐步建立起良好的自律习惯，为未来的学习和生活奠定坚实的基础。

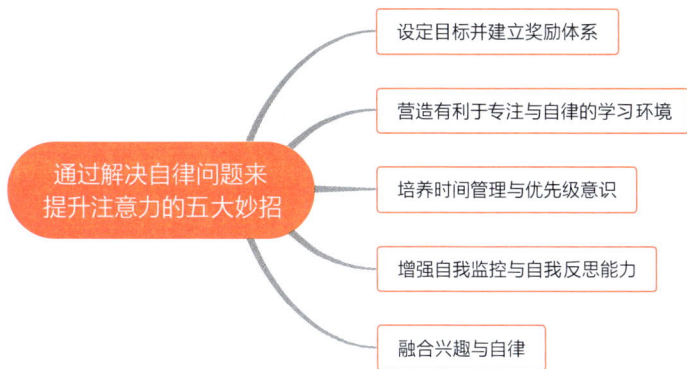

通过解决自律问题来
提升注意力的五大妙招

- 设定目标并建立奖励体系
- 营造有利于专注与自律的学习环境
- 培养时间管理与优先级意识
- 增强自我监控与自我反思能力
- 融合兴趣与自律

自律铸就专注力，兴趣点燃学习热情，引领孩子扬帆远航。古语云："志不强者智不达。"孩子的未来需要自律与兴趣并重。自律如舵，确保方向不偏；兴趣如帆，激发无限动力。家长应引导孩子以自律为基、兴趣为翼，共赴知识的海洋，探索无限可能。

3.4 孩子自律后，学习再也不用督促了吗

在育儿的路上，我们渴望看到孩子茁壮成长，不仅在学业上取得优异的成绩，而且在人格塑造、自我管理能力上达到新的高度。当我们欣喜地发现孩子开始展现出自律的苗头，能够主动投入到学习中时，我们的心中无疑会涌起一股难以言喻的欣慰与自豪之情。然而，虽然孩子看似已经走上了自律的道路，但是作为家长，我们心中的疑问却并未完全消散："孩子自律后，学习就真的再也不用家长督促了吗？"

3.4.1 自律的幻象与现实的碰撞

在探讨上面的问题之前，我们首先需要明确一点：**自律并非一蹴而就的终点，而是一个持续发展的过程。** 在成长的道路上，孩子会不断面临新的诱惑、挑战和变化，他们的自律能力也会随之波动。

跟很多家长一样，在我的孩子小的时候，我也曾陪他一起学习，看着他一点点养成好习惯。在放手让他独立后，偶尔一瞅作业——嘿，那质量，真是让人哭笑不得。量多质不高，明显是应付差事。尤其是遇到较难的题时，直接乱做一通。孩子嘛，爱玩是天性。我没狠批评他，就说了一句："儿子，学习的时候要认真，不然错那么多，你还要花时间改，耽误你玩的时间不划算！"正是因为他敷衍了事，之前也不让我检查作业，所以我没有及时发现问题。在发现问题后，我说："作业，可以不天天检查，但我会时不时地抽查。学习，也不能凭心情，你得知道，学习时就专心学，玩时就放开了玩。"孩子表示同意。他那阵儿做作业还真是认真多了。

从这个例子可见，即使孩子已经养成了良好的学习习惯，偶尔也会出现"偷工减料""只图完成任务"的情况，这其实是自律构建过程中的正常现象。孩子的自律能力虽然有所提升，但尚未达到可以完全自我管理的程度。所以，作为家长，孩子自律后，还是不能完全放手，依然需要对孩子的学习进行适当的督促。

罗曼·罗兰曾言："最可怕的敌人，就是没有坚强的信念。"自律，这一宝贵品质的培养，绝非一朝一夕之功，而是伴随着成长的每一步，在挑战和诱惑中不断磨砺与升华，并非一劳永逸的终点。即便孩子已初具自律之心，家长也要温柔而坚定地适时引导与督促，确保孩子在自律的航道上稳健前行。

3.4.2 自律的多维构建

在探讨孩子自律能力的培养时，我们不能忽视其背后的多维度支撑。下面将从动机、自我控制、情绪与认知三个关键维度，深入剖析孩子自律构建的内在机制。

1. 动机的复杂性

心理学研究表明，人类的动机是多元且复杂的，这一特性在孩子的学习过程中表现得尤为显著。孩子的学习动机往往交织着内在的好奇心和追求成就感的渴望，同时也可能受到外在奖励与惩罚的深刻影响。这种动机的复杂性，在孩子从依赖家长监督到独立学习的转变过程中体现得淋漓尽致。

在上面的案例中，我们看到孩子最初在家长的陪伴与督促下，逐渐建立了良好的学习习惯。然而，当家长尝试放手，让孩子独立面对学习任务时，偶尔出现的作业质量下降的情况，正是动机复杂性在实践中的具体表现。缺乏了外在监督的"拐杖"，若孩子的内在动机未能得到充分激发，便容易陷入学习动力的低谷，表现出懈怠的学习态度。

家长在培养孩子自律能力的道路上，应当深刻认识到动机复杂性的重要性。不仅需要关注外在奖励与惩罚的适度运用，以引导孩子形成正确的学习态度和行为习惯；更重要的是，要致力于激发孩子的内在动机。通过设定富有吸引力且具有挑战性的学习目标，以及及时给予正面反馈和鼓励等方式，让孩子在学习过程中体验到成就感和乐趣，从而建立起自主学习的强大动力。这样，即便在没有家长直接监督的情况下，孩子也能保持对学习的热情和自律，为未来的成长奠定坚实的基础。

2. 自我控制的局限性

自我控制作为人们抵制即时诱惑、坚持追求长远目标的关键能力，其局限性在孩子的学习过程中表现得尤为明显。正如一座有待开采的矿藏，孩子的自我控制能力虽潜力无限，但也非取之不尽，用之不竭。面对枯燥乏味的课程内容或难度陡增的学习任务，孩子的自我控制能力往往如同烛火般摇曳，稍有不慎便可能熄灭，导致自律行为难以持续。

在上面的案例中，孩子在独立学习时偶尔出现的"偷工减料""只图完成任务"的情况，正是自我控制局限性的一次直观展现。当学习任务变得繁重或挑战超出预期时，孩子的自我控制便显得力不从心，难以支撑其维持原有的学习热情和自律状态。

此时，家长的外部督促就能够为孩子指引方向，提供必要的支持与引导。这不仅能够帮助孩子重新找回学习的节奏和动力，更能在关键时刻给予孩子力量，助其克服自我控制能力的不足。同时，家长还可以通过教孩子运用时间管理、任务分解等实用策略，帮助孩子学会更有效地管理自己的注意力和资源，从而逐步提升自我控制的能力。

3. 情绪与认知的影响

在孩子的自律构建中，情绪状态与认知水平犹如并行的双轨，共同塑造着他们的自律轨迹。积极的情绪如同春日暖阳，温暖而明媚，能够激发孩子内心深处的动力，促进自律行为的自然生长。相反，消极的情绪则像冬日的寒风，带来寒冷与阴霾，削弱孩子的自律能力，让学习之路变得崎岖难行。

同时，认知水平的高低也直接影响着孩子的自律表现。认知偏差，如过度自信导致的轻视困难，或低估任务难度而产生的盲目乐观，可能让孩子在学习上陷入懈怠的泥潭。这些偏差不仅阻碍了孩子对真实学习情境的准确判断，还削弱了他们面对挑战时的坚持与毅力。

在上面的案例中，我们不难发现情绪与认知对孩子自律行为影响的蛛丝马迹。当孩子承受学习压力或受到外界诱惑的干扰时，其情绪状态往往波动不定，自律行为也随之受到影响。而认知偏差的存在，更是让孩子在面对学习任务时，难以做出理性的判断与决策，进而影响了自律行为的持续性和有效性。

因此，家长在陪伴孩子成长的过程中，不仅要关注他们的学习进度与成果，更要敏锐地察觉他们的情绪变化与认知发展。通过倾听孩子的内心声音、提供适时的情绪支持，以及纠正认知偏差的引导，家长可以帮助孩子建立更加积极稳定的情绪状态与客观准确的认知观念。这样，孩子便能在自律的道路上越走越远，成为自己命运的舵手。

自律的构建是孩子成长的基石，它融合了动机的复杂性、自我控制的局限性和情绪与认知的影响。正如**爱因斯坦所言**："我从未见过一个勤奋自律的人抱怨命运不好。"家长应成为孩子自律旅程中的灯塔，照亮其前行之路，助力孩子成为自律的强者，驾驭自己的命运之舟。

3.4.3 孩子自律后，家长的角色变化

随着孩子自律能力的逐渐增强，他们的学习态度和行为模式都会发生显著变化。这些变化不仅体现在学习效率和成绩的提升上，更是体现在他们开始展现出的一种自我驱动、自我管理的能力上。孩子变得更加主动，能够独立完成任务，在面对挑战时也能保持冷静和专注。他们开始学会规划自己的时间，合理分配学习与休息，展现出一种成熟和稳健的学习风貌。作为孩子最亲密的成长伙伴——家长，在孩子自律后，角色又有什么变化呢？

1. 家长的监督者身份依然必要

即便孩子已经走上了自律的道路，家长的角色也依然不能被忽视，尤其是对于那些年纪尚小、自律能力还在形成中的孩子来说，家长的监督者身份仍然很有必要。这是因为：尽管孩子可能展现出了一定的自律性，但他们的自我控制能力仍然有限，容易受到外界的诱惑和干扰。在这种情况下，家长的监督可以帮助孩子保持学习的专注度和持续性。

> 小明是一个刚上小学三年级的学生，他最近开始展现出一定的自律性，能够主动完成作业，并且愿意花时间去阅读课外书。然而，尽管他表现出了这种积极的学习态度，但他毕竟还是一个孩子，自我控制能力有限。有一天，小明在完成作业后，本想继续阅读课外书，但突然被手机上的游戏所吸引，一时忘了时间。这时，妈妈走过来，看到他在玩游戏，并没有立刻责备他，而是温柔地提醒他："小明，你已经完成作业了，这是很好的。但现在是不是应该继续完成你的阅读计划呢？游戏可以玩，但我们要确保先完成重要的事情。"听到妈妈的话，小明立刻意识到了自己的错误，关掉游戏，继续阅读。

在这个例子中，我们可以看到，尽管小明已经展现出一定的自律性，但在面对诱惑时，他仍然需要家长的监督和引导。妈妈的及时提醒帮助他回到了正确的轨道上，确保他能够持续、专注地学习。因此，虽然孩子已经自律，但家长的监督者身份仍然是必不可少的，尤其是在他们年纪尚小、自律能力还在形成中的时候。

2. 家长需要成为孩子的引导者

随着孩子年龄的增长和自律能力的增强，家长的角色也需要逐渐转变。除了作为监督者，家长还需要成为引导者。作为引导者，家长的责任更加重大，他们需要帮助孩子建立更长远的学习规划和人生目标，激发孩子的内在学习动力。

> 小华是一个对物理充满好奇但又有些迷茫的中学生，父母注意到了他对物理的兴趣以及偶尔产生的困惑，决定成为他在物理学习上的引导者。他们与小华一起制订了详细的学习计划，不仅关注他对学校教材内容的掌握，还鼓励他课外探索一些有趣的物理问题。他们为小华寻找资源，报名学习一些与物理相关的研究性课程，也找了一些适合孩子的国内外物理竞赛题让他尝试。在这个过程中，父母还引导小华学会了如何整理学习笔记、如何高效复习，以及如何

面对困难和解决难题。通过这些引导，小华不仅在物理成绩上有了显著提升，还开始对物理产生更浓厚的兴趣，甚至考虑未来选择与物理相关的专业。

在这个过程中，小华的父母始终保持着耐心和鼓励的态度，与小华一起分享学习的乐趣，也一起面对挑战。他们用自己的经验和智慧，为小华提供了有价值的建议和指导，帮助他更好地规划物理学习。通过这样的引导，不仅激发了小华对物理的学习动力，父母还与小华建立了基于共同学习和成长的亲子关系。

3. 家长需要成为孩子的支持者

作为支持者，家长不仅是孩子坚实的后盾，更是他们心灵的港湾。在孩子遭遇困境时，家长应当及时伸出援手，用爱与理解构筑起一道坚实的防线。

当孩子因为一道难题而眉头紧锁，甚至开始怀疑自己的能力时，家长应当成为那盏指引方向的明灯。不是直接替他们扫清障碍，而是鼓励他们勇敢地面对挑战，尝试不同的解题思路。家长可以与孩子并肩作战，一起探讨问题的关键所在，引导他们发现解题的线索。这种陪伴与支持，不仅能够帮助孩子克服眼前的困难，更能够激发他们的探索欲和求知欲，教会他们如何在逆境中寻找希望，在失败中汲取力量。

同时，作为支持者，家长还需要学会倾听孩子的声音。当孩子心中有困扰或疑惑时，他们往往渴望得到家长的理解与共鸣。这时，家长应当停止手中的忙碌，静下心来倾听孩子的诉说。通过耐心倾听，家长可以更加深入地了解孩子的内心世界，理解他们的情感与需求。

值得注意的是，家长在支持孩子的过程中，应当避免使用打击性的语言或行为。孩子的心灵是脆弱的，他们需要的是鼓励与肯定，而不是否定与指责。当孩子遇到挫折时，家长应当给予他们足够的关爱与鼓励，让他们感受到家的温暖与力量。只有这样，孩子才能够勇敢地面对生活中的各种挑战，不断成长为更加坚强、自信的人。

总之，作为孩子的支持者，家长需要时刻关注孩子的情感与需求，用爱与理解陪伴他们走过成长的每一个阶段。当孩子遇到挫折与困难时，家长应当给予及时的鼓励与支持，引导他们学会面对问题与解决问题的方法。只有这样，孩子才能够在成长的道路上越走越远，迎接更加美好的未来。

```
                                    ┌─────────────────────────┐
                                    │  家长的监督者身份依然必要   │
                                    └─────────────────────────┘
        ╭──────────────╮           ┌─────────────────────────┐
        │ 孩子自律后，家长的 │───────────│  家长需要成为孩子的引导者   │
        │    角色变化     │           └─────────────────────────┘
        ╰──────────────╯           ┌─────────────────────────┐
                                    │  家长需要成为孩子的支持者   │
                                    └─────────────────────────┘
```

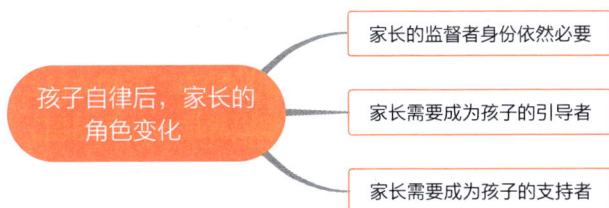

"自律是自由的第一条件。"

在孩子自律成长的路上，家长的角色至关重要。家长的角色从监督者逐渐转变为引导者与支持者。正如**苏格拉底所言**："**教育不是灌输，而是点燃火焰。**"家长需以智慧与爱，点燃孩子内心的学习热情，陪伴他们面对挑战，共同成长。监督确保方向，引导激发潜能，支持铸就坚韧，三者相辅相成，助力孩子迈向辉煌的未来。

3.5　培养孩子的自律能力

自律是自由的基石。在孩子的成长过程中，自律是一种至关重要的品质。它不仅关乎孩子的学习成绩，更影响其未来的职业发展和人生轨迹。

然而，许多孩子在自律方面却存在着不同程度的欠缺，如拖延、分心、缺乏目标等。这些问题不仅影响了孩子的学习效率，还可能对其长期发展产生负面影响。因此，了解孩子缺乏自律的原因，并掌握有效的培养方法，对于帮助孩子建立自律能力具有重要意义。

3.5.1　孩子缺乏自律的原因

自律的缺乏往往与多种因素有关，我总结了以下三点主要原因。

首先，外部诱惑的泛滥是一个不可忽视的因素。

如今，随着科技的飞速发展，电子设备、社交媒体、各种娱乐活动充斥着孩子的生活。孩子很容易被这些丰富多彩、充满刺激的诱惑所吸引，分散了注意力。比如，孩子在写作业时，手机里的游戏、短视频或社交媒体上的新鲜事往往在不断吸引着他们的眼球，导致他们无法专心学习，时间也在不知不觉中流逝。

其次，缺乏明确的目标和规划是影响自律的重要原因。

许多孩子在学习和生活中缺乏清晰的方向和动力，不知道自己为什么要学习，每天应该做什么。这种迷茫和无力感让他们难以养成自律的习惯。就像航行在大海中的船只，如果没有明确的目的地和航线，就会随波逐流，失去方向，最终可能迷失在茫茫大海中。

最后，家庭环境和教育方式在培养孩子的自律能力方面起着关键作用。

家庭是孩子成长的摇篮，家长的行为和态度对孩子有着深远的影响。如果家长自己都缺乏自律，孩子就很难有一个好的榜样去模仿和学习。同时，家长对孩子的过分溺爱或严厉，都不利于培养孩子的自律能力。自律的家庭环境和恰当的教育方式能够为孩子提供一个良好的成长环境，帮助他们逐步建立自律能力。

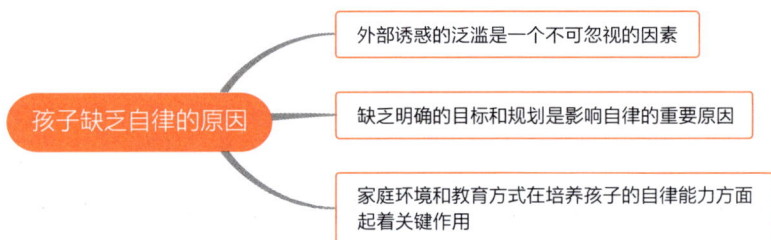

```
                              ┌─────────────────────────────────────┐
                        ┌─────│ 外部诱惑的泛滥是一个不可忽视的因素        │
                        │     └─────────────────────────────────────┘
   ╭──────────────╮     │     ┌─────────────────────────────────────┐
   │ 孩子缺乏自律的原因 │─────┼─────│ 缺乏明确的目标和规划是影响自律的重要原因   │
   ╰──────────────╯     │     └─────────────────────────────────────┘
                        │     ┌─────────────────────────────────────┐
                        └─────│ 家庭环境和教育方式在培养孩子的自律能力方面  │
                              │ 起着关键作用                           │
                              └─────────────────────────────────────┘
```

可见，孩子缺乏自律的原因是多方面的，但正如古希腊哲学家**亚里士多德**所言："**自律是通往自由之路的必经之路。**"在了解了这些原因后，我们可以更有针对性地制定培养策略，帮助孩子逐步建立自律能力。

3.5.2 培养孩子自律的五个妙招

下面我将分享五个妙招，旨在帮助家长和孩子一同踏上培养自律的旅程，为孩子的未来成长播下成功的种子。

妙招一：设定明确清晰的规则和界限

孩子缺乏自律的一个常见原因是家庭环境中缺乏明确清晰的规则和界限。当孩子不清楚什么是可以做的、什么是不可以做的时候，他们就难以自我约束。

例如，小明的家庭对他看电视和玩游戏的时间没有明确规定，导致小明常常沉迷其中，无法按时完成作业，也无法按时休息。

古人云：“无规矩不成方圆。”可见，明确清晰的规则和界限能为孩子提供行为上的指导，让他们知道自己的行为边界在哪里。因此，为孩子设定明确清晰的规则和界限，成为培养其自律能力的首要之务。在具体实施时，家长可以试试下面的方法，为孩子设定明确清晰的规则和界限。

- 家长和孩子一起制定家庭规则，如每天完成作业后才能看电视、晚上 9 点必须上床睡觉等。但是，要确保每一份规则都凝聚着双方的理解与共识，而不是家长的一言堂。

- 将规则张贴在显眼的位置，在孩子的生活中随处可见，成为无声的引导者。

- 当孩子不慎触碰规则的红线时，家长需以坚定的态度执行惩罚，让孩子明白规则不可逾越，责任不可推卸。例如，可以减少玩耍时间，增加家务劳动等。

“规则是自由的守护者，界限是成长的阶梯。” 孩子只有在清晰的框架内才能学会自我约束，健康成长。

妙招二：引导孩子制定目标和计划

自律的核心在于自我管理和自我驱动，而这往往始于明确的目标和合理的计划。孩子若缺乏明确的目标，便容易陷入迷茫和拖延之中，无法养成自律的习惯。因此，引导孩子学会制定目标和计划，是培养其自律能力的关键一步。

首先，家长要与孩子进行深入的沟通，了解他们在自律方面想要实现的事情，比如提高作业完成效率等。在此基础上，鼓励孩子设定具体、可衡量、可实现、有意义且有时间限制的目标。例如，孩子可能希望在未来一个月内，每天都能在晚上 10 点前完成作业，并留出时间进行阅读。

其次，家长要帮助孩子将大目标分解为一系列小步骤或阶段性目标，并制订实际可行的计划。比如，为了提高作业完成效率，孩子可以计划每天放学后完成学科作业的顺序。然后按照顺序，先复习 10 分钟课堂内容，再集中精力完成作业。做完一科的作业后稍事休息，再做另一科的作业。最后，睡前保留 10~15 分钟用来阅读。

家长一定要让孩子参与到计划的制订中来，这样他们才会更有动力去执行。古人云：“志不立，天下无可成之事。”家长引导孩子立下志向，制订计划，他们才能在未来的道路上绽放光彩。

妙招三：培养孩子的时间管理能力

时间管理能力是自律的重要组成部分，它关乎孩子如何高效利用每一刻，使生活和学习都井然有序。要培养孩子的自律能力，就不得不重视对他们的时间管理能力的培养。

首先，教孩子认识到时间的价值。让孩子明白时间是宝贵的资源，一旦流逝就无法挽回。家长可以通过日常生活中的实例，如"你花了 30 分钟玩游戏，这 30 分钟就不能再用来做作业了"，来帮助孩子直观地感受时间的珍贵。

其次，帮助孩子学会合理安排时间。家长可以使用定时器、日历等工具，让孩子直观地看到时间的流逝和任务的分配。比如，家长可以和孩子一起制定一个假期日常时间表，明确在每个时间段应该做什么事情，如起床、吃饭、学习、休息等。

> 我儿子小嘉小的时候，写作业总是磨磨蹭蹭，总觉得时间不够用，常常熬夜。为了帮助他更好地管理时间，我特地为他购买了几个设计精美的沙漏定时器，有 10 分钟的、15 分钟的、25 分钟的和 30 分钟的。我会根据他需要做的事情和所能保持的专注度，选择合适的沙漏给他使用。每当沙漏里的沙子缓缓流尽时，就意味着一个专注学习的时段结束了，这时我会再给他一个沙漏，让他进行短暂的休息。经过一段时间的持续训练，小嘉逐渐学会了如何合理分配时间，他的学习效率也得到了一定的提高，从此再也不需要为写作业熬夜了。这个方法不仅让小嘉体验到了时间管理的魅力，还让他更加珍惜每一分每一秒的时间。

正如古人云："一寸光阴一寸金，寸金难买寸光阴。"学会管理时间，珍惜时间，孩子就能在自律的道路上走得更远、更稳。在这个过程中，家长要给予孩子足够的自由和空间去尝试与调整，同时也要适时地给予指导和反馈。

妙招四：及时鼓励和正面反馈

自律能力的培养过程往往充满挑战，孩子需要不断地进行自我抗争，克服惰性，坚持按照规则和计划去执行。在这个过程中，家长的鼓励和正面反馈如同阳光雨露，为孩子的自律之树提供源源不断的养分。

首先，家长要学会捕捉孩子的每一个进步和闪光点，无论大小，都要及时给予肯定和鼓励。比如，孩子平时写作业拖沓，当孩子第一次按时完成了作业，或者在没有提醒的情况下主动去完成作业时，家长应该毫不吝啬地表达赞赏："我看到你今天自己按时完成了作业，给你点赞！"这样的鼓励能够让孩子感受到自己的努力被看见、被认可，从而激发出更大的内在动力。

其次，正面反馈要具体、有针对性，让孩子明确知道是哪方面的行为得到了肯定。比如，不说"你真棒"，而是说"你今天在玩游戏之前先完成了作业，这种自律的行为真的很棒"。这样的反馈能够帮助孩子清晰地认识到哪些行为是值得重复和坚持的。

同时，家长也应秉持成长的心态来审视孩子的自律能力培养过程，允许他们犯错，并在其犯错后给予理解和指导，而非一味地批评。例如，当孩子某次未能按计划执行时，家长可以以理解和支持的态度说："我注意到你今天没有按计划完成阅读，是不是遇到了什么困难或挑战？"或者"我留意到你最近没能按计划阅读，是不是因为比较忙？我们可以一起探讨如何调整计划，让你有时间享受你喜欢的阅读时光。"这样的态度能够让孩子感受到家长的支持与理解，减轻挫败感，从而更有勇气面对未来的挑战。

《礼记·学记》中写道："**教也者，长善而救其失者也。**"作为家长，我们的任务不仅是指出孩子的不足，更重要的是发现并培养他们的优点。当孩子表现出自律的行为时，家长要及时给予肯定和鼓励，强化这种积极的行为。让孩子在每一次的尝试和努力中都能感受到成长的喜悦和价值，这样他们才会更加自信、坚定地在自律的道路上不断前行。

妙招五：树立榜样，以身作则

孩子的模仿能力极强，家长的行为习惯如同一面镜子，深深影响着孩子的成长轨迹。因此，家长应当成为孩子学习自律的鲜活榜样，展现出一种有条理、有规划的生活方式。正如古语所云："桃李不言，下自成蹊。"家长的言行举止，往往比任何言语教诲都更具影响力。

在实践中，家长可以遵循以下几个原则，以身作则，树立自律的榜样。

首先，家长应当自我审视，确保自身行为与孩子所期望的自律标准相一致。例如，家长希望孩子能够按时起床、规律作息，那么自己也应遵循同样的规律，避免晚睡晚起，给孩子树立一个积极向上的生活态度。如果家长不希望孩子玩手机，那么在与孩子相处的过程中，自己就应尽量把手机放在一边，尤其不要在孩子面前用手机打游戏、刷视频。

其次，在日常生活中，家长要展现出自律的行为习惯。比如，在处理工作和家庭事务时，能够有条不紊地安排时间，高效完成任务；承诺孩子的事情要努力做到，言出必行；在面对困难和挑战时，能够保持冷静并坚持，不轻易放弃。这些行为都会在无形中影响着孩子，激励他们向更加自律的方向发展。

再次，在适当的时候，家长可以与孩子分享自己保持自律的心得和体会。比如，可以讲述自己是如何克服拖延、坚持锻炼或阅读的。这些真实的故事和感受，能够让孩子更加深刻地理解自律的价值，并激发他们模仿和学习的欲望。

最后，共同制定规则并遵守。家长应与孩子一起召开家庭会议，制定家庭规则，并确保自己也能严格遵守。比如，规定晚上某个时间后全家人都不再使用电子产品，家长也应以身作则，共同营造一个自律的家庭氛围。

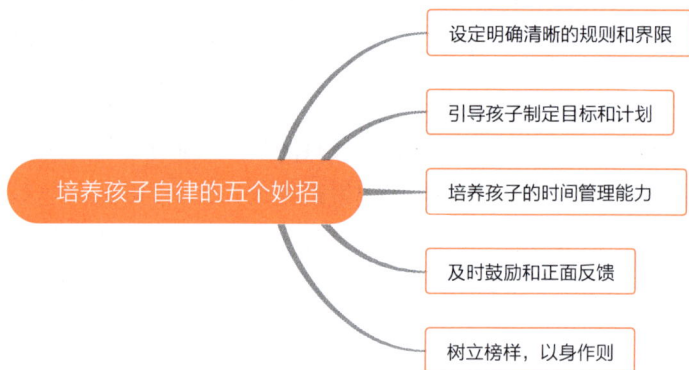

培养孩子自律的五个妙招
- 设定明确清晰的规则和界限
- 引导孩子制定目标和计划
- 培养孩子的时间管理能力
- 及时鼓励和正面反馈
- 树立榜样，以身作则

"身教重于言传。""榜样是无声的教诲，身教是最好的教材。"家长应当以身作则，用自己的实际行动为孩子树立自律的榜样。在这个过程中，不仅能够帮助孩子培养出强大的自律能力，还能够加深亲子关系，共同创造更加美好的未来。

总之，培养孩子的自律能力需要家长的耐心和引导，也需要孩子自身的努力和实践。通过这些妙招，帮助孩子逐步建立起自律的意识和习惯，为他们的未来发展打下坚实的基础。

正如安德雷耶夫所说："一个人最大的胜利就是战胜自己。"这句话深刻揭示了自律的本质——不断挑战自我、超越自我，最终实现自我价值的最大化。让我们一起努力，帮助孩子成为自律的主人，掌控自己的生活和未来。

本章思维导图

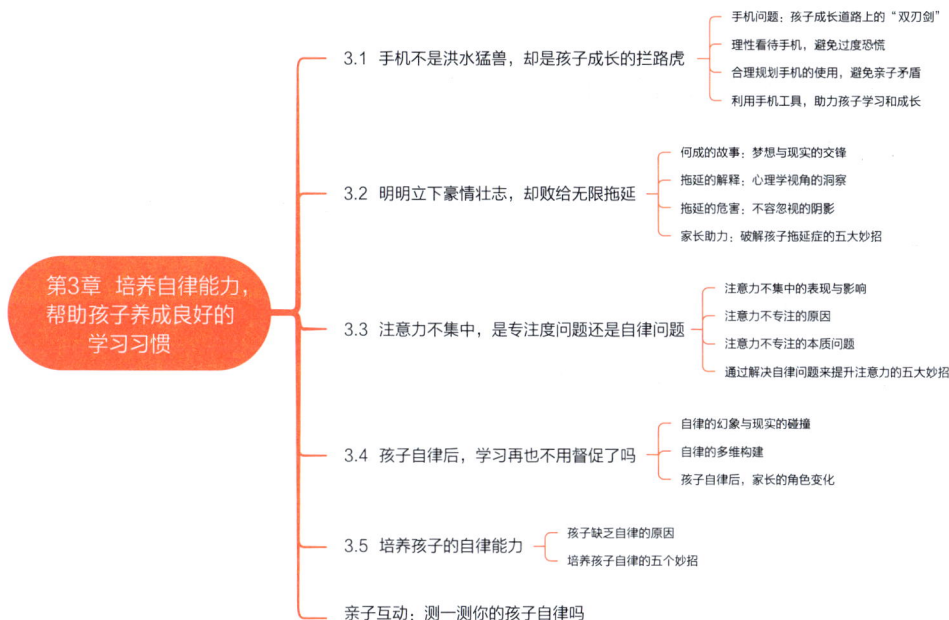

第3章 培养自律能力，帮助孩子养成良好的学习习惯

- 3.1 手机不是洪水猛兽，却是孩子成长的拦路虎
  - 手机问题：孩子成长道路上的"双刃剑"
  - 理性看待手机，避免过度恐慌
  - 合理规划手机的使用，避免亲子矛盾
  - 利用手机工具，助力孩子学习和成长
- 3.2 明明立下豪情壮志，却败给无限拖延
  - 何成的故事：梦想与现实的交锋
  - 拖延的解释：心理学视角的洞察
  - 拖延的危害：不容忽视的阴影
  - 家长助力：破解孩子拖延症的五大妙招
- 3.3 注意力不集中，是专注度问题还是自律问题
  - 注意力不集中的表现与影响
  - 注意力不专注的原因
  - 注意力不专注的本质问题
  - 通过解决自律问题来提升注意力的五大妙招
- 3.4 孩子自律后，学习再也不用督促了吗
  - 自律的幻象与现实的碰撞
  - 自律的多维构建
  - 孩子自律后，家长的角色变化
- 3.5 培养孩子的自律能力
  - 孩子缺乏自律的原因
  - 培养孩子自律的五个妙招
- 亲子互动：测一测你的孩子自律吗

亲子互动

测一测你的孩子自律吗

测试工具：行为自律性自评量表

行为自律性自评量表简介

行为自律性自评量表（Behavioral Discipline Assessment Scale, BDAS）旨在帮助个人评估和提升自身的自律能力。此量表适用于各个年龄段的人群，通过一系列问题，全面考察个体在多个方面的自律表现。

1. 用途

评估个人在日常生活、学习、工作等方面的自律行为。

2. 目标人群

各个年龄段的人群。

3. 目的

帮助个人更好地认识和改善自身的自律行为。

4. 评估说明

行为自律性自评量表共包含30道题目，每道题目都涉及与自律行为相关的具体情境或表现。

5. 评分制度

行为自律性自评量表采用5级评分制，具体的评分标准如下。

1分：完全不符合

2分：不符合

3分：一般

4分：符合

5分：完全符合

测试题目

被测者需要根据自己的实际情况，认真阅读每道题目，根据评分标准打分，以反映自己在该题目上的自律行为表现。

序　号	题　目	打分（1~5分）
1	我能够每天按时起床，无须依赖闹钟多次提醒	
2	我能够提前为第二天设定清晰的起床时间和就寝时间	
3	我经常制订具体的学习或工作计划，并设定明确的目标	
4	即使在面对困难或挑战时，我也能坚持执行已制订的计划	
5	我能够有效管理时间，确保每个任务都有足够的时间去完成	
6	我能够避免在工作或学习时分心，专注于当前的任务	
7	我能够控制自己对社交媒体、游戏等娱乐活动的使用时间	
8	我能够在面对诱惑时保持冷静，做出理性的选择	

序 号	题 目	打分（1~5分）
9	我的桌面或工作区域始终保持整洁有序，无杂乱无章的现象	
10	我习惯于提前准备所需物品，以避免临时慌乱	
11	我能够按时提交工作报告或学习任务，从不拖延	
12	我善于设定优先级，先完成重要且紧急的任务	
13	我能够平衡工作、学习和休闲时间，避免过度劳累	
14	我坚持每天进行适量的身体锻炼，保持身体健康	
15	我注重饮食健康，避免暴饮暴食和不健康的饮食习惯	
16	我能够自我激励，保持对目标的热情和动力	
17	在遇到挫折时，我能够积极调整心态，不轻易放弃	
18	我善于管理自己的情绪，避免情绪波动影响工作和学习	
19	我能够保持耐心和毅力，持续追求长期目标	
20	我尊重他人的时间和安排，从不无故迟到或取消约定	
21	我能够坚持学习新知识和新技能，不断提升自己	
22	我善于从失败中吸取教训，不断改进自己的行为方式	
23	我能够遵守社会公德和道德规范，保持良好的社会形象	
24	我尊重并遵守班级或公司的规章制度和团队文化	
25	我能够主动承担责任，不推卸责任或找借口	
26	我善于与他人合作，共同完成团队任务	
27	我能够保持自律的生活习惯，如定时作息、规律饮食等	
28	我能够自我反省，认识到自己的不足并努力改进	
29	我善于设定短期和长期的目标，并制订实现这些目标的计划	
30	我对自己的自律行为感到满意，并愿意继续努力提高	
总 分		

计分与解释

将各题目的得分相加，得到总分。根据总分的高低，可以评估个人的自律水平。一般来说，总分越高，表示个体的自律能力越强。

1. 低于60分

自律行为表现较差，需要关注并改进。建议从最基本的自律行为入手，如按时完成任务、控制情绪等。

2. 60~90 分

自律行为表现一般，有一定的自律能力，但仍有待提高。建议在生活中多加注意，如制订计划、遵守时间等。

3. 90~120 分

自律行为表现良好，有较强的自律能力。建议继续保持，并在个别方面寻求进一步提升。

4. 120~150 分

自律行为表现优秀，具备高度的自律能力。建议持续保持自律，并分享自己的经验，帮助他人提高自律能力。

行为自律性自评量表是一种实用的自律行为评估工具。通过评估个人在日常生活、学习、工作等方面的自律行为，有助于了解自身的自律水平，并有针对性地提高自律能力。希望此量表能对孩子的自律性产生积极的影响。

自律的自由

在欲望的洪流中徘徊　　　　　　用自律编织梦想的经纬
在克制的步履中成长　　　　　　让自由在秩序中绽放
用自律的灯塔　　　　　　　　　在自律的节奏里
指引自由的方向　　　　　　　　奏响自由的乐章

拒绝诱惑的迷障
拥抱内心的力量
不被懒惰拖入深渊
不因放纵迷失方向

第 4 章

积极心态，
帮助孩子建立学习上的自信

"心态若改变，态度跟着改变；态度改变，
习惯跟着改变；习惯改变，性格跟着改变；
性格改变，人生就跟着改变。"

——马斯洛

4.1 心理问题为何越来越低龄化

在当今社会，一个日益凸显且不容忽视的现象是青少年乃至儿童心理问题的低龄化趋势。随着现代生活节奏的加快和社会竞争的加剧，越来越多的年轻心灵正承受着前所未有的压力，导致焦虑、抑郁、自卑、社交恐惧等心理健康问题频发。这一现象不仅严重威胁着孩子们的身心健康，还深刻影响着他们的学习动力、生活质量以及未来的人际交往能力。

4.1.1 官方数据警示

1. 抑郁问题的严峻现实

抑郁检出率：《中国精神心理健康蓝皮书》数据显示，我国高中生的抑郁检出率高达 40%，初中生为 30%，小学生也达到了 10%。这一串触目惊心的数字清晰地勾勒出青少年抑郁问题的低龄化及普遍化态势。更令人担忧的是，这些数字随着年龄的增长而攀升。这意味着随着年龄的增长，孩子们面临的心理健康挑战可能愈发严峻。

休学情况：在患有抑郁症等情绪障碍的青少年中，有高达 41% 的人曾因抑郁而休学。根据《2024 儿童青少年抑郁治疗与康复痛点调研报告》，首次休学的平均年龄为 13.74 岁，且主要集中在 14 岁。这些数字不仅揭示了抑郁问题的严重性，还向我们敲响了警钟，提醒我们必须尽快采取行动。

2. 抑郁风险广泛存在

我国心理健康蓝皮书《中国国民心理健康发展报告（2021—2022）》中的《2022年青少年心理健康状况调查报告》显示，约有 14.8% 的青少年正面临着不同程度的抑郁风险，这一比例高于成年群体。其中，4.0% 的青少年属于重度抑郁风险群体，10.8% 的青少年则属于轻度抑郁风险群体。这表明抑郁风险存在于青少年群体中，且不容小觑。

弗洛伊德认为童年的阴影将伴随人的一生。青少年心理问题的低龄化倾向日益明显，我们亟须关注青少年的心理健康，为他们的成长撑起一片晴空。

4.1.2　青少年心理问题低龄化的深层原因

青少年心理问题的低龄化趋势，是一个复杂而深刻的社会现象，其背后隐藏着家庭、学校与社会环境等多维度的交织影响。这些因素不仅单独作用，更是在相互关联中共同塑造着青少年的心理健康状态。

1. 家庭环境：情感联结的断裂

心理学中的依恋理论指出，**早期与主要抚养者建立的安全依恋关系对个体未来的心理发展至关重要**。然而，在现代社会中，家庭关系的紧张、父母的不和睦乃至长期分离，都严重破坏了这种情感联结。

> 小杰是一个因父母长期在外务工而由祖父母抚养的孩子，他内心的孤独与无助正是这一现象的缩影。每当节日来临，同龄孩子享受父母陪伴的喜悦时，他却只能通过电话传递思念，这种情感的缺失逐渐在他的心中种下了抑郁的种子。

家庭环境作为青少年心理健康的基石，其稳定性与和谐度直接影响到个体情感联结的建立与维持。小杰的故事是一个令人心酸的家庭缩影，它警示我们：**当情感的纽带被撕裂时，孤独与无助便如同阴霾般笼罩在青少年的心头，为日后他们的心理健康埋下隐患**。因此，维护家庭和谐，加强亲子间的情感沟通，是预防青少年心理问题低龄化的重要一环。

2. 学校环境：压力与认同的双重挑战

学校作为青少年社会化的重要场所，其环境氛围直接关乎学生的心理健康。自我决定理论强调，**个体的内在动机和自主感对其心理健康具有积极影响**。然而，在现实的学校环境中，这一动力源却常常遭受来自多个方面的冲击。

> 小蕾曾是一个对学习充满热情、对未来满怀憧憬的女孩，但是因为学习成绩下滑和性格问题而遭受同学排挤。她开始怀疑自己的能力，产生自我否定的情绪，进而陷入抑郁的泥潭。

小蕾的故事揭示了学校环境中存在的压力与认同困境。当学习压力如同沉重的枷锁束缚着学生的身心时，当师生关系因缺乏有效沟通而变得紧张时，当校园欺凌的阴影笼罩在校园上空时，学生的自主感和价值感便岌岌可危。这不仅会严重影响他们的学习效率和学业成就，更会对他们的心理健康造成不可估量的损害。

因此，改善学校环境，减轻学生的学习压力，加强师生之间的沟通与理解，建立积极的同伴关系，是预防青少年心理问题低龄化的重要举措。

3. 社会环境：信息时代的"双刃剑"

在信息时代的大潮中，社会环境对青少年的影响愈发显著，既带来了前所未有的机遇，又伴随着诸多挑战。互联网的普及让知识触手可及，青少年可以轻松获取各种信息和资源，拓宽视野，激发探索世界的热情。社交媒体作为信息时代的重要产物，为青少年提供了自我展示、交流思想的平台，他们可以自由发表观点，分享生活，寻找认同。然而，虚拟世界的诱惑也让部分青少年陷入网络成瘾，过度依赖社交媒体，忽视了现实生活中的交流与互动，导致社交技能退化，情绪管理能力下降。

> 小明因沉迷于网络游戏而逐渐迷失自我，失去了对现实生活的热爱和追求，社交圈子变窄，情绪变得不稳定，最终引发心理问题。

小明的故事警示我们，必须重视青少年的网络环境教育，引导他们树立正确的网络观念，理性对待社交媒体和网络游戏，避免沉迷。同时，应加强家庭、学校和社会的合作，共同营造健康、积极、向上的网络环境，让青少年在享受信息时代便利的同时，也能够健康成长，成为社会的有用之才。

青少年心理问题低龄化的深层原因
- 家庭环境：情感联结的断裂
- 学校环境：压力与认同的双重挑战
- 社会环境：信息时代的"双刃剑"

青少年心理问题低龄化是一个错综复杂的议题，根植于家庭、学校与社会的多重土壤。家庭情感的疏离、学校环境的压力与认同危机，以及在信息时代下网络环境的"双刃剑"作用，共同编织了一张影响青少年心理健康的复杂网络。

4.1.3　面对青少年心理问题低龄化的对策

针对青少年心理问题低龄化的深层原因，我们可以采取以下更为具体的对策与做法。

1. 家庭层面

定期家庭会议：设立每周或每月的家庭会议时间，鼓励开放、诚实地沟通，共同讨论家庭问题、孩子的情绪变化及需求。

亲子共读 / 活动：安排时间一起阅读、做手工、运动或进行户外活动，增进亲子关系，加深情感联结。

情感表达训练：家长应学习并示范如何健康地表达情感，鼓励孩子分享自己的感受，学会倾听并给予正面反馈。

2. 学校层面

个性化学习计划：根据学生的兴趣和能力制定个性化学习路径，减轻"一刀切"的教学压力。

心理健康教育课程：将心理健康教育纳入必修课程，教授情绪管理、压力应对等方法，让学生建立起自尊和自信。

建立导师制度：为每个学生配备导师，定期交流学习与生活情况，提供心理支持和指导。

反欺凌政策与培训：制定严格的反欺凌政策，开展师生培训，确保校园内无欺凌现象，营造安全的学习环境。

3. 社会层面

网络素养教育：在学校和社区开展网络素养教育项目，教授青少年如何辨别网络信息的真伪，安全上网。

上网时间管理：引导青少年合理安排上网时间，鼓励他们参与户外活动、体育锻炼等，平衡虚拟世界与现实生活。

合作监管机制：建立家庭、学校、政府及企业合作的监管机制，共同监督网络环境，限制不适宜青少年接触的内容。

心理健康资源中心：在社区建立青少年心理健康资源中心，提供心理咨询服务、热线支持及心理健康教育资料，方便青少年及其家庭获取帮助。

通过这些具体而全面的措施，我们可以更有效地应对青少年心理问题低龄化的挑战，促进青少年健康成长。

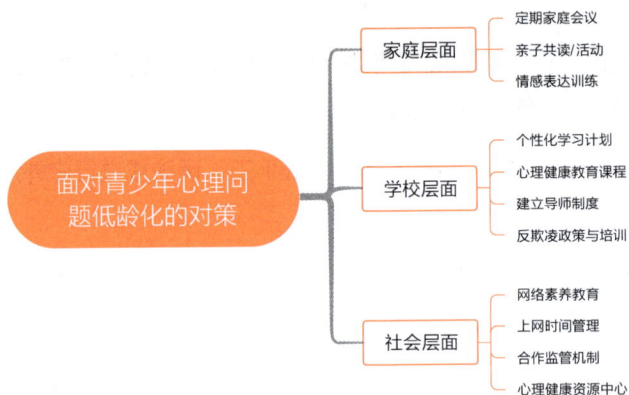

面对青少年心理问题低龄化的对策
- 家庭层面
  - 定期家庭会议
  - 亲子共读/活动
  - 情感表达训练
- 学校层面
  - 个性化学习计划
  - 心理健康教育课程
  - 建立导师制度
  - 反欺凌政策与培训
- 社会层面
  - 网络素养教育
  - 上网时间管理
  - 合作监管机制
  - 心理健康资源中心

心理学家**阿德勒**的洞见尤为深刻："**幸福的童年治愈一生，不幸的童年需要一生去治愈。**"为此，维护家庭温馨，优化学校氛围，引导青少年理性拥抱信息时代，每一个环节都至关重要。只有为青少年打造一个充满爱、希望与正能量的成长空间，才能让他们的心灵之花在阳光下灿烂绽放。

4.2　自信从正确认识自我开始

在孩子成长的道路上，学习就如同一场充满挑战的冒险。每一天，他们都面临着新的知识、技能和思维的挑战。然而，很多孩子在这场冒险中却常常缺乏自信，对自己的能力产生怀疑，甚至在面对简单的任务时也显得犹豫不决。

但你可知道，开启孩子自信之门的钥匙，往往就藏在正确认识自我之中。想到我给一个非常消极的孩子做心理辅导，当我问他有没有优点时，他竟毫不犹豫地回答"没有"。而在心理课上，让孩子们写下自己的优点，很多孩子都是寥寥几笔，相比之下，写缺点倒是密密麻麻。这种自我认知的偏差，正是他们缺乏自信的根源。

4.2.1 学习中自信的重要性

从心理学的角度来看，**自信是一种内在的信念和态度，它根植于个体对自我能力的肯定和对自我价值的认可。**这种内在的力量不仅影响着个体的情绪状态，更深刻地塑造着他们的行为模式和选择偏好。在学习领域，自信更是扮演着不可或缺的角色。

缺乏自信的孩子在学习中常表现出拘谨的行为特征，喜欢退缩。他们害怕被提问，担心自己的问题显得愚蠢或无关紧要；他们不敢尝试难题，害怕失败带来的挫败感；在面对考试时，紧张情绪如影随形，手心冒汗，心跳加速，仿佛整个世界都压在了他们身上。此外，他们还可能表现出不愿意与同学交流，害怕在交流中暴露自己的不足。这些表现都是他们内心缺乏自信的直接反映，也是他们在学习道路上遇到的隐形障碍。

然而，自信对于学习的重要性却是不言而喻的。当孩子拥有自信时，他们仿佛被赋予了一种无形的力量，能够更加积极主动地投入到学习之中。他们勇于探索未知领域，敢于挑战高难度问题，即使遇到挫折和失败，也能够迅速调整心态，重新出发。

更重要的是，自信能够激发孩子的内在潜能，让他们在学习中发挥出超越自我的能力。当孩子相信自己能够成功时，他们的思维会更加敏捷，创造力也会得到极大的提升。这种由内而外散发的光芒，不仅让他们在学习上取得优异的成绩，更是让他们在人格魅力上得到提升，成为更加自信和优秀的人，从而吸引更多的朋友。

自信是孩子学习之旅中的宝贵财富。正如**爱默生**所言：**"自信是成功的第一秘诀。"**自信不仅是孩子面对挑战时的盔甲，更是激发潜能、成就卓越的钥匙。作为家长，我们应当努力培养孩子的自信心，让他们在自我肯定的光芒下勇敢地探索未知，无畏地面对失败，最终在学习和生活的舞台上绽放属于自己的光彩。

4.2.2 正确认识自我与学习自信的关系

正确认识自我是指个体能够全面、客观、深入地了解自己的内心世界、能力、价值观及情感需求。它要求个体既能看到自己的优点与成就，也能正视并接纳自己的不足与局限。正确认识自我与学习自信的关系犹如天平的两端，平衡则稳健前行，失衡则步履维艰。

李华的故事：自信地成长

李华是一个数学爱好者，初时对自己的解题能力存疑，尤其在面对难题时。于是，她主动与老师交流和探讨这些难题，她发现了自己在逻辑推理和解题策略上的天赋。这一发现点燃了她挑战难题的热情，她很享受解题的过程。每次攻克难关，都为她带来成就感，学习自信随之飙升。这股自信成为她不断进步的催化剂，数学成绩斐然，学习动力更胜往昔。

张伟的挑战：自我认知的枷锁

反观张伟，他深陷自我否定的泥潭，眼中只见自己的不足，忽视了潜在的优点和能力。在学习上，他畏缩不前，害怕出错被嘲笑，遇难题即逃避，也不愿意和老师交流。这种消极心态蚕食了他的学习动力，成绩下滑，兴趣渐失。在恶性循环中，他越陷越深，自我怀疑如影随形，难以挣脱。

深度剖析：为什么差距这么大

看看李华和张伟，其实他们的起点差不多，但为什么结果大相径庭？关键就在于能否正确认识自我。通过正确认识自我，李华找到了自己的闪光点，用它照亮了学习之路；而张伟则被自己的阴影遮住了眼，看不清前方的路。

可见，**正确认识自我是建立学习自信的基础**。孩子只有真正了解自己的优势和不足，才能在学习中找到自己的定位，发挥优势，弥补不足。比如那些写不出优点却能罗列一堆缺点的孩子，他们对自我的认知出现了偏差，这会极大地影响他们在学习中的自信。正确认识自我可以让孩子明白，每个人都有自己独特的价值，从而建立起对学习的自信。

这种基于自我认知的精准定位，使孩子能够更有效地利用资源，集中精力在自身的强项上，同时勇于面对并克服弱点。当孩子在某个领域取得成绩时，这种正面的反馈会进一步巩固他们的自信，激励他们在其他领域积极探索、勇于尝试。

4.2.3 家长如何引导孩子正确认识自我

> 我的学生小田，她的整体成绩不是很好，但英语成绩和绘画却非常出色。刚好我们有雅思项目，她当时有出国的想法，妈妈鼓励她认真学习雅思课程。同时，她也在业余时间深入学习绘画。经过专业老师的指导，她的绘画技艺取得了显著进步，英语成绩也有了很大的提升。未来，她可以选择出国留学，或者走国内的艺考之路，将优势发挥到极致。

倘若她没有发现自己的优点，家长也没有继续去培养她的优势，而是只盯着不太好的成绩，试想一下，她的心情会怎样？她未来的出路又在哪里？

很多时候，孩子不自信是因为只看到了自己的弱点或弱势。父母是孩子成长路上的第一任导师。作为家长，我们要做的就是帮助孩子正确认识自我，找到让他们可以自信的点位。那么，家长具体该怎么做呢？

1. 发现并记录孩子的闪光点

家长应成为孩子生活中的"观察者"，细心留意孩子在不同领域的表现和兴趣。比如妈妈发现了小田在英语和绘画上的天赋，并记录下来。家长可以设立一个"优点日记"，记录孩子的一个小成就或优点——无论是考试的进步，还是画了一幅好画，抑或是获得了表扬等。经常和孩子分享这些记录，它们将成为孩子自信的源泉，提醒他们自己的价值所在。

2. 鼓励尝试与实践

鼓励孩子多尝试新事物，不仅仅是学习上的，也包括兴趣爱好、体育活动等。实践是检验能力的最好方式，也是发现潜力的途径。比如妈妈鼓励小田参加雅思项目和绘画学习，小田不仅提升了能力，还收获了成就感。因此，家长可以支持孩子参加课外班、兴趣小组或社区活动，让孩子在实践中发现自己的长处和兴趣所在。

3. 设定具体可达成的目标

家长可以与孩子一起设定短期和长期的目标，这些目标应基于孩子的兴趣和优势，同时具有一定的挑战性。例如，小田的目标是提升英语成绩并准备雅思考试，同时精进绘画技艺。家长可以帮助孩子分解目标，制订详细的学习计划，并在孩子取得进步时给予及时的鼓励和奖励。这样，孩子就能够在实现目标的过程中感受到自己的成长和进步，从而增强自信心。

4. 培养积极心态，正确看待弱势

针对孩子的缺点，家长可以引导孩子建立积极的心态，学会从失败中吸取教训，而不是沉溺于自责和沮丧。通过亲子间的"优缺点大发现"游戏，不仅可以增进情感交流，还可以让孩子深刻理解每个人都是独一无二的存在，既有闪耀的亮点，也有待雕琢的角落。在此基础上，鼓励孩子自信地展现自己的优势，并勇于面对与改善不足，从而不断超越自我，成就更加辉煌的未来。

发现并记录孩子的闪光点

鼓励尝试与实践

家长如何引导孩子正确认识自我

设定具体可达成的目标

培养积极心态，正确看待弱势

通过以上四种方法，家长可以有效地帮助孩子正确认识自我，建立自信。每个孩子都是独一无二的，他们有自己的节奏和方式去成长。作为家长，我们要做的就是给予他们足够的爱、支持和鼓励，让他们在自信的光芒下勇敢前行。

亨利·福特曾言："无论你认为自己行，还是不行，你都是对的。"家长通过引导孩子"认识自己"，才可助力孩子突破自我认知的局限，勇敢面对挑战，让自信成为他们成长的坚实基石，绽放独特光彩。

4.3　作为家长，不可忽视暗示对孩子的影响

在教育孩子的道路上，很多家长都怀揣着望子成龙、望女成凤的美好愿望。然而，在教育的过程中，家长往往容易忽视一些微妙的细节——那些看似不经意的言语和行为，实则可能给孩子带来深远的影响。下面我们就来探讨一个常常被家长忽视的话题：暗示的力量。

4.3.1 无意中的伤害

记得有一个学生小卓，他曾向我倾诉过一段令他感到困惑和伤心的经历。小卓说："我听到我妈妈给别人打电话，说别人家的孩子多么优秀，成绩多好，而我却很差。"他感到十分委屈，"我哪里差了？我只是偶尔考差一点点，但我妈妈好像对我很失望，我甚至感觉家里的伙食质量都降低了，我喜欢的虾都不买了。"

当我与小卓的妈妈沟通此事时，她却不以为然："哎呀，这个娃娃，我给朋友打电话，肯定要恭维朋友家的孩子呀。他想多了。"

小卓真的想多了吗？事实上，很多家长在不经意间流露出的贬低孩子的话语，即便并非本意，也可能在孩子心中留下深刻的伤痕。从小卓的伤心经历中，我们不难发现家庭教育中暗示的微妙力量。在家庭教育中，家长的每一个眼神、每一句话语、每一个行为，都可能成为对孩子的一种暗示。

4.3.2 积极暗示和消极暗示

心理学研究表明，暗示是一种微妙而深远的心理影响过程。它利用语言、非语言信号（如微妙的表情、特定的手势、精心布置的环境等）以及其他媒介，在不被个体明显察觉的情况下，悄然地对其思想、情感、行为或生理状态产生潜在的影响。这种影响可以是积极的，也可以是消极的，因此，暗示被分为积极暗示和消极暗示两大类。

1. 积极暗示

积极暗示是一种正面的、建设性的心理引导手段。它通过肯定、鼓励、赞美等正面语言和行为，有效地激发个体的内在潜能和积极性。这种暗示不仅能够帮助个体建立自信，还能够引导其形成积极向上的心态，进而促进其全面发展和成长。

有一位家长，她的孩子在学校成绩一直不理想。然而，这位家长从未放弃对孩子的积极暗示，她总是充满信任地告诉孩子："我相信你有自己的节奏，只要你愿意努力，你一定能找到适合自己的学习方法。"在家长的持续鼓励和积极暗示下，孩子逐渐感受到了学习的乐趣，成绩也有了显著提升。

这个例子深刻揭示了积极暗示的力量。正如这句鼓舞人心的话所说："积极暗示是心灵成长的催化剂，它让每一个我能行的信念，在时间的见证下，绽放出耀眼的光芒。"

2. 消极暗示

与积极暗示相反，消极暗示包含否定、贬低、批评或威胁的信息，对个体的心理健康产生不利影响。这种暗示往往源自家长或教育者无意识中的负面评价、比较或贬低，如"你怎么这么笨""你看看人家孩子多聪明"等言语。这些言语虽然可能只是家长一时的情绪发泄，但却会在孩子心中种下自卑和挫败的种子，阻碍其成长和进步。

> 以小卓的情况为例，他的妈妈在与他人通话时，不经意间流露出对小卓学习成绩的贬低和不满。这种言语行为无疑构成了对小卓的消极暗示。更糟糕的是，小卓还提到家里的伙食质量下降了，他喜欢的食物不再被购买。这种物质上的变化也可能被视为妈妈对他不满的一种间接表达，进一步强化了消极暗示的效果。

在这个例子中，我们可以看到消极暗示是如何对孩子的心理健康产生负面影响的，以及它是如何阻碍孩子的成长和进步的。因此，我们应当警醒，意识到消极暗示的可怕力量。**一言一行皆有意，消极暗示伤人心。**愿我们以爱之名，传递正面能量，共筑孩子成长的阳光之路。

4.3.3 暗示带来的影响

心理学上有一个著名的实验，叫作"罗森塔尔效应"，也被称为"皮格马利翁效应"。在这个实验中，心理学家罗森塔尔随机抽取了一些学生名单，告诉老师这些学生具有优异的发展潜力。老师对这些学生也给予了特别的关注。结果，几个月后，这些被"积极暗示"具有发展潜力的学生，在学习成绩和智力表现上都有了显著的提升。反之，对于那些被"消极暗示"的孩子，虽然心理学家没有说什么，但是他们被暗示"不行""没出息"，这些孩子往往就会朝着这个方向发展，形成恶性循环。

可见，暗示作为一种微妙的心理影响手段，对孩子的成长和发展具有不可忽视的影响作用。

1. 影响自我认知与自信心

暗示对孩子的自我认知具有深远的影响。积极暗示能够增强孩子的自信心，让他们相信自己的能力和价值，从而更加勇敢地面对挑战和困难。相反，消极暗示则会削弱孩子的自信心，让他们陷入自我怀疑和否定中，认为自己"不行""没出息"，进而影响到他们的学习和生活态度。这种自我认知一旦形成，便难以轻易改变，成为孩子成长道路上的绊脚石。

2. 影响情感状态与心理健康

暗示会直接影响孩子的情感状态和心理健康。积极暗示能够激发孩子的积极情感，如快乐、满足和成就感，促进他们形成积极向上的心态。而消极暗示则会引发孩子的负面情绪，如焦虑、沮丧和自卑等，长此以往，可能导致孩子出现心理问题，如抑郁、社交障碍等。因此，家长在教育过程中应当时刻注意自己的言行举止，避免给孩子带来不必要的情感伤害。

3. 引导行为选择与努力方向

暗示会引导孩子的行为选择和努力方向。积极暗示能够激发孩子的内在动力，让他们更加主动地追求自己的目标和梦想。在家长的鼓励和赞美下，孩子会更有动力去克服困难、努力学习，不断提升自己。相反，消极暗示则会让孩子产生逃避和放弃的心理，认为自己无论怎么努力都无法改变现状，从而放弃对目标的追求。这种消极的行为选择将严重阻碍孩子的成长和进步。

4. 影响人际关系与社交能力

暗示还会通过影响孩子的自我认知和情感状态，进而影响到他们的人际关系和社交能力。积极暗示能够让孩子更加自信、开朗和友善，从而更容易与他人建立良好的人际关系。他们能够更好地理解他人、关心他人，并在团队合作中发挥积极作用。相反，消极暗示则可能让孩子变得孤僻、敏感和易怒，难以与他人和谐相处。这种人际关系上的障碍将进一步加剧孩子的心理困扰，影响他们的全面发展。

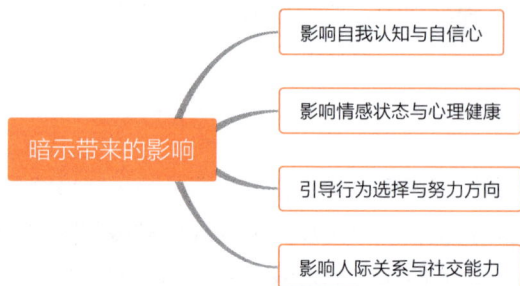

可见，暗示力量大，对孩子的影响真不小。**一句好话，信心满满；一句不好的话，心里长草。**家长说话要注意，别让无心的话伤了孩子的心。鼓励比什么都重要，让孩子相信自己能行，天天都进步。**"好话一句三冬暖"**，我们要给孩子送上这股暖流。

4.3.4 智慧之举：积极暗示的力量

在探讨了暗示对孩子成长的深远影响后，我们不难发现，作为家长，掌握并运用积极暗示的艺术，对于孩子的健康成长至关重要。那么，应该如何巧妙地运用积极暗示，为孩子的成长之路铺设坚实的基石呢？

1. 言语中的正能量

家长的话语是孩子心灵的灯塔。在日常交流中，我们应多使用肯定和鼓励的语言，如"你做得真好，再试试会更好""我相信你能行"。这些简单的话语，能够激发孩子的内在动力，让他们感受到自己的价值和能力，从而更加自信地面对挑战。

2. 行动上的支持与鼓励

除了言语上的积极暗示，家长还应通过实际行动来表达对孩子的信任和支持。比如，当孩子遇到困难时，家长可以陪伴他们一起寻找解决问题的方法，而不是简单地告诉他们答案。这种参与和陪伴，能够让孩子感受到家长的关爱和支持，从而更加勇敢地面对困难。

3. 避免消极比较与批评

消极暗示往往源自批评和家长之间的比较。为了避免给孩子带来不必要的压力和心理负担，家长应尽量避免将孩子与他人进行不必要的比较，也不要轻易地对孩子进行批评和指责。相反，家长应该关注孩子的努力和进步，给予他们足够的肯定和鼓励。

4. 营造积极的家庭氛围

家庭氛围对孩子的成长有着不可忽视的影响。一个充满爱、理解和支持的家庭环境，能够让孩子更加自信、开朗和乐观。因此，作为家长，我们应该努力营造一个积极的家庭氛围，让孩子在温馨和谐的环境中健康成长。这包括经常表达爱意、关注孩子的情感需求、共同参与家庭事务等。

总之，积极暗示是家长教育孩子的重要工具之一。正如亨利·福特所言："如果你认为你行，你就行；如果你认为你不行，你就不行。"通过巧妙地运用积极暗示的力量，我们可以帮助孩子建立自信、激发潜能、培养积极向上的心态和行为习惯。

美国著名心理学家威廉·詹姆斯说："人类最深刻的本质，就是被赏识的渴望。"让我们用赏识的眼光去看待每一个孩子，用积极暗示的力量去引导他们成长。

4.4　面对生活中的变故，如何做到复原情绪力

在人生的旅途中，每个人都会遭遇或大或小的变故，这些变故如同风雨中的挑战，考验着我们的情感韧性与复原能力。对于孩子而言，由于正处于身心发展的关键时期，面对生活中的重大变故，如亲人的离世或父母的离异，他们往往更加难以承受，情绪上的波动也更为剧烈。

孩子如何面对生活中的变故，以及如何通过有效的心理支持和自我调适，逐步恢复并增强情绪力呢？下面将通过我在辅导中接触的两个相关案例，深入探讨如何引导孩子积极面对挑战，重建内心的平衡与力量。

4.4.1 案例一：亲人的离世

小芳是一名正值青春期的初三学生，自幼在外祖父的呵护下成长。外祖父不仅是她生活中的依靠，更是她心灵的导师，教会了她许多生活的道理和人生的智慧。然而，天有不测风云，外祖父生病突然离世给小芳带来了巨大的打击。她无法接受这个残酷的现实，时常难以自控地号啕大哭，尤其是想到自己未能参加外祖父的葬礼，更是感到无尽的遗憾和自责。她告诉我，外祖父离世的那段时间，母亲悲痛欲绝，亲戚们让她坚强一些，多安慰安慰母亲。小芳的内心充满了无助和孤独，她渴望有人能理解她的痛苦，也能给予她一个温暖的拥抱。

1. 心理解释与分析

小芳在外祖父离世后的情感历程，细致入微地展现了**哀伤过程理论**的每一个阶段。最初，她难以接受这一残酷事实，进入了否认阶段，试图通过哭泣来逃避现实。随后，遗憾与自责如潮水般涌来，尤其是对自己未能参加葬礼的深深遗憾，让她内心充满了痛苦与挣扎。在讨价还价阶段，她不禁幻想，如果在外祖父生病时能多看望他、多照顾他，也许外祖父会活得更长久一些。然而，现实无法逆转，她逐渐陷入了深深的抑郁之中，悲痛、无助与孤独感如影随形。

这一时期，她的**情绪调节能力**显得尤为脆弱，青春期特有的情绪波动与丧失亲人的强烈情感反应交织在一起，让她难以自拔。同时，外祖父的离世也引发了她的**认知失调**，她需要重新审视自己的世界观、价值观，以及自己在家庭和社会中的位置。这一过程伴随着对自我身份和价值的深刻质疑，需要时间和周围人的关爱与支持，帮助她逐步完成身份的重构与情感的修复。

2. 复原情绪力的指导

在对小芳的辅导中，我采取了以下方法，供家长借鉴。

（1）**倾听与接纳**。创造一个安全无虞的环境，成为小芳情感的倾听者。鼓励她充分表达自己的感受，无论是哭泣还是难过，都让她知道这些情绪是可以被理解和接纳的。重要的是，不要打断她的表达，也不要急于安慰她"别哭"或"别难过"，而是让她自然地宣泄内心的痛苦。

（2）**积极回忆与感恩。**引导小芳沉浸在与外祖父共度的美好回忆中，通过讲述那些温馨的故事，让她感受到外祖父的爱和智慧依旧环绕着她。同时，鼓励她思考并分享从外祖父那里获得的最宝贵的东西，如人生智慧、品格影响等，以此培养感恩之心，减轻内心的负罪感和遗憾。

（3）**深化情感表达与分享。**除了传统的写日记、绘画、听音乐等方式，还鼓励小芳思考：如果外祖父还在，会如何牵挂她。让她尝试说出这些牵挂的内容，既是对外祖父的思念，又是自我疗愈的过程。此外，鼓励她与信任的朋友或心理咨询师分享这些感受，深化情感的交流与理解。

（4）**有仪式感的告别。**为小芳策划一场具有仪式感的告别活动，比如在外祖父墓前献上鲜花、诵读悼词或进行冥想等。如果条件不允许，则可以让她选择一个特别的地方，将心中的话对着一处景物说出，仿佛是与外祖父对话。这样的仪式有助于她完成心理上的过渡，减轻对逝者的牵挂和思念。

（5）**建立稳固的支持网络。**家长和亲友以及老师和同学可以成为小芳最坚实的后盾，不仅在情感上给予她支持，还要鼓励她加入支持团体或参加心理辅导活动。在这些场合中，她可以与有相似经历的人交流心得，相互扶持，共同面对生活中的挑战。

（6）**培养积极生活态度。**引导小芳将注意力转向生活中的积极面，鼓励她参加自己感兴趣的活动或项目，帮助她重建生活的乐趣和意义感。同时，提醒她，如果特别思念亲人，则可以根据情况，每天或每周固定一个时间，选择一个特别的地方，向逝去的亲人诉说自己的近况和想法，承诺自己会好好生活，以此表达对亲人的怀念。

在经历了一段艰难而深刻的哀伤旅程后，小芳逐渐学会了如何在失去亲人的痛苦中寻找力量与成长。通过倾听、回忆、表达、告别，以及建立支持网络，不仅缓解了她内心的痛苦与孤独，她还学会了珍惜眼前人，以更加积极和坚韧的态度面对未来的生活。

```
                                        ┌─────────────────┐
                                        │ 倾听与接纳        │
                                        └─────────────────┘
                                        ┌─────────────────┐
                                        │ 积极回忆与感恩     │
                                        └─────────────────┘
                                        ┌─────────────────┐
                                        │ 深化情感表达与分享  │
  ┌──────────────────────────┐         └─────────────────┘
  │ 亲人离世，复原情绪力的指导   │         ┌─────────────────┐
  └──────────────────────────┘         │ 有仪式感的告别     │
                                        └─────────────────┘
                                        ┌─────────────────┐
                                        │ 建立稳固的支持网络  │
                                        └─────────────────┘
                                        ┌─────────────────┐
                                        │ 培养积极生活态度   │
                                        └─────────────────┘
```

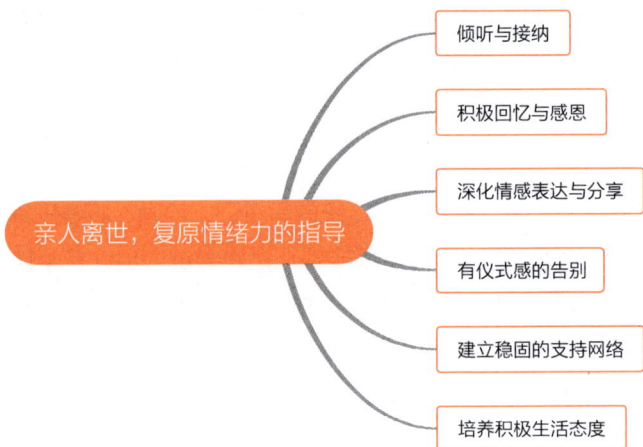

哀伤是灵魂的磨砺石，虽痛却铸就了更坚韧的心。小芳的故事提醒我们，哀伤虽痛，但它也是生命旅程中不可或缺的一部分，它让孩子们学会爱、学会感恩，更学会如何在逆境中绽放自己的光芒。

4.4.2 案例二：父母的离异

小明是一个活泼开朗的初中生，原本拥有一个幸福美满的家庭。然而，随着父母关系的日益紧张，家庭氛围逐渐变得压抑而沉闷。最终，父母决定离婚，这一消息对小明来说如同晴天霹雳。他无法理解为什么曾经相爱的父母会走到这一步，更无法接受自己将要在单亲家庭中生活的事实。小明开始变得沉默寡言，学习成绩也一落千丈。他感到自己仿佛被整个世界抛弃了，对未来充满了迷茫和恐惧。

1. 心理解释与分析

对于孩子来说，父母的离异是一种深刻的家庭变故，它不仅改变了孩子的生活环境和生活方式，更对孩子的心理和情感产生了深远的影响。小明的案例就反映了家庭变故对其心理的深刻影响。父母关系的破裂导致家庭环境恶化，小明因此失去了原有的安全感和稳定感，陷入情绪低谷。他无法理解父母的决定，感受到被遗弃的痛苦，进而影响了自我认知和心理状态。这种心理创伤导致他变得沉默寡言，学业受阻，对未来充满迷茫和恐惧。在心理学上，**这体现了心理适应的失败和应对机制的缺失**。小明需要时间和支持来重新调整心态，建立新的心理平衡。

2. 复原情绪力的指导

（1）**情感宣泄与接纳**。允许小明表达自己的情感，无论是愤怒、悲伤还是恐惧，都应给予他足够的理解和支持，让他感受到自己并不孤单。同时，鼓励他通过适当的方式宣泄情感，如写日记、运动或参加心理辅导等。

（2）**增进沟通与理解**。虽然父母已经离异，但他们仍然是孩子的父母。小明的父母应努力与小明保持良好的沟通，了解他的想法和感受，给予他必要的指导和支持。同时，也要让小明理解父母的决定并非出于恶意或不在乎他的感受，而是基于各种复杂的原因和考虑。

（3）**建立稳定的生活环境**。父母离异后，孩子的生活环境可能会发生很大的变化。小明的父母应尽力为小明提供一个稳定、安全、有爱的生活环境，让他感受到家的温暖和安全感。这有助于减轻小明的焦虑和恐惧感，促进他的心理恢复。

（4）**培养自我调适能力**。鼓励小明参加一些能够培养自我调适能力的活动或课程，如情绪管理、压力应对、人际交往等方面。这些活动可以帮助他学会更好地处理自己的情绪和人际关系，增强自己的心理韧性。

（5）**寻求专业帮助**。如果小明的情绪问题持续存在且影响到他的日常生活和学习，小明的父母应考虑寻求专业的心理咨询或治疗服务。专业的心理咨询师可以帮助小明更好地理解自己的情绪和问题所在，提供有效的应对策略和建议。

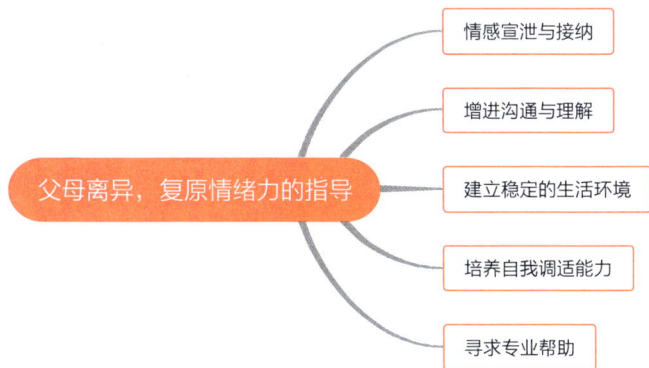

父母离异，复原情绪力的指导
- 情感宣泄与接纳
- 增进沟通与理解
- 建立稳定的生活环境
- 培养自我调适能力
- 寻求专业帮助

经过辅导和父母不变的关怀，小明逐渐理解了父母离异背后的复杂情感。他领悟到，父母离异并不意味着爱的缺席，他们各自以不同的方式继续表达着对他的爱。他也学会了以成熟的心态祝福父母各自幸福。正如电影《后来的我们》教给我们的一个宝贵道理：在生活的风雨中，唯有坚持爱与理解，我们才能找到属于自己的幸福与安宁。

面对生活中的重大变故，如亲人离世或父母离异，孩子需要学会情绪复原与自我成长。"逆境是成长的催化剂。"通过倾听、表达、理解与接纳，孩子能在痛苦中找寻力量，以爱与理解为舟，驶向更加坚韧与光明的未来。小芳与小明的故事，正是这一历程的深刻体现，其不仅见证了心灵的蜕变，更深刻地启示我们：在风雨的洗礼中，唯有勇于面对，积极成长，方能拥抱生命中最为绚丽的彩虹。

4.5 塑造积极心态六步法

在心理课上，我和学生们一起探讨情绪，在此选择与两个学生的对话分享给大家。

> 学生1："若澄老师，我可以有负面情绪吗？我想生气的时候能不能生气呢？"
>
> 若澄老师微笑着回答："当然可以，你又不是神仙，就算是神仙也会有情绪呀！但是，你打算让这种生气情绪持续多久呢？"
>
> 学生1想了想："看情况吧，可能一会儿，可能几个小时，甚至一天，最多一周吧！"
>
> 学生2接过话题："若澄老师，大家都说要控制情绪，但我总是忍不住对别人发火，该怎么办呢？"
>
> 若澄老师想了想，耐心地说："这是一个很好的问题。你可以试试在想要发火的时候，把音量降低，轻言细语地表达你的感受。看看这样做之后，你的感觉会不会有所不同。"
>
> 学生2试着想象了一下那个场景，然后点头说："好像确实没那么急了。"

在孩子的成长过程中，情绪管理至关重要。就像学生们会感到困惑："我可以有负面情绪吗？我想生气的时候能不能生气呢？""怎么控制不对别人发火呢？"这是他们在青春期常遇到的情绪难题。而想要拥有积极健康的情绪，识别、接受和调控情绪就显得极为关键。接下来，我将分享一套独创的"塑造积极心态六步法"，帮助家长引导孩子更好地理解和应对情绪，营造一个更加积极健康的生活环境。

4.5.1　认识情绪

对于孩子来说，情绪就像多变的天气一样影响着他们的内心世界。**情绪作为人类心理活动的重要组成部分，具有复杂的生理和心理基础。情绪不仅是对外界刺激的直接反应，更是内心深处需求与期望的映射。**情绪分为积极情绪和消极情绪两大类。积极情绪能激发动力，促进身心健康；消极情绪则可能阻碍思考，影响人际关系，甚至损害身体健康。

然而，消极情绪并非全然无益。从本质上讲，情绪起着防御机制的作用。例如，在远古时期，人们狩猎时常常处于面临战斗和逃跑的高度紧张状态，情绪能促使人快速反应，这种机制延续至今。可见，即使是消极情绪，它们往往也能作为"警报器"，提醒我们注意潜在的问题或威胁。

中学生往往容易忽视消极情绪的价值。比如在考试前，适度的紧张情绪可以让他们集中精力复习，这是情绪积极防御机制的体现。但如果长期被消极情绪所笼罩，如过度焦虑等，就会对身体产生不良影响，甚至影响学习效率。中医常说要避免不良情绪，就是防止不良情绪引发疾病。

因此，家长可以与孩子一起讨论不同情绪的表现，以及对它们的感受，帮助他们认识情绪的多面性，并鼓励他们用积极的方式解读消极情绪。

4.5.2　识别情绪信号并接纳情绪

孩子的情绪在到达顶点之前，往往会展露出一些微妙的信号，这些信号如同心灵的"预告片"，预示着情绪风暴的临近。它们可能体现在生理反应、思考方式或行为举止上。比如，在愤怒与紧张时，孩子的心跳可能不自觉地加速，呼吸变得短促；而当出现抑郁或焦虑时，则可能表现为社交意愿的减退，如减少与同学的交流、课堂上注意力难以集中、夜晚睡眠质量下降等；或者饮食习惯的改变，如食欲不振等。

记得我曾指导过一名极为出色的学生，他首次作为年级榜首被邀请在表彰大会上发言，当时他坐在我身旁，轻声透露了他的不安："老师，我好紧张，手心都出汗了，感觉心要跳出来了。"他担心自己会在台上出错或忘记台词。这是一个孩子在面临重要时刻时的自然反应，出现紧张情绪是完全可以理解的。

重要的是，当孩子意识到这些负面情绪时，我们应引导他们学会接纳而非逃避。接纳情绪，是迈向情绪管理的第一步。因为只有真诚地面对并接纳自己的情绪，才会愿意探索如何有效地管理和转化情绪。

因此，家长在面对孩子的负面情绪时，应避免使用否定性的语言，如"你不应该紧张"或"别难过了"。相反，可以温柔地表达理解与共鸣："我注意到你有些紧张／难过，这是很正常的感受。"随后，可以进一步提出积极的解决方案："不过，我们可以一起想想办法，看看怎么能帮助你缓解这种……（情绪）。"这样的沟通方式不仅有助于孩子更好地理解和接纳自己的情绪，还能鼓励他们将注意力从情绪本身转移到寻找解决问题的途径上，从而促进其情绪调节与成长。

4.5.3 探索情绪产生的原因

在识别出情绪信号后，家长需要帮助孩子探索情绪产生的原因。情绪的产生可能是由于外部事件的刺激或内部需求未能得到满足。通过探索，我们能够帮助孩子找到情绪产生的真正原因，以便采取相应的措施来调控情绪。

例如，一个孩子最近总是很暴躁，和父母顶嘴的频率明显增加。这时，父母可以和孩子一起分析原因。其实，孩子并不是真的对父母有意见，而是可能在学校与同学发生了矛盾，或者在学习上遇到了困难，比如数学的某个知识点一直搞不懂，导致压力增大。心情不好，在外面忍着难受，所以才容易对最亲近的父母发脾气。

回顾上面提到的学生案例，这个学生在面对上台发言时因担心出错或忘词而深感紧张和焦虑。这种情绪的背后其实交织着多重心理原因，共同构成了其发言前的心理压力。通过后续与他多次接触，以及对他的深入了解，我得以进一步剖析其当初紧张和焦虑的根源，并识别出以下几种可能的原因。

（1）对自我表现的期望过高与存在完美主义倾向。这种心态导致他对自己的要求特别高，总想做到最好，同时对自己的表现也异常敏感，担心任何微小的失误都会破坏自己在他人心中的形象，进而产生强烈的焦虑感。

（2）恐惧失败，担心失误会损害个人的形象或失去他人的尊重。他可能将失败视为对个人价值的否定，担心一旦在台上出错或忘词，就会失去他人的尊重和信任。这种对失败的过度担忧加剧了他的紧张情绪。

（3）在社会比较压力下，作为焦点人物承受更高的期望。他作为年级第一名上台发言，大家眼睛都盯着他，对他的期望也许特别高。他怕自己表现不好，被大家比下去，或者被笑话，所以会觉得"压力山大"。

（4）内心深处的自我怀疑，缺乏对自身能力的坚定信心。他其实心里对自己的能力有点儿没底，总觉得自己可能做不好。这种不自信一到关键时刻就会冒出来，让他更紧张了。

（5）对不可控因素的担忧，如观众反应或突发状况，导致失控感加剧。在上台发言时，许多因素（如观众反应、突发状况等）是难以预测的，这种失控感可能让他感到极度不安。

"最深的恐惧，往往源自内心的未知与不安。"在探索情绪产生的原因这一旅程中，我们发现了孩子内心的种种波动与挣扎，它们或源于外界的期待与压力，或来自深植于内心的自我期望与恐惧。通过理解和接纳这些情绪，我们才能与孩子一同找到调控情绪的钥匙，让心灵重归宁静与自信。正如上面提到的那个学生，在认识到自己紧张和焦虑的真正原因后，或许能更加从容地面对未来的挑战，绽放出属于自己的光彩。

4.5.4　分析情绪的产生是否合理

在了解了情绪产生的原因后，家长可以引导孩子借助情绪 ABCDE 理论来转移负面情绪。**情绪 ABCDE 理论**是一种帮助个体理解和调控情绪的心理学模型，尤其在情绪管理和合理情绪疗法中有着重要的应用。这一理论由**美国心理学家阿尔伯特·埃利斯提出**，旨在揭示情绪产生的根源，以及如何通过改变思维模式来调控情绪。下面将结合上面提到的学生案例，详细解释情绪 ABCDE 理论的各个组成部分。

A（Activating Event）——诱发事件

诱发事件是指引发个体情绪和行为反应的外部事件或情境。这些事件可以是具体的挑战、冲突、压力源等，它们是情绪产生的触发器。

例如，诱发事件可能是即将到来的上台发言，这一事件本身是中性的，但它触发了这个学生的紧张和焦虑情绪。

B（Belief）——信念

信念是指个体对诱发事件的评价、解释及看法，即个体内心的观念或认知。这些信念可能是合理的，也可能是不合理的，它们在很大程度上决定了情绪反应的强度和方向。

不合理的信念往往具有绝对化、过度概括化或糟糕至极等特征，如"我必须完美无缺地完成演讲，否则我就是一个失败者"。

例如，在上台发言前，这个学生非常紧张，他可能持有的不合理信念是"我不能在发言中出错，否则所有人都会看不起我"。

C（Consequence）——后果

后果是指继诱发事件和信念之后，个体产生的情绪反应和行为结果。后果实质上不是由诱发事件引起的，而是由信念引起的结果。

不合理的信念往往导致不良的情绪反应和行为结果，如焦虑、恐惧、逃避等。

例如，在上台发言前，这个学生由于担心出错或忘词，怕被别人笑话，所以会感到极度紧张和焦虑，甚至产生想要逃避的情绪。

D（Disputing）——辩论驳斥

辩论驳斥是指对个体的不合理信念进行辩论和驳斥的过程。通过逻辑分析与经验证据来挑战和改变个体的不合理信念，从而减轻或消除由此产生的负面情绪。

我们可以通过提问、举例、对比等方式来揭示不合理信念的荒谬之处，并引导个体建立更加合理和健康的信念体系。

例如，针对这个学生的不合理信念，可以引导其思考"在发言中出现小错误，是否就意味着我是一个失败者"等问题。

E（Effect）——效果

效果是指经过辩论驳斥后，个体在认知、情绪和行动上的改善效果。通过改变不合理的信念，个体能够更加理性地看待诱发事件，减少负面情绪的产生，并采取更加积极有效的行动。

有效的改善效果体现在个体能够更好地应对挑战和压力，提高情绪的稳定性和自我调控能力上。

例如，经过辩论驳斥后，这个学生可能意识到自己在发言中出现的小错误并不足以否定自己的价值和能力，从而减轻紧张和焦虑情绪，更加自信地面对上台发言。

"**改变你能改变的，接受你不能改变的，智慧在于区分这两者。**"这句来自著名心理学家斯多葛学派的智慧名言，与情绪 ABCDE 理论不谋而合。它提醒我们，面对诱发事件（A），虽然无法控制其发生，但是可以调整自己的信念（B），从而改变情绪和行为的后果（C）。通过积极的辩论驳斥（D），我们能够重塑内心世界，最终达到更加平和与自信的效果（E）。

作为家长，让我们携手引导孩子，运用情绪 ABCDE 理论这把利剑，斩断不合理的信念枷锁，让心灵在阳光下自由飞翔，绽放属于自己的光彩。

4.5.5 通过行动产生积极情绪

在分析并理解了情绪产生的合理性之后，家长和孩子应当已经认识到，积极情绪并非遥不可及，而是可以通过一系列实际行动来培育与维持的。正如那句掷地有声的话："**想都是问题，唯有行动，才能够真正摆脱消极情绪。**"以下是一些具体措施，旨在帮助孩子通过实际行动来产生并维持积极情绪。

1. 掌握放松技巧，释放紧张情绪

在面对日益增加的学习压力或生活中的各种挑战时，掌握并实践有效的放松技巧是缓解紧张情绪、保持心理平衡的关键。深呼吸作为最基础且易学的放松方式，其效果不容忽视。具体操作时，可以引导孩子闭上眼睛，深吸一口气，让气息深入肺部直至腹部扩张，然后缓慢而均匀地呼出，感受身体随着呼吸的节奏逐渐放松。

除了深呼吸，冥想也是一门强大的心灵艺术。每天抽出 5~10 分钟，找一个安静、无干扰的地方坐下，闭上眼睛，专注于自己的呼吸，让思绪像天空中的云朵一样自由飘散，最终归于宁静。这样的练习不仅能帮助孩子缓解紧张情绪，还能提升他们的专注力和自我觉察能力。

例如，孩子在遇到难题或感到焦虑时，立即进行几次深呼吸，就可以有效平复情绪，重新找回解题的思路。晚上睡不着觉，做 10 分钟冥想，也能快速进入睡眠状态。

2. 拥抱兴趣爱好，点燃生活热情

兴趣爱好是孩子探索世界、释放创造力的重要途径，也是他们心灵的一片净土。鼓励孩子根据自己的兴趣和热情，选择并坚持一项或多项活动。无论是沉浸在书海

中探索知识的奥秘，还是在画布上挥洒色彩表达内心的情感，抑或是在运动场上挥洒汗水挑战自我，都能让他们感受到成就感和快乐。此外，音乐作为一种特殊的艺术形式，其独特的魅力能够跨越语言和文化的界限，直接触动人心。无论是学习乐器演奏，还是聆听美妙的旋律，都能让孩子的心灵得到净化与升华。

小雨对吉他情有独钟，每当在学习或生活中遇到压力时，她都会拿起吉他弹奏一曲。她的音乐才华不仅为她赢得了同学们的赞赏，更成为她缓解压力、放松心情的法宝。有一次，学校组织一场才艺展示会，小雨勇敢地站上了舞台，用吉他弹唱了一首自己创作的歌曲。那一刻，她感受到了前所未有的自信和快乐。

3. 设定明确目标，激发行动动力

目标是引领孩子前进的灯塔，也是激发孩子内在动力的源泉。为孩子树立清晰、具体且可实现的人生目标，可以帮助他们将注意力从消极情绪中转移出来，专注于实现自己的梦想。当然，目标的设定应该与孩子的兴趣、能力和价值观相匹配，同时鼓励他们将大目标分解为一系列可操作的小步骤。每完成一个小步骤，都给予孩子正面的反馈和鼓励，让他们感受到自己的进步和成就。这种正向的循环会不断激发孩子的积极性和动力，促进积极情绪的产生。

我有一个学生曾经沉浸在情绪的低谷之中，后来他决定出国深造，从那一刻开始，他的生活节奏开始变得紧凑而有序，并且他踏上了备考雅思的征途。原本消极的他越发积极上进，不仅在学业成绩方面稳步提升，更是找到了属于自己的那份快乐与宁静。

4. 调整环境氛围，营造积极空间

环境对人的情绪和行为有着深远的影响。一个温馨、有序、充满正能量的环境可以激发人的积极情绪，提升工作效率和学习效果。因此，家长可以引导孩子学会调整自己的学习与生活环境，创造一个适合自己的积极空间。无论是卧室还是书桌等个人空间，都应该保持整洁、明亮和舒适。在孩子的个人空间，可以摆放一些孩子喜欢的绿植、装饰品或照片等物品来增添生活气息和个性色彩。同时，也可以利用音乐、灯光等元素来营造一种轻松愉悦的氛围。

小丽非常注重自己的学习环境布置。她将书桌摆放在靠近窗户的位置，以便随时享受到温暖的阳光和新鲜的空气。书桌上有各种学习工具和参考资料，但总是保持得井井有条。她还特意挑选了一张自己喜欢的壁纸贴在墙上，并在书桌上摆放了一盆小巧的绿植。每当坐在书桌前学习时，她都能感受到一种宁静而舒适的氛围，这让她更容易进入学习状态并保持很高的学习效率。

4.5.6 善用支持系统，共筑情绪防线

家庭、朋友和老师等构成的社会支持系统是孩子情绪健康的坚强后盾。家长可以鼓励孩子在遇到困难时主动寻求帮助和支持，同时鼓励他们成为他人情绪的倾听者和支持者。通过相互扶持和鼓励构建一个充满爱与温暖的情感网络，可以帮助孩子更好地应对生活中的挑战和困难。

例如，一个孩子与朋友发生矛盾后情绪低落，父母可以和孩子谈心，引导他换位思考，理解朋友的立场，去缓解矛盾，调整情绪。从社会支持理论来看，充分利用身边的这些关系，能为孩子的情绪健康提供有力保障。

家长在助力孩子产生积极情绪这一过程中扮演着至关重要的角色。家长是孩子情绪管理的引路人和支持者。家长可以鼓励孩子尝试上述方法，并在孩子遇到困难时给予耐心与鼓励。同时，家长也要以身作则，展现积极向上的生活态度，为孩子树立良好的榜样。通过共同的努力与坚持，家长与孩子可以共同构筑起一座坚不可摧的积极情绪基石，让孩子在成长的道路上更加自信、坚强、快乐。

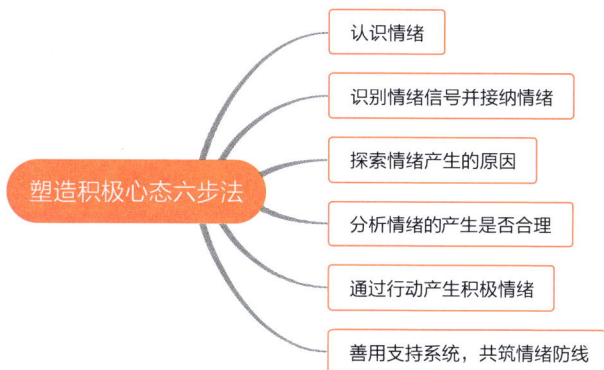

塑造积极心态六步法
- 认识情绪
- 识别情绪信号并接纳情绪
- 探索情绪产生的原因
- 分析情绪的产生是否合理
- 通过行动产生积极情绪
- 善用支持系统，共筑情绪防线

正如海伦·凯勒所言："生活不是等待暴风雨过去，而是要学会在雨中跳舞。"

情绪是心灵的晴雨表，管理情绪即驾驭生活。以积极心态为舵，以行动为帆，孩子定能在成长的海洋中乘风破浪，驶向更加辉煌的彼岸。作为家长，我们需要做的就是为孩子营造一个充满爱与支持的环境，让他们在积极心态的照耀下，绽放出最耀眼的光芒。

本章思维导图

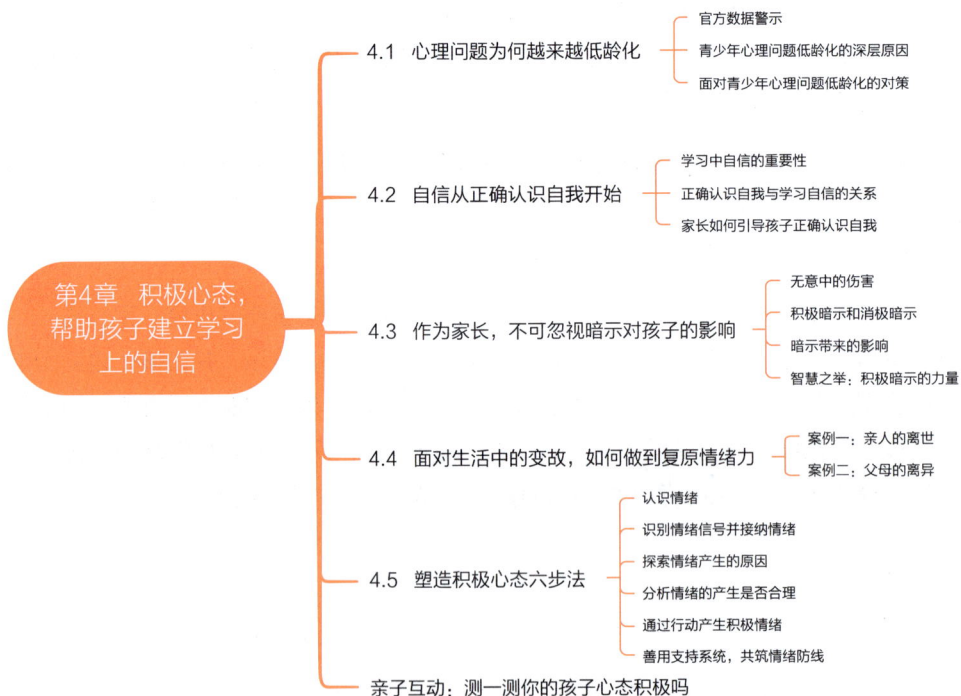

```
                                            ┌─ 官方数据警示
                    4.1 心理问题为何越来越低龄化 ─┼─ 青少年心理问题低龄化的深层原因
                                            └─ 面对青少年心理问题低龄化的对策

                                            ┌─ 学习中自信的重要性
                    4.2 自信从正确认识自我开始 ──┼─ 正确认识自我与学习自信的关系
                                            └─ 家长如何引导孩子正确认识自我

                                                 ┌─ 无意中的伤害
  第4章  积极心态，                               ├─ 积极暗示和消极暗示
  帮助孩子建立学习 ── 4.3 作为家长，不可忽视暗示对孩子的影响 ┤
  上的自信                                       ├─ 暗示带来的影响
                                                 └─ 智慧之举：积极暗示的力量

                    4.4 面对生活中的变故，如何做到复原情绪力 ┬─ 案例一：亲人的离世
                                                        └─ 案例二：父母的离异

                                            ┌─ 认识情绪
                                            ├─ 识别情绪信号并接纳情绪
                                            ├─ 探索情绪产生的原因
                    4.5 塑造积极心态六步法 ────┤
                                            ├─ 分析情绪的产生是否合理
                                            ├─ 通过行动产生积极情绪
                                            └─ 善用支持系统，共筑情绪防线

                    亲子互动：测一测你的孩子心态积极吗
```

亲子互动

测一测你的孩子心态积极吗

测试工具： 中国中学生心理健康量表

测试对象： 中学生（也适用于小学高年级学生）

指导语

下面是有关孩子心理状态的一些问题，请孩子仔细阅读每道题目。每道题目没有对错之分，请尽快回答，不要在每道题目上进行过多的思索。

中国中学生心理健康量表共有 60 道题目，每道题目后边都有 5 个等级 1~5（代表 1~5 分）供选择，请在对应的选择下打"√"。

1 表示无：自觉无问题。

2 表示轻度：自觉有问题，轻度出现。

3 表示中度：自觉有症状，其程度为中度。

4 表示偏重：自觉有症状，其程度为中等严重。

5 表示严重：自觉有症状，已达到非常严重的程度。

注意：

（1）每道题目只能选择一个等级。

（2）每道题目都要回答。

题目内容与打分

题　　目	1	2	3	4	5
1. 我不喜欢参加学校的课外活动					
2. 我心情时好时坏					
3. 做作业必须反复检查					
4. 感到人们对我不友好，不喜欢我					

续表

题　目	1	2	3	4	5
5. 我感到苦闷					
6. 我感到紧张或容易紧张					
7. 我学习劲头时高时低					
8. 我对现在的学校生活感到不适应					
9. 我看不惯现在的社会风气					
10. 为了保证正确，做事必须做得很慢					
11. 我的想法总与别人的不一样					
12. 总担心自己的衣服是否整齐					
13. 容易哭泣					
14. 我感到前途没有希望					
15. 我感到坐立不安，心神不定					
16. 经常责怪自己					
17. 当别人看着我或谈论我时，我感到不自在					
18. 感到别人不理解我，不同情我					
19. 我常发脾气，想控制但控制不住					
20. 觉得别人想占我的便宜					
21. 大叫或摔东西					
22. 总在想一些不必要的事情					
23. 必须反复洗手或反复数数					
24. 总感到有人在背后谈论我					
25. 时常与人争论、抬杠					
26. 我觉得大多数人都不可信任					
27. 我对做作业的热情忽高忽低					
28. 同学的考试成绩比我好，我感到难过					
29. 我不适应老师的教学方法					
30. 老师对我不公平					
31. 我感到学习负担很重					
32. 我对同学忽冷忽热					
33. 上课时，总担心老师会提问自己					

续表

题　　目	1	2	3	4	5
34. 我无缘无故地突然感到害怕					
35. 我对老师时而亲近，时而疏远					
36. 一听说要考试，心里就感到紧张					
37. 别的同学穿戴比我好，有钱，我感到不舒服					
38. 我讨厌做作业					
39. 家里环境干扰我的学习					
40. 我讨厌上学					
41. 我不喜欢班里的风气					
42. 父母对我不公平					
43. 感到心里烦躁					
44. 我常常无精打采，提不起劲来					
45. 我的感情容易受到别人的伤害					
46. 觉得心里不踏实					
47. 别人对我的表现评价不恰当					
48. 明知担心没有用，但总害怕考不好					
49. 总觉得别人在跟我作对					
50. 我容易激动和烦恼					
51. 和异性在一起时，感到害羞不自在					
52. 有想伤害他人或打人的冲动					
53. 我对父母时而亲热，时而冷淡					
54. 对比我强的同学并不服气					
55. 我讨厌考试					
56. 心里总觉得有事					
57. 经常有轻生的念头					
58. 有想摔东西的冲动					
59. 要求别人十全十美					
60. 同学的考试成绩比我好，但能力并不比我强					
小　　计					
总　　分					

计算方法

将 60 道题目的得分相加。可以先将每个等级对应的分值相加，再汇总。

分数解释

60~119 分	120~179 分	180~239 分	240~299 分	300 分
正常	轻度心理健康问题	中度心理健康问题	偏重心理健康问题	严重心理健康问题

若澄老师建议

（1）轻度心理健康问题，可以通过自我调节和咨询心理老师来解决。

（2）中度心理健康问题，需要咨询心理老师和心理医生，并定期进行心理辅导。

（3）偏重心理健康问题，需要咨询专业心理医生或治疗。

（4）严重心理健康问题，需要请专业心理医生治疗。

测试升级——10 个因子计算

中国中学生心理健康量表共有 60 道题目，分为 10 个因子，各因子所包括的题目如下。

（1）**强迫症状**：包括题目 3、10、12、22、23、48 共 6 项。该因子反映受试者做作业必须反复检查、反复数数、总在想一些不必要的事情、总害怕考试成绩不好等问题。

（2）**偏执**：包括题目 11、20、24、26、47、49 共 6 项。该因子反映受试者觉得别人想占自己的便宜、别人在背后议论自己、大多数人不可信任、别人对自己的评价不适当、别人跟自己作对等问题。

（3）**敌对**：包括题目 19、21、25、50、52、58 共 6 项。该因子反映受试者控制不住自己的脾气、经常与别人争论、容易激动、有摔东西的冲动等问题。

（4）**人际关系紧张与敏感**：包括题目 4、17、18、45、51、59 共 6 项。该因子反映受试者觉得别人不理解自己、别人对自己不友好、自己的感情容易受到别人的伤害、对别人求全责备、和异性在一起感到不自在等问题。

（5）**抑郁**：包括题目 5、13、14、16、44、57 共 6 项。该因子反映受试者感到苦闷、感到自己没有希望、容易哭泣、经常责怪自己、无精打采等问题。

（6）**焦虑**：包括题目 6、15、34、43、46、56 共 6 项。该因子反映受试者感到紧张、心神不定、无缘无故地害怕、心里烦躁、心里不踏实等问题。

（7）**学习压力**：包括题目 31、33、36、38、40、55 共 6 项。该因子反映受试者感到学习负担很重、怕老师提问、讨厌做作业、讨厌上学、对考试感到紧张和讨厌考试等问题。

（8）**适应不良**：包括题目 1、8、9、29、39、41 共 6 项。该因子反映受试者对学校生活不适应、不愿参加课外活动、不适应老师的教学方法、不适应家里的学习环境等问题。

（9）**情绪不稳**：包括题目 2、7、27、32、35、53 共 6 项。该因子反映受试者情绪不稳定，对老师、同学和父母忽冷忽热，学习劲头时高时低等问题。

（10）**心理不平衡**：包括题目 28、30、37、42、54、60 共 6 项。该因子反映受试者感到老师和父母对自己不公平、对同学的成绩比自己好难过和不服气等问题。

填完量表后，根据 10 个因子的因子分评定分数值，即可初步判断哪些因子存在心理健康问题的症状。

请按题号算出各个因子的合计分数，填写在下面的表格中，并计算总分。

心理健康 10 个因子打分表

项目	强迫症状	偏执	敌对	人际关系紧张与敏感	抑郁	焦虑	学习压力	适应不良	情绪不稳	心理不平衡	总分
分数											

分数解释

6~11 分	12~17 分	18~23 分	24~29 分	30 分
正常	轻度心理健康问题	中度心理健康问题	偏重心理健康问题	严重心理健康问题

"你不能控制风向，但你可以调整你的帆。"

——吉米·罗恩（美国成功学大师）

致追求幸福的我们

有时候
我们可以更加乐观一点
如果
我们愿意
用心去挖掘别人的优点

有时候
我们可以更加积极一点
如果
我们勇敢
用爱去拥抱未知的明天

有时候
我们可以更加坚强一点
如果
我们明白
所有的挫折都只是暂时的坎

有时候
我们可以更加洒脱一点
如果
我们坚信
所有的抉择只为那唯一的祈愿

第 5 章

好的人际关系，
为学习奠定情绪基础

> "我们无法通过智力去获得朋友，但可以通过善意去获得它。"
>
> ——亚里士多德

5.1 亲子关系不好，孩子学习当然受影响

在探讨影响学习成效的诸多因素时，一个常被忽视却又至关重要的因素是人际关系，尤其是亲子关系对孩子学习的影响。著名心理学家**弗洛伊德**曾言："**童年的经验影响人的一生。**" 亲子关系在孩子童年时期的塑造作用尤为关键，它不仅关乎孩子当下的学习状态，更深远地影响着孩子的未来人生。

在家庭这个温暖的港湾中，良好的亲子关系就像孩子心灵深处的一股清泉，源源不断地滋养着他们的成长。它不仅是孩子情感安全感的坚固源泉，更是他们的学习动力与学习效率的坚实基石。

5.1.1 亲子关系：孩子成长的隐形翅膀

在撰写这部分内容的前两天，一位初中毕业后步入高中阶段的少年通过微信向我咨询。他的字里行间透露出对学习的厌倦和对世界的淡漠。当我建议他尝试与父母进行沟通时，他的回应透露出深深的无奈与绝望——"与父母交谈，那几乎是不可能的事情。他们不懂我，给予我的只有无尽的消极与否定。过去，他们常常断言我无法跨越高中的门槛，更别提名校之梦了。虽然如今我已踏入新的学校，但心中那份对学习的迷茫与失落，让我再也找不到读书的意义。"

在孩子的成长轨迹中，家庭无疑扮演着无可替代的角色，它是孩子心灵启蒙的摇篮，父母则是最初也是最关键的引路人。亲子关系犹如一把"双刃剑"，亲子关系和谐，则能够铸就孩子坚韧不拔的性格，促进其情感的健康发展，并激发其学习的积极性；反之，则可能成为孩子成长路上的绊脚石，让他们的心灵世界布满阴霾，进而影响其学业乃至整个人生的表现。

理想的亲子关系，应如同孩子成长路上的一对隐形翅膀，既给予他们自由飞翔的空间，又在他们需要时提供坚实的支撑与保护。家长应鼓励孩子勇敢地探索未知的世界，积极面对生活中的每一个挑战，让每一次跌倒都成为成长的垫脚石。然而，当亲子关系出现裂痕时，这份隐形的力量便可能消逝无踪，取而代之的是冷漠、误解与否定，如同寒冬中的刺骨寒风，侵蚀着孩子内心的温暖与光明。

因此，我们不得不重新审视并珍视亲子关系的重要性。作为父母，应当努力成

为孩子心灵的灯塔，用理解、关爱与鼓励照亮他们前行的道路；而作为孩子，也应当学会主动与父母沟通，表达自己的真实感受与需求，共同营造一种温馨和谐的家庭氛围。只有这样，亲子关系才能真正成为孩子成长道路上的强大助力，让他们的心灵得以自由翱翔，勇敢地追求自己的梦想与未来。

5.1.2 亲子关系不良的具体表现

亲子关系作为孩子成长道路上的重要基石，其质量直接影响着孩子的心理健康与学习动力。当亲子关系出现裂痕时，其表现形式多样而深刻，不仅阻碍了家庭成员间的和谐共处，更是在孩子的学习生涯中投下了长长的阴影。

亲子关系不良，往往始于那些看似微不足道的日常互动，逐渐累积成难以逾越的鸿沟。以下三个方面，便是亲子关系不良的具体表现。

1. 缺乏沟通与理解

在快节奏的现代生活中，许多家庭面临着时间紧张、工作压力大等问题，导致父母与孩子之间的有效沟通变得稀缺。孩子的心声被忽视，父母的期望难以传达，双方之间的误解和隔阂逐渐加深。

小杰一家便是沟通与理解缺乏的典型例子。父亲忙于工作，常常深夜归家；母亲则忙于家务与孩子的学习辅导，疲惫不堪。晚餐时间，本应是家人交流情感、分享日常的温馨时刻，却常常被沉默或对考试成绩的简短询问所取代。小杰的内心世界因此变得越来越封闭，他的兴趣爱好、朋友间的趣事，甚至是学习上的困惑，都无从诉说。这种缺乏深度与理解的沟通，让亲子关系渐行渐远，小杰在学习上也渐渐失去了动力和方向。

2. 过度控制或放任自流

有的家长对孩子的学习和生活过度控制，事无巨细，都要插手，剥夺了孩子独立思考和自主决策的权利；而有的家长则放任自流，对孩子的学习和生活不闻不问，任由其自由发展。

李女士对女儿小雨的教育就采取了截然不同的两种极端方式。在学习上，她严格监控小雨的每一分每一秒，连作业的选择题答案都要亲自过目，生怕有任何差池。这种过度控制让小雨感到窒息，对学习产生了强烈的抵触情绪。而在生活方面，李女士又因工作繁忙而显得力不从心，对小雨的社交和兴趣培养几乎不闻不问。这种"一紧一松"的教育方式，让小雨在自我认知上产生了混乱，既无法形成独立的思考能力，又难以在学习中找到真正的乐趣。

3. 负面情绪的传递

家庭是情绪的避风港，但是当亲子关系紧张时，这个避风港就可能变成风暴中心。父母之间的争吵、对孩子的责骂和失望情绪，都会像病毒一样在家庭中传播，侵蚀孩子的心理健康。

在电影《当幸福来敲门》中，克里斯的生活陷入了困境，他和妻子之间经常发生争吵，甚至将不满情绪发泄到孩子身上。

在这样的家庭环境中，孩子将承受着巨大的压力，他们每天都生活在紧张与不安之中。每当考试成绩不理想时，孩子不仅要面对自己的失落感与挫败感，还要承受来自父母的责备与失望。这种负面情绪的持续传递，会让孩子对学习产生深深的恐惧与厌恶，他们的心灵也因此蒙上了一层难以挥散的阴影。

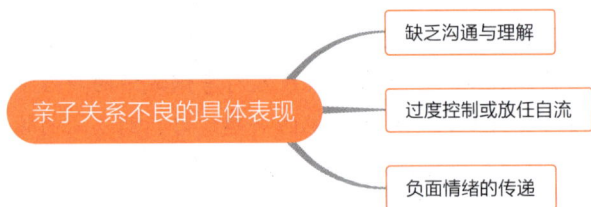

```
                            ┌─────────────────┐
                       ┌────│  缺乏沟通与理解  │
                       │    └─────────────────┘
  ┌──────────────────┐ │    ┌─────────────────┐
  │ 亲子关系不良的具体表现 │─┼────│ 过度控制或放任自流 │
  └──────────────────┘ │    └─────────────────┘
                       │    ┌─────────────────┐
                       └────│  负面情绪的传递  │
                            └─────────────────┘
```

可见，亲子关系不良的具体表现虽然多种多样，但无一不深刻地影响着孩子的心理健康与学习状态。**爱默生**曾言："家庭是父亲的王国、**母亲的世界、儿童的乐园。**"当亲子关系不良时，会打破这种理想的家庭状态，乐园不复存在，影响孩子的成长。

5.1.3 亲子关系不良对孩子学习的影响

在探讨亲子关系对孩子成长的多维度影响时，我们不得不提及一个尤为关键的方面——亲子关系不良对孩子学习的深远影响。当家庭中的亲子关系出现裂痕或紧张时，这种不良氛围往往会悄无声息地侵蚀着孩子的学习积极性，成为他们学习道路上的一道隐形障碍。

1. 学习动力不足

良好的亲子关系能够激发孩子的内在学习动力，让他们感受到学习的乐趣和价值。然而，当亲子关系不良时，孩子可能会对学习产生抵触情绪，认为学习是为了应付父母的要求，而非出于自己的兴趣和需要。

例如，如果一个孩子在总是批评他、不理解他、否定他的家庭环境中长大，那么他可能会觉得学习只是为了让父母不再唠叨。这样的孩子在学习过程中很难体会到乐趣，学习动力自然难以持久，也难以取得优异的成绩。尤其是孩子长大后，有了自己独立的思想，可能会因此与父母对着干，产生厌学情绪。前面提到的通过微信咨询的孩子，就是典型的这类因亲子关系不好，而不愿意学习的例子。

2. 注意力不集中

当亲子关系紧张时，孩子的内心往往充满不安和焦虑，这些负面情绪会严重干扰他们的注意力。在课堂上，他们可能无法专注于老师的讲解；在家做作业时，他们也容易被其他事物吸引而分心。

例如，一个被父母忽视的孩子，他可能在上课时总是想着父母为什么不关心自己、为什么更偏袒家里的弟弟……这一连串的"为什么"让他无法集中精力听讲。长此以往，这不仅会影响学习效率，还可能形成注意力缺陷等问题。

3. 自信心受挫

在亲子关系不良的家庭中，孩子常常受到批评和否定，很少得到正面的鼓励和肯定。这种负面反馈会逐渐侵蚀孩子的自信心，让他们对自己的能力产生怀疑。

在学习上遇到困难时，他们更容易选择逃避或放弃，而不是积极寻求解决之道。比如，一个孩子每次考试失利后，父母都会严厉地批评他，而不是鼓励他分析原因、再接再厉。久而久之，这个孩子就会觉得自己很笨，对学习失去信心。

4. 社交能力受限

亲子关系是孩子社交能力的雏形。在家庭中得不到足够关爱和支持的孩子，在与其他人交往时也可能表现出退缩、敏感或具有攻击性。这些不良的社交行为不仅会影响孩子的人际关系，还可能让他们在学校中受到孤立和排斥，进一步影响了学习情绪和学习效果。

例如，一个在家庭中经常被父母责骂的孩子，在学校里可能会对同学的玩笑过于敏感，从而产生冲突。这样的孩子很难与同学建立良好的关系，在学习上也会因为情绪问题而受到影响。

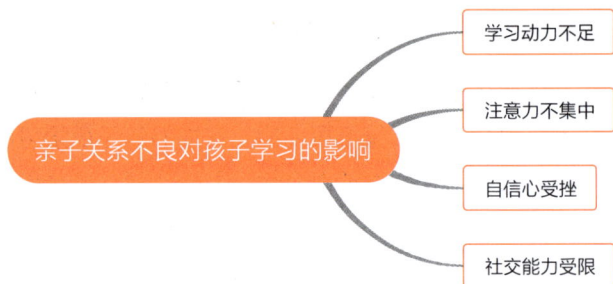

```
                              ┌──────────────┐
                              │  学习动力不足  │
                              └──────────────┘
                              ┌──────────────┐
                              │  注意力不集中  │
 ┌─────────────────────┐     └──────────────┘
 │ 亲子关系不良对孩子学习的影响 │
 └─────────────────────┘     ┌──────────────┐
                              │   自信心受挫   │
                              └──────────────┘
                              ┌──────────────┐
                              │  社交能力受限  │
                              └──────────────┘
```

亲子关系不良如同一片阴霾，笼罩着孩子的学习旅程。正如卢梭所言："**家庭生活的乐趣是抵抗坏风气毒害的最好良剂。**"健康的亲子关系如同阳光雨露，滋养着孩子的心田，为他们的学习之路铺设坚实的基石。

我们应当深刻认识到，亲子关系是孩子成长过程中最宝贵的资源之一。只有建立起基于理解、尊重与爱的亲子关系，才能激发孩子内在的学习潜能，让他们在学习的道路上勇往直前，成就更加辉煌的未来。

5.1.4 改善亲子关系，助力孩子学习

亲子关系不良对孩子学习的负面影响已清晰可见，那么如何改善亲子关系，从而促进孩子的学习呢？这是每个家长都应深入思考的问题。以下是我给出的一些具有可操作性的建议。

1. 亲子沟通的有效策略

好的沟通策略对于亲子关系至关重要。

第一，主动创造沟通机会是关键所在。现代生活节奏虽快，但不应成为亲子间缺乏沟通的借口。家长可以每天专门抽出固定的时间，如孩子睡前半小时，和孩子轻松聊聊天，倾听孩子在学校的趣事以及遇到的困难，而非只聚焦于学习成绩。

第二，沟通环境的改变不容忽视。有的孩子可能因为在家中感到有压力而不愿意和父母交流，此时可以改变到户外，如一起散步、爬山或坐在公园的长椅上聊天，情况或许会大有改观。

例如，有一个中学生在家不愿意与父母交流，对父母的关心总是爱搭不理，但是周末父母邀他去公园散步，在轻松的户外环境中，他没了抵触情绪，开始主动分享学校里的事情。

此外，在沟通时不要过于严肃，可以准备一些孩子喜欢的小零食或饮品，如爆米花和果汁，营造一种轻松愉快的氛围，孩子会像参加朋友聚会般自在，更愿意打开话匣子。

第三，丰富沟通方式同样重要。除了面对面交谈，还可以通过书信、电子邮件、即时通信工具等与孩子交流。有些孩子不愿意直接表达想法，但是通过文字能自由倾诉。

例如，有位母亲发现孩子不愿意当面交流后，开始给孩子写邮件分享生活感悟和关爱，孩子也慢慢地通过邮件分享其在校的情况和想法。此外，从孩子的兴趣爱好展开话题，能够增强孩子的参与感。比如孩子喜欢音乐，家长可以与其讨论音乐作品、音乐流派、音乐人的故事以及对歌曲的感受，吸引孩子互动。

第四，在沟通态度上，家长要尊重和理解孩子。家长和孩子交流时，不要急于否定或批评。当孩子表达看法时，即使不同意，也要听完解释后再发表观点。比如孩子不想参加课外辅导班，说压力大，家长应先询问原因，了解压力源。

第五，适时分享自己的经历也能拉近与孩子的距离，让孩子产生共鸣，减少隔阂。比如家长可以说："我像你这么大时也喜欢玩游戏，也被长辈说过。"这能让孩子更愿意分享其情绪，改善亲子沟通状况。

孩子毕竟是孩子，他们需要理解，也更需要爱。如果能像孩子小时候一样，父母适时地给他们一个拥抱、给他们一个台阶很重要。孩子犯的错，我们在同样的年龄也犯过。因此，多给孩子机会，给他们一个拥抱，先安抚情绪，再和他们交流，效果就会好得多。

2. 平衡控制与放手

在孩子成长的征途上，家长是不可或缺的引路人，但如何在控制与放手之间找到微妙的平衡，是一门考验智慧的艺术。过度控制会束缚孩子的翅膀，阻碍其个性发展；而过度放任则可能让孩子在成长的道路上迷失方向。相信以下几点，可以帮助家长做好平衡。

第一，在学习上，引导而非包办。 家长应成为孩子学习的灯塔，照亮方向而非代替航行。鼓励孩子自主规划学习，独立思考问题，是激发其内在动力的关键。家长可以引导孩子制订学习计划，教会他们管理时间和自我监督的技巧，让孩子在解决难题时学会坚持与探索。在这个过程中，不仅培养了孩子的学习能力，更增强了他们的自信心和责任感。

第二，在生活中，鼓励探索与独立。 为了让孩子将来能独当一面，在孩子的成长过程中，家长需要给予足够的自由空间。鼓励孩子尝试新事物，参与家务劳动，是培养其独立生活能力和责任感的有效途径。同时，家长应确保孩子的安全，并在必要时提供指导和支持。通过这些实践活动，孩子将学会做出明智的决策，并承担起相应的责任。

第三，信任，是平衡的基石。 信任是亲子关系中的润滑剂，能够消除隔阂，增进理解。家长应给予孩子足够的信任，相信他们能够做出正确的选择。过度控制只会让孩子感到压抑和反感，而合理的约定和信任则能营造和谐的家庭氛围。

例如，曾有一位家长因过度控制孩子的行踪，导致孩子不愿意回家，家庭氛围紧张，孩子的学习动力也下降了。这位家长对孩子的一举一动都高度敏感，孩子打篮球，她会派妹妹监督孩子的活动，这种不信任让孩子感到压抑，甚至出现厌学情绪。

相反，另一位家长通过与孩子建立明确的约定，既表达了关心，又赋予了孩子自由。孩子出去玩儿需提前告知并按时回家，这样的信任让孩子感到被尊重，家庭和谐，孩子学习也更加积极。

"无规矩不成方圆。" 在亲子关系中，家长需要为孩子设定合理的规则和界限，同时也要给予他们足够的自由和信任。这样，家长才能在控制与放手之间找到最佳平衡点。

3. 营造和谐的家庭情绪氛围

家庭作为孩子成长的摇篮，其情绪氛围直接影响着孩子的心理健康与学习动力。有的孩子常常因为家庭琐事，表现情绪不佳，上课也容易分心。他们甚至担心，父母会不会因为时常吵架而离婚。小孩子容易想的多，越想越难过，甚至无心学习。

第一，家长作为家庭情绪氛围的主要营造者，学会情绪管理显得尤为重要。在日常生活中，家长应时刻提醒自己，家是温暖的港湾，而非情绪的战场。即使面对压力与挑战，家长也应努力在孩子面前保持平和与乐观，避免将工作中的不满或生活中的烦恼转化为争吵或对孩子的无端指责。

第二，当家庭中出现分歧或冲突时，家长应展现出成熟与理智的一面，通过沟通协商来解决问题，而不是让负面情绪在家中蔓延。比如，夫妻间因琐事发生争执，应及时暂停，私下解决，避免在孩子面前争吵，以免给孩子留下心理阴影。

第三，面对孩子的错误或失败，家长应展现出宽容与理解。以孩子考试失利为例，家长不应立即责备，而应先给孩子一个温暖的拥抱，让孩子感受到无论结果如何，家都是他最坚强的后盾。随后，家长可以与孩子一同分析试卷，找出错误的原因，鼓励孩子从失败中汲取教训，制订改进计划，并表达对孩子未来成功的坚定信心。这样的处理方式不仅能帮助孩子建立正确的挫折观，还能加深亲子间的情感联系。

4. 共同参与，增进亲子关系

亲子关系的深化离不开共同的经历与体验。家长应积极参与孩子的学习与生活，成为孩子成长道路上的伙伴与导师。共同参与活动不仅能增进亲子间的默契与理解，还能让孩子在互动中感受到家长的关爱与支持，从而激发他们的学习兴趣和学习动力。

第一，家长可以和孩子一起面对学习中的各种问题。从制订学习计划到设定清晰的学习目标，以及探讨学习上的每个问题。这是一个信任、支持和鼓励的过程。这样的合作不仅能帮助孩子养成良好的学习习惯，还能让孩子感受到家长的重视与关心，增强他们的学习责任感。

第二，阅读是开启智慧之门的钥匙，也是亲子间情感交流的桥梁。家长应积极融入孩子的阅读世界，共同挑选书籍，分享阅读感悟。这样不仅可以拓宽孩子的知识面，适时地引导孩子思考、提问，还能激发他们的探索欲与求知欲。作为家长，我也积极参与孩子的阅读分享，帮助他录制读书视频，组织儿童成长读书会。每个季度，我也会与孩子探讨需要补充哪些书籍。

第三，户外运动与锻炼是增进亲子关系、促进身心健康的绝佳方式。家长积极参与孩子的户外运动，不仅能共享运动的欢乐，还能在互动中加深彼此的情感联系，共同促进身心健康。

当然，随着孩子的成长，家长也应灵活调整陪伴的方式。例如，在孩子幼儿时期，可以陪伴孩子滑滑板、骑自行车等，重点在于确保安全与鼓励尝试；而到了青少年阶段，可以共同参加篮球比赛或一起散步等，此时更注重情感交流与引导思考。这种随年龄变化的陪伴方式，能够让孩子感受到家长始终如一的关爱与支持。

户外运动不仅是体力的锻炼，更是心灵的滋养。家长可以引导孩子观察自然界的奇妙变化，感受季节的更迭与生命的律动，从而培养他们的观察力和想象力。同时，在轻松愉快的氛围中，家长与孩子可以畅谈心事、分享趣事，增进彼此的了解与信任。

改善亲子关系，助力孩子学习
- 亲子沟通的有效策略
- 平衡控制与放手
- 营造和谐的家庭情绪氛围
- 共同参与，增进亲子关系

改善亲子关系并非一蹴而就之事。良好的亲子关系就像给孩子的学习之树注入了源源不断的养分，让孩子在和谐、温暖的家庭环境中感受学习的乐趣，激发孩子的学习潜能和学习动力，使孩子在学习的道路上能够轻装上阵，不断进步。

托尔斯泰曾言："幸福的家庭是相似的，它们都建立在相互理解和尊重的亲子关系之上。"只有家长用心去经营亲子关系，孩子才能在良好的亲子氛围中茁壮成长，在学习上取得更大的成就。作为家长，我们应该重视亲子关系的建设和维护，为孩子的健康成长和学习进步保驾护航。

5.2　处理好师生关系，为孩子学习助力

在教育这片广阔的天地里，每一个孩子都是独一无二的种子，师生关系则是滋养这些种子茁壮成长的阳光雨露。然而，当这份关系遭遇阴霾时，不仅会遮蔽知识的光芒，更是会阻碍孩子的成长之路。

5.2.1 小晴的数学困境与心理阴影

　　小晴是一名高中生，她在数学的海洋里奋力挣扎，却始终难以找到前进的方向。她告诉我，她特别不喜欢上数学课，也不喜欢数学老师。经过深入交流，我了解到，现在的数学老师对她其实还是非常不错的，但她就是讨厌数学，讨厌数学老师。这种情绪并非空穴来风，而是源于小学时期在数学培训班的一段不愉快经历。那段经历像一根刺，深深扎进了她的心里，让她对数学老师产生了严重的抵触情绪，进而泛化到对所有数学老师的看法上。这种偏见如同一道厚重的墙，隔绝了小晴与数学世界的联系，导致她的数学成绩一落千丈，总成绩也因此大打折扣。

　　在探讨小晴的数学困境时，我们不得不提及两个关键的心理现象——认知偏差与情绪迁移。

1. 认知偏差

　　认知偏差指的是个体在信息处理过程中，由于主观因素或外部环境的干扰，导致对事物产生偏离客观事实的认知。在小晴的案例中，小学时期在数学培训班的不愉快经历成为她心中挥之不去的阴影，她因此对数学老师形成了刻板的负面印象。这种印象一旦形成，便难以轻易改变，即便现在的数学老师对她很好，小晴也依然难以摆脱过去的负面认知，从而对数学课产生抵触情绪。

2. 情绪迁移

　　情绪迁移是指个体将一种情境下产生的情绪状态不自觉地带到另一种情境中的现象。小晴对数学老师的负面情绪被无意识地迁移到了数学课本身，使得原本可能充满挑战与乐趣的数学学习过程变得索然无味。她无法将注意力集中在对数学知识的掌握上，而是被消极情绪所笼罩，导致学习效果大打折扣。

3. 自我效能感受挫

　　心理学家班杜拉的**自我效能感理论强调，个体对自己能否成功完成某一行为的主观判断会影响其行为选择和坚持性。**在小晴的案例中，她对数学老师的抵触情绪削弱了她在数学学习上的自我效能感。她认为自己无法在数学上取得好成绩，这种信念不仅降低了她的学习动力，还导致她在面对数学难题时更容易放弃。自我效能感受挫进一步加剧了她的偏科现象，使她在数学学科上陷入恶性循环。

认知偏差

小晴的数学困境与心理阴影

情绪迁移

自我效能感受挫

小晴的案例生动地展示了认知偏差和情绪迁移如何相互作用，共同影响她的数学学习。她小学时期的一段经历就像一根刺，深深扎进了她的心里，使她对数学老师形成了负面认知。这种认知偏差不仅阻碍了她与现在的数学老师的正常交流与学习互动，还导致她对数学课产生了无意识的抵触情绪。这种情绪迁移使她难以从数学学习中获得成就感和满足感，进而削弱了她的学习动力和自我效能感。

5.2.2 良好的师生关系对孩子的积极影响

与案例中小晴的困境形成鲜明对比的是，那些沐浴在良好师生关系中的孩子，在学习旅程中往往绽放出更加耀眼的光芒。他们能够从老师那里获得源源不断的支持与鼓励，这种正面的能量如同灯塔，照亮了他们探索知识的道路，激发了他们无尽的学习兴趣和学习动力。那么，良好的师生关系对孩子有哪些积极影响呢？

1. 激发学习动机的桥梁

在良好的师生关系中，老师不仅是知识的传递者，更是学生学习动机的激发者。例如，小明的故事便是一个生动的例证。每当小明在数学学习中遇到困惑时，他的数学老师总是以极大的耐心和热情解答他的每一个问题，而无论问题多么简单。这种被重视和尊重的感觉，如同甘霖滋润了小明的心田，让他对数学产生了浓厚的兴趣。每当他解出一道难题时，老师都会给予他真诚的表扬，这极大地激发了小明的学习动机，他不仅在数学课上表现出色，还主动在课后寻找更多的数学题来挑战自己。

"兴趣是最好的老师。"而良好的师生关系正是培养这份兴趣、激发学习动机的源泉。

2. 增强自信心的基石

自信心是孩子成长道路上不可或缺的支撑。例如，小红的转变正是良好的师生关系能够增强自信心的有力证明。起初，小红在写作文时总是感到不自信，担心自己的作品不够好。但她的语文老师总是细心地阅读她的每一篇文章，并指出其中的亮点和进步之处，同时给予建设性的建议。这种持续的鼓励和支持，如同温暖的阳光逐渐融化了小红心中的冰霜。在一次作文比赛中，她勇敢地提交了作品，并最终获得了奖项，这一成就如同为她搭建了一座坚固的自信心基石，让她在写作的道路上越走越自信。

正如海伦·凯勒所言："信心是命运的主宰。"小红的故事正是良好的师生关系如何成为其自信心主宰者的生动写照。

3. 提升社交技能的熔炉

学校不仅是学习知识的场所，更是孩子们社交技能发展的熔炉。例如，在生物课堂上，李华和同学们与老师的互动，深刻地体现了这一点。老师经常组织小组讨论和实验活动，鼓励他们积极发表意见，同时教会他们如何倾听他人的观点、如何有效地表达自己的想法，以及在团队中如何协商和妥协。这些宝贵的经历如同熔炉中的火焰，锻炼了李华的社交技能，为他未来的社交活动打下了坚实的基础。

正如维克多·雨果所言："教育是开启新世界之门的钥匙。"老师不仅是知识的传递者，更是引导学生掌握社交技能、勇敢打开人际交往之门的智者。

4. 塑造正面价值观的灯塔

老师不仅是知识的灯塔，更是学生品德形成的引路人。例如，张老师就是这样一个正面的榜样。她不仅是学生们的数学老师，更是他们心灵的导师。在课堂上，张老师经常分享自己的人生经历和感悟，引导学生们思考什么是真正的成功、如何对待失败和挫折，以及如何成为一个有责任感、有同情心的人。在她的引领下，学生们逐渐形成了积极向上的价值观，他们学会了尊重他人、关心社会，并努力成为对社会有用的人。

正如托马斯·杰斐逊所言："教育是照亮未来的明灯。"张老师正是那盏塑造学生正面价值观、引领他们走向光明未来的璀璨明灯，她用言行和行动为学生们树立了一座指引人生方向的灯塔。

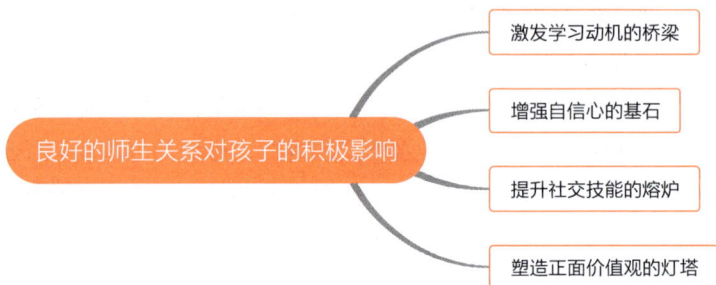

可见，在良好的师生关系中，孩子们不仅收获了知识的果实，这份珍贵的情谊也如同春雨般润物无声，滋养着孩子们的心田，引领他们向着更加光明的未来迈进。

5.2.3 不良的师生关系对孩子的影响

在教育的广阔天地里，不良的师生关系如同一道阴霾，不仅遮蔽了孩子探索知识的阳光，更可能在他们幼小的心灵上投下难以磨灭的阴影。不良的师生关系不仅影响孩子的学业成绩，更深远地触及他们的心理健康、情感发展及未来的人生轨迹。那么，不良的师生关系会给孩子带来哪些影响呢？

1. 学业成绩的滑坡

不良的师生关系往往伴随着孩子对学科的抵触情绪。正如小晴的案例所示，对数学老师的负面认知导致她无法全身心地投入到数学学习中，成绩因此一落千丈。这种情绪迁移现象在多个学科中均可能发生，使孩子逐渐失去对学习的兴趣和动力，学业成绩全面下滑。他们可能在课堂上分心、逃避作业，甚至产生厌学情绪，形成恶性循环。

2. 心理健康的受损

长期处于不良师生关系中的孩子，心理健康极易受到损害。他们可能感到被忽视、被误解或被贬低，这种负面体验会逐渐累积成焦虑、抑郁等心理问题。孩子可能会变得敏感多疑、自卑和自闭，甚至产生自我否定的情绪。在极端情况下，还可能引发更严重的心理疾病，如社交恐惧症、学校恐惧症等，严重影响其正常的生活和学习。

3. 情感发展的扭曲

良好的师生关系是孩子情感发展的重要支撑，而不良的师生关系则可能扭曲孩子的情感发展轨迹。他们可能学会用冷漠、敌对的态度对待他人，难以建立健康的人际关系。在家庭中，他们可能变得叛逆、不合作；在学校中，则可能孤立无援、缺乏朋友。这种情感上的孤立无援会进一步加剧他们的心理困扰，形成恶性循环。

4. 行为习惯的恶化

不良的师生关系还可能导致孩子行为习惯的恶化。他们可能通过逃课、作弊、打架等不良行为来宣泄对老师和学校的不满。这些行为不仅违反了校规校纪，更可能让孩子在错误的道路上越走越远。长此以往，他们可能会形成不良的行为习惯和价值观，对未来的人生发展产生深远的影响。

5. 人生观的偏离

老师作为孩子成长道路上的重要引路人，其言行举止对孩子的人生观、价值观有着深远的影响。不良的师生关系可能让孩子对老师这个职业产生误解和偏见，认为老师都是冷漠、苛刻的。这种错误的认知会进一步影响他们对社会的看法和态度，使他们难以形成积极向上的人生观和价值观。在未来的生活和工作中，他们可能会遇到更多的挫折和困难，难以适应社会的发展和变化。

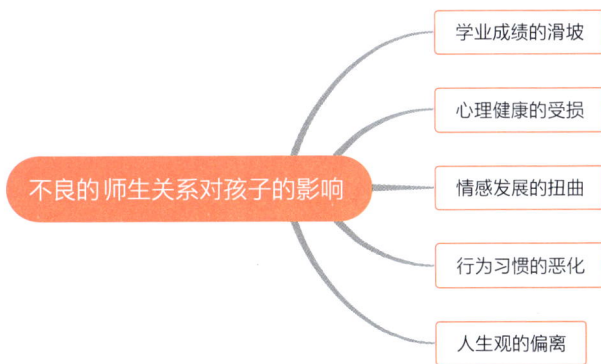

不良的师生关系对孩子的影响
- 学业成绩的滑坡
- 心理健康的受损
- 情感发展的扭曲
- 行为习惯的恶化
- 人生观的偏离

不良的师生关系如同阴霾笼罩，不仅侵蚀孩子的学业，更深刻影响其心理健康、情感发展及未来人生。正如**爱默生所言："教育的本质在于激励和唤醒。"** 因此，我们应该高度重视师生关系的质量问题，努力构建良好的师生关系环境，为孩子的健康成长提供有力保障。

5.2.4 家长引导孩子改善师生关系的策略

在引导孩子获得良好师生关系的道路上，家长扮演着至关重要的角色。以下是几个既实用又易于操作的妙招，旨在帮助孩子在家庭与学校的双重支持下，建立起和谐融洽的师生关系。

1. 树立正面榜样，传递尊重之道

家长要以身作则，展现对老师的尊重与感激之情。在日常生活中，不妨经常提及老师的辛勤付出和善意，让孩子耳濡目染，从心底里敬重每一位教育工作者。同时，家长也要教育孩子认识到每位老师都有自己的教学风格和个性特点，应给予包容和理解，避免以偏概全，将不满情绪泛化到所有老师身上。

> 当小晴的家长了解到她因小学时期的不良经历而对数学老师产生抵触情绪时，可以耐心倾听她的感受，并引导她认识到现在的数学老师与过去的那位老师是不同的个体，有着自己的优点和长处。通过分享数学老师在日常教学中的积极表现，帮助小晴逐渐放下成见，重新建立对数学老师的正面认知。

2. 倾听孩子心声，做孩子与老师沟通的桥梁

当孩子鼓起勇气向家长倾诉其与老师之间的冲突时，家长的角色便显得尤为重要——家长应当是孩子最坚实的后盾和倾听者。家长首先要做的是耐心倾听，不轻易打断孩子的倾诉或进行评判，让孩子感受到被理解和支持。随后，引导孩子表达自己的想法和感受，同时教会他们理性分析问题的原因，并鼓励他们提出解决方案。如果问题确实存在且孩子难以自行解决，家长可以主动承担起桥梁的角色，与老师进行积极、有效的沟通。

> 小晴的家长可以向现在的数学老师详细地反映小晴的困惑和感受，并与老师共同探讨如何帮助小晴重新找回对数学学习的兴趣和信心。相信数学老师也会特别重视这个事情，让小晴感受到善意，在数学上给予孩子更多的帮助。

3. 明确学习目标，强化自我驱动力

家长应帮助孩子认识到学习是为了自我成长和未来发展，而非为了迎合老师的喜好。通过设定明确的学习目标和计划，激发孩子的内在动力，让他们明白学习是

为自己而学，而不是为老师而学。这样，即便与老师产生摩擦或分歧，孩子也能保持积极的心态，专注于自我提升。

> 小李梦想成为一名翻译，但是他与英语老师之间有着一点儿不太好调解的矛盾。家长引导他为了自己的梦想不能放弃对英语的学习，并且设定了英语学习任务。在这个过程中，小李明白学习是为了自己，即使与老师有分歧，也应保持积极的心态，专注于自我提升。

4. 培养积极心态，学会情绪管理

面对师生之间的矛盾或冲突，家长应引导孩子学会情绪管理，以平和的心态去面对问题，而不是直接顶撞老师。毕竟，大多数老师不会无缘由地去针对一个学生。如果确实有误解，家长可以鼓励孩子用积极的方式去解决问题，比如与老师进行私下交流、寻求同学或家长的建议等。

> 在一次课堂讨论中，小华因为老师的观点与自己的不同而感到委屈，甚至有了顶撞老师的冲动。小华的家长得知后，首先安抚了小华的情绪，并引导他换位思考，理解老师可能只是希望从另一个角度来启发大家思考。之后，家长鼓励小华尝试以平和的心态与老师进行私下交流，表达自己的观点和感受。小华按照家长的建议去做了，发现老师其实非常愿意倾听学生的意见，并且对他提出的观点给予了肯定。这次经历不仅让小华学会了情绪管理，还增强了自信心和与老师沟通的能力。

家长引导孩子改善师生关系的策略
- 树立正面榜样，传递尊重之道
- 倾听孩子心声，做孩子与老师沟通的桥梁
- 明确学习目标，强化自我驱动力
- 培养积极心态，学会情绪管理

家长是孩子心灵的灯塔，以尊重为舵、倾听为帆，引领他们驶向和谐师生关系的蔚蓝海域。正如苏霍姆林斯基所言："教育的效果取决于学校和家庭的教育影响

的一致性。"通过树立榜样、积极沟通、明确目标并培养乐观心态，家长不仅是构建和谐师生关系的桥梁，更是孩子学习旅程中最坚实的后盾。

5.3　孩子在学校里没有朋友、孤独怎么办

在孩子成长的道路上，学校是他们学习社交、建立友谊的关键场所。在校园这个色彩斑斓的舞台上，每个孩子都渴望成为主角，享受友情带来的温暖与欢笑。然而，当有的孩子发现自己站在舞台的边缘，被孤独的阴影笼罩时，那份无助与迷茫便如影随形。

5.3.1　小雯的孤独之声

> 在一个风和日丽的下午，小雯鼓足勇气向我敞开了心扉。她的眼神中充满了困惑与无助，轻声说道："我觉得自己在学校里没有朋友，好像大家都不太喜欢我。我总感觉他们在背后议论我，对我指指点点。而且，我也看不惯很多人的行为，觉得自己的想法和他们格格不入。每次去食堂吃饭或者上体育课休息时，看到大家三三两两地聚在一起，我一个人站在旁边，心里特别难受。这种孤独感让我不知道该怎么办才好。"

小雯的话语如同一块巨石投入平静的湖面，激起了层层涟漪。她的经历并非个例，而是许多青少年在成长过程中可能遇到的挑战之一。那么，究竟是什么原因导致了小雯的孤独与被孤立？

1. 自我认知偏差

小雯觉得自己被孤立，很可能是因为她的**自我认知存在偏差**。这种偏差可能源于她对自身社交能力的低估，以及对他人评价的过度关注。根据社会认知理论，个体如何解释和理解周围环境的信息，会直接影响其情绪和行为反应。小雯可能将他人的中性或模糊行为解读为负面评价，从而加深了自己的孤独感。

2. 社交焦虑与回避

社交焦虑是小雯面临的另一个重要问题。她可能因为害怕被拒绝或被嘲笑，而选择避免与同学交流。这种回避行为不仅使她错失了建立友谊的机会，还可能进一步强化了她的孤独感。根据行为主义理论，人的行为是通过经验习得的，如果小雯一直避免社交活动，那么她的社交技能就难以得到提高，从而陷入恶性循环。

3. 价值观冲突

小雯觉得自己的想法与周围的人不同，这可能是由于她的个人价值观与集体价值观之间存在冲突。青少年时期是价值观形成的关键时期，个体往往会在这个阶段对自我和社会进行深入的探索与思考。当个人价值观与集体价值观不一致时，就可能产生孤独感和被孤立感。

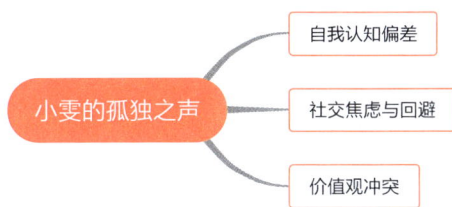

5.3.2　学校中青少年友情的重要性

友情作为一股温暖而强大的力量，不仅为青少年的日常生活增添了色彩，更在无形中塑造着他们的情感世界、社交能力及心理健康。下面我们将深入剖析学校中青少年友情的重要性。

1. 情感支持与社会归属感

友情是青少年情感支持的重要来源之一。良好的朋友关系可以让青少年感受到被接纳和被认同，从而增强他们的社会归属感。当青少年在学校中拥有朋友时，他们更容易分享喜怒哀乐，减轻学习和生活中的压力。

2. 社交技能与人格发展

通过与朋友的互动，青少年可以学习到各种社交技能，如沟通、协商、妥协等。这些技能不仅有助于他们在学校中建立良好的人际关系，还将对他们未来的人生发展产生深远的影响。同时，与朋友一起度过的时光，也是青少年个性形成和发展的重要阶段。

3. 心理健康与情感成熟

友情对青少年的心理健康具有显著的促进作用。拥有朋友的青少年更容易形成积极的自我概念，增强自信心和自尊心。同时，友情还能为青少年提供情感上的支持和安慰，帮助他们更好地应对挫折和困难。

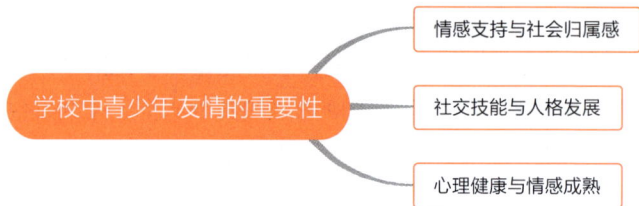

```
学校中青少年友情的重要性 ─┬─ 情感支持与社会归属感
                          ├─ 社交技能与人格发展
                          └─ 心理健康与情感成熟
```

5.3.3 不良的人际关系对孩子的影响

诚然，友情如同青少年成长路上的璀璨星辰，为他们提供了无尽的光明与温暖，促进了情感、社交及心理的全面发展。然而，正如阳光背后偶有阴影，不良的人际关系也如同暗流涌动，悄无声息地侵蚀着青少年的健康成长。因此，在教育孩子珍视友情正面价值的同时，我们不得不警惕并正视不良人际关系可能给孩子带来的深远影响。

1. 情感孤独与抑郁的阴影

> 小明是班级里活泼开朗的一员，但其行为习惯不太好，而且喜欢嘲笑别人。渐渐地，他感到同学们都不喜欢他了。他试着和同学们交朋友，但他们好像不愿意接纳他。没有朋友的他，笑容从脸上消失了，取而代之的是沉默和忧郁的眼神。夜晚，他常常辗转反侧，难以入眠，脑海中反复播放着他孤独一人的场景。这种情感上的孤独最终演变为抑郁情绪，严重影响了他的日常生活和学习状态。

小明因行为不当导致社交孤立，情感孤独逐渐侵蚀其心理健康，引发抑郁情绪。根据心理学理论，社会支持缺失和自尊心受损是抑郁的重要诱因。这严重影响了他的日常学习和生活，如学习力下降、睡眠障碍等，甚至影响社交活动，形成恶性循环。

2. 自尊心受损与自我否定的深渊

小红因体形偏胖，经常成为同学们嘲笑的对象。起初，她只是笑笑不语，但随着时间的推移，这些嘲笑声就像针一样刺痛着她的心。她开始怀疑自己，认为自己一无是处，连最基本的身体形象都无法得到认可。

这种持续的自我否定让她的自尊心严重受损，根据心理学中的"标签效应"，她逐渐内化了这些负面标签，形成自我否定的恶性循环。她变得自卑、敏感，甚至开始逃避集体活动，害怕再次成为众人瞩目的焦点。

3. 成绩下滑与厌学的情绪

小李因长期遭受同学的排挤，心情低落，上课时总是无法集中精力。老师的讲解仿佛远在天边，他的思绪总是飘向那些让他感到痛苦的社交场景。久而久之，他的学习成绩直线下滑，曾经擅长的科目也变得陌生而难以掌握。面对父母的询问和老师的责备，他感到更加无助和沮丧，最终产生了厌学情绪，对学校失去了兴趣和期待。

小李的社交困境影响了他的情绪调节能力，依据情绪智力理论，负面情绪干扰了他的学习动力，导致其注意力分散，成绩下滑。

4. 讨好型人格的形成

小芳为了拥有更多的朋友，开始尝试改变自己，以迎合他人的喜好。她努力观察周围人的反应，不断调整自己的言行举止，尝试通过别人感兴趣的话题（如明星资讯等）融入集体。然而，尽管她积极参与讨论，但仍感格格不入，仿佛隔着一层无形的墙。

其实真正的融入不在于表面的迎合，而是需要内心的真诚与共鸣。小芳的这种迎合往往是以牺牲自我为代价的，会让人逐渐失去自我，变成一个只会讨好他人的"透明人"。这种讨好型人格的形成不仅会使小芳失去真实的自我，还会让她在人际交往中更加被动和脆弱。

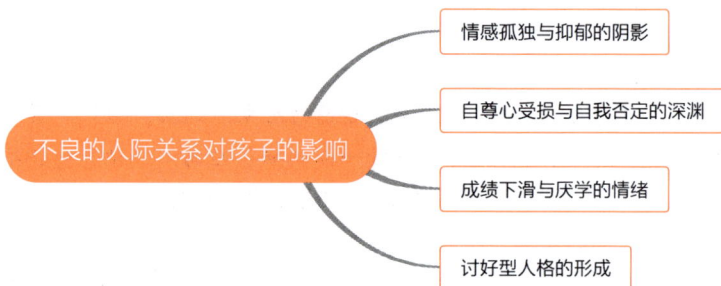

不良的人际关系如同阴霾笼罩，不仅剥夺了青少年的阳光与温暖，更在他们的心灵深处播下了孤独、自卑与挫败的种子。正如**爱默生所言："你的善良必须有点儿锋芒，否则就等于零。"**真正的成长在于建立健康的关系，而非盲目迎合与牺牲自我。

5.3.4 家长引导孩子拥有良好人际关系的策略

面对孩子在校园中遭遇的人际关系困境，家长的角色显得尤为重要。家长不仅是孩子情感的避风港，更是引导孩子建立健康人际关系的引路人。

在了解到孩子在学校中面临的人际关系挑战后，家长的首要任务是保持冷静和同理心，理解孩子的感受，并作为坚实的后盾给予支持。家长可以通过一系列积极有效的策略，逐步引导孩子学会如何建立和维护良好的人际关系。

1. 增强自我认知

家长可以帮助孩子深入自我认知，明确性格、兴趣与优势，以自信姿态融入社交。同时，也要引导孩子分析自己哪些地方可能做得不够好，并进行改正。

例如，小锐虽然成绩优异，但喜欢嘲讽他人，不受同学的喜欢。家长应引导孩子不去嘲笑别人，并鼓励孩子以学科优势多帮助同学，转为正面影响力。通过积极调整，就能让孩子在保持个性的同时，赢得更多的尊重与喜爱。

2. 学会解决人际冲突

家长可以教导孩子如何在发生争执或冲突时保持冷静，通过沟通寻找共同点，并尝试达成双方都能接受的解决方案。

例如，孩子在篮球队中和队友因为比赛策略产生了分歧，家长可以引导孩子先冷静下来，然后鼓励孩子主动与队友沟通自己的想法，同时倾听对方的意见。最终，通过协商找到一种折中的方案，这样不仅能解决问题，还能加深彼此之间的理解和信任。

3. 扩大交友圈子

孩子在成长过程中，若过度依赖单一朋友关系，那么一旦发生矛盾，往往就会感到孤独无助。因此，作为家长，我们有责任引导孩子树立更加开放和多元的交友观念，帮助他们拓展社交领域，结识来自不同背景和具有不同兴趣的朋友。

以我家孩子为例，初时他在班级中朋友不多。我鼓励他主动与年龄相仿、性格相近的小朋友接触，通过简单的游戏和交流打破隔阂。同时，我也告诉他可以多观察，看看有没有和他的爱好相同的小朋友，如果有的话，他就可以拥有爱好相同的朋友了。

为了进一步拓宽孩子的社交圈，我策划并组织了儿童成长读书会。这个活动不仅吸引了与我家孩子年龄相仿且热爱阅读的孩子参与，还为他们提供了一个共同学习和分享的平台。在长期的读书活动中，孩子们不仅增长了知识，还建立了深厚的友谊。

我时常向孩子传达一个观念：人与人之间的情感是在不断的接触和了解中逐渐建立的。通过多参加各类活动，孩子有机会接触到更多不同性格和背景的人，从而更加全面地认识世界和自己。在这个过程中，孩子将学会如何判断哪些人是适合自己的朋友，并逐渐形成自己的交友标准。

孩子面临分班，我告诉他，在每个阶段都能遇到一些好朋友。鼓励孩子不要过分依赖少数几个知心朋友，而是要学会珍惜每一段真诚的友谊，同时保持开放的心态去接纳新朋友。这样，即使遇到矛盾或分别，孩子也能从容应对，保持积极向上的心态。

4. 主动关心别人

父母应积极培育孩子主动关怀他人的美德，从细微之处着手，比如在学习上耐心解答同学的疑惑，在生活中相互扶持、分享快乐与分担困扰。这样的正向互动如同春风化雨，不仅加深了同学间的情谊，更是在孩子心中种下了友谊的种子。

例如，当孩子敏锐地察觉到同学的情绪波动时，主动伸出援手，那份纯真的善意如同温暖的阳光，能够照亮他人的心房，也让受到关怀的同学心生感激，自然而然地拉近了彼此的距离。久而久之，孩子以善良和温暖赢得了周围人的喜爱与尊重，朋友圈因此而变得更加宽广。

5. 最不尴尬的互动是学习上的互动

在人际交往的广阔天地中，对于那些或许感到交友无措的孩子而言，学习上的互动无疑是一座既实用又温馨的桥梁。当不确定如何跨越心灵的鸿沟，寻找志同道合的伙伴时，不妨将目光投向共同的学业追求。

家长可以鼓励孩子积极利用课堂内外小组讨论的机会，与周围的同学就学习问题进行深入交流。同时，也可以鼓励孩子主动向想结交的同学请教问题。这不仅能够激发思维的碰撞，促进知识的吸收，更是在无形中搭建了相互了解的平台。通过一次次答疑解惑的过程，孩子们不仅增长了学识，更是在彼此的互动中加深了印象，发现了彼此间的共同兴趣与闪光点。友谊的种子也在不经意间生根发芽，绽放出最真挚的花朵。

```
家长引导孩子拥有良好人际关系的策略
    ├── 增强自我认知
    ├── 学会解决人际冲突
    ├── 扩大交友圈子
    ├── 主动关心别人
    └── 最不尴尬的互动是学习上的互动
```

正如《老友记》中的经典台词所言："在人生的旅途中，真正的朋友是那些与你一同成长，一起笑过、哭过，最终还能并肩前行的人。"家长作为孩子成长路上的重要伙伴，不仅要帮助孩子走出人际关系困境，还要引导他们学会如何与人相处，如何珍惜每一份真挚的情谊。愿每个孩子都能拥有一群真挚的朋友，共同书写属于他们的美好篇章。

5.4 异性朋友不是毒药，家长千万别这么做

在青春期这片充满活力与变化的土地上，异性之间的情感悄然萌芽，如同春日里破土而出的新芽，既鲜嫩又充满生机。然而，对于许多家长来说，"早恋"这件事就像一场突如其来的暴风雨，让他们陷入担忧与焦虑之中。一旦看到自己的孩子和哪个异性同学走得较近，就开始怀疑孩子是不是早恋了。实际上，异性朋友之间的交往并不是可怕的灾难，而是孩子成长过程中重要的一课，关乎他们的情感认知、人际关系发展以及自我价值的塑造。

但是，面对异性交往，很多孩子也非常迷茫。若没有及时得到正确的指导，孩子还真容易走上父母担心的早恋之路。因此，家长有责任帮助孩子平稳度过这一特殊而又关键的时期。

5.4.1 小美的暗恋故事

> 小美是一名中学生，性格外向，也很有才华。最近，她在课堂上总是走神，成绩也有所下滑。她怀着忐忑的心情来到我的辅导室，告诉我她暗恋班上新转来的一个男同学。这个男同学篮球打得很好，阳光帅气，成绩也不错。小美觉得他在球场上的英姿特别迷人，每次看到他都会心跳加速。

小美的情况实际上是心理学中常见的"追星效应"——**通常指的是个体对公众人物（如明星、运动员等）产生的强烈喜爱和崇拜心理，这些人物往往具有一种或多种令人向往的特质，如阳光、帅气、有才华等。**在小美的情况中，她对班上那个男同学的好感也源于这些外在的、正面的特质，这些特质触发了她内心的向往和欣赏。

然而，这种基于外在的吸引力往往是短暂的，且容易受到多种因素的影响而波动，这种喜欢也不会长久。因此，我们会发现有的孩子很容易"见异思迁"——当遇到一个更帅的、更有才华的人时，很容易就放弃了当前喜欢的人。

那么，父母如何对待孩子的暗恋问题呢？

1. 正面家长的做法与效果

小美的妈妈发现了她的异常后，没有立刻指责她，而是在一个温馨的周末下午，

和小美一起坐在窗边，轻声问她："宝贝，妈妈感觉你最近好像有心事哦，能和妈妈说说吗？"小美犹豫了一下，还是红着脸说出了自己对那个男同学的喜欢。妈妈微笑着说："妈妈理解你这种感觉，那个男孩子确实很优秀呢，就像你喜欢的那些明星一样，有吸引人的地方。但是宝贝，你想想，我们自己也可以变得更优秀呀，你可以在学习上更努力，和他一起进步，说不定以后还能成为很好的朋友呢。"然后，妈妈还鼓励小美去参加学校的绘画社团，说那里有很多有趣的小伙伴和活动。小美听了妈妈的话，觉得很有道理，她开始努力学习，也积极参加社团活动。慢慢地，她发现自己的生活变得更加丰富多彩，对那个男同学的喜欢也不再那么让她分心了，成绩也逐渐开始回升。

2. 反面家长的做法与效果

小美的爸爸得知情况后，却大发雷霆。晚上吃饭的时候，他把筷子一摔，严厉地说："你现在是学生，不好好学习，想这些乱七八糟的干什么！不许你再喜欢那个男同学，再这样我就没收你的手机，不让你出门！"小美被爸爸的反应吓得不敢说话，只能默默点头。从那以后，小美在爸爸面前总是小心翼翼的，但心里却更加纠结。她在学校里还是会忍不住偷偷看那个男同学，可是又害怕被爸爸发现，学习的时候也总是想着爸爸的话，根本无法集中精力。她和爸爸的关系也变得越来越紧张，以前那个开朗的小美变得沉默寡言，成绩不仅没有提升，反而还在继续下滑。

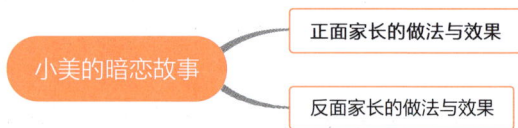

```
                              ┌─ 正面家长的做法与效果
        小美的暗恋故事 ───────┤
                              └─ 反面家长的做法与效果
```

通过小美的故事可以看出，家长对待孩子暗恋问题的方式真的很重要，正确的引导能够让孩子顺利度过这个特殊的时期，而错误的做法则可能会给孩子带来更多的困扰。

5.4.2 小刚的早恋经历

小刚是一名高中一年级的学生，成绩中等，性格活泼。他和班上的一个女同学确定了恋爱关系。一开始，他们的感情很好，一起上学、放学，互相鼓励学习。后来，他们开始讨论放学后去哪里、周末去哪里。除了学习，还花费了很多时间在游玩、吃饭等情感联系方面。渐渐地，他们的成绩都出现了下滑。

老师发现了他们的情况后，通知了家长。家长对他们进行了约束。虽然他们俩还是经常在一起，但是由于外界的压力，以及相处久了，各自性格和习惯的问题也都暴露出来，他们开始矛盾不断，最终走上了分手之路。

小刚的故事看似不长，却蕴藏着多种心理学原理或理论。

1. 吸引力原理

在心理学领域，空间上的邻近为小刚和那个女同学创造了诸多相互了解及互动的契机。他们最初性格相投，活泼的个性让彼此在相处时能够感受到愉悦，这完全契合相互吸引的心理准则。

2. 认知资源有限理论

人的认知资源具有局限性。当小刚和那个女同学陷入恋爱后，他们将大量的时间和精力投入到恋爱关系中，比如一起上学、放学，以及花费时间规划相处活动等。这就导致用于学习的认知资源被大幅削减，从而无法全身心地专注于新知识的学习和功课的复习，直接影响了学习效果，进而导致成绩下滑。

3. 社会控制理论

依据社会控制理论，家庭和学校是青少年社会控制的关键源头。老师察觉到小刚和那个女同学的恋爱情况并通知家长后，家长对他们的恋爱行为进行了约束。这种来自外部的干预对他们的恋爱关系形成了压力。他们需要在遵守外部规范和维持恋爱关系之间寻找平衡，这无疑增加了他们的心理负担，也对他们的恋爱关系产生了一定的冲击。

4. 人际冲突理论

随着相处的深入，彼此的自我暴露程度不断提高，各自性格和习惯上的差异逐渐显现出来。这种差异在长期相处过程中容易引发矛盾。根据人际冲突理论，当双方无法有效地应对和处理这些差异及由此产生的矛盾时，恋爱关系就会逐步恶化。在恋爱初期，双方往往更多地展现自己美好的一面，而随着时间的推移，现实中的差异逐渐凸显。如果缺乏有效地沟通和解决冲突的能力，这些矛盾就会不断累积，最终导致关系走向破裂，就像小刚和那个女同学最终分手一样。

可见，孩子因吸引力开启恋爱，受到认知资源有限的限制致使成绩下滑，再到面临社会控制下的约束压力，以及因人际冲突无法处理矛盾而分手。这警示我们，在青少年的成长中，情感与学业、社会环境交织，需要正确引导。家长也要熟知青少年的心理行为，适时采取恰当的方式助其应对情感与学业问题，让青少年明白在合适的时机做合适之事，以促进其身心健康、全面发展。

5.4.3 青春成长之路：家长处理孩子情感问题时的四大禁忌

在青春期的情感探索中，孩子往往面临着自我认知、情感表达和同伴关系的多重挑战。作为家长，虽然担忧和关心是出于爱，但不当的处理方式可能会适得其反，甚至伤害到孩子的自尊心和信任感。以下是家长在面对孩子青春期的情感问题时应当避免的四大禁忌。

1. 不尊重孩子，私自翻看日记本

青春期是孩子形成独立人格的关键时期，他们开始有自己的秘密和隐私。日记本是许多孩子倾诉心声、记录成长的私密空间，也会记录他们的情感和心情。因此，有些家长发现孩子最近不对劲时，喜欢从孩子的日记本中寻找答案。殊不知，若未经允许擅自翻阅，不仅侵犯了孩子的隐私权，还会严重破坏亲子间的信任。这种行为会让孩子感到被监视和不信任，进而关闭心扉，拒绝进一步的沟通。

> 在电视剧《大考》中，有一位母亲因为过分担心青春期的孩子，经常偷偷查看孩子的日记本、信件等私人物品，甚至破坏了孩子房间的门锁以防止孩子锁门。这一行为被孩子发现后，母子之间发生了激烈的冲突。孩子感到自己的隐私被严重侵犯，性格变得孤僻，甚至想要逃离母亲，情感和心理状态极度不稳定。

可见，家长不尊重孩子的隐私、私自翻看日记本的后果很严重，它不仅破坏了亲子间的信任，还可能导致孩子出现严重的心理问题。因此，家长在面对孩子青春期的情感问题时，应当尊重孩子的隐私和独立人格，避免采取不当的处理方式。

2. 责骂孩子，使用暴力语言

面对孩子的情感问题，一些家长可能会采取严厉批评甚至辱骂的方式，试图以此遏制孩子的行为。有的家长甚至认为早恋是不道德的行为！然而，这种做法只会加剧孩子的逆反心理，让他们感到被误解和被孤立。

> 在小说《青春期的迷雾》中，主人公小杰因为与班上的一个女同学走得较近，被大家误认为是早恋。父亲得知此事后，愤怒之下采取了极端的方式，不仅在晚餐时间对小杰大声责骂，使用了诸如"你怎么这么不争气，这么小就学会谈恋爱了""你这样对得起我和你妈妈吗"等暴力语言，还动手拍了桌子，气氛紧张至极。小杰感到非常委屈和愤怒，他觉得自己只是和朋友正常交往，不但没有被理解，反而被贴上了不道德的标签。这一事件导致小杰与父亲的关系急剧恶化，他开始更加封闭自己，变得更加叛逆，甚至心里滋生出"你们说我早恋吧，我就要谈个恋爱给你们看"的想法

可见，责骂孩子和使用暴力语言对于解决孩子的情感问题不仅无效，反而会造成更大的伤害，甚至可能促使他们采取更加隐蔽或极端的行为。

3. 强行分开，粗暴干涉孩子的社交

当发现孩子与某位异性交往过密时，有的家长会采取极端措施，如禁止孩子与对方见面、通信等。这种做法忽视了孩子情感发展的自然规律，剥夺了他们学习处理人际关系的机会。强行分开不仅不能解决问题，反而可能激发孩子的反抗情绪，影响他们未来的人际交往能力。

> 在电视剧《小夫妻》中，艾文的父母发现他与某个女同学走得较近时，立即禁止他与对方见面、通信，甚至限制了他的外出自由。这种做法让艾文感到非常压抑和不满，他觉得自己被剥夺了交友的自由和权利。艾文开始变得更加叛逆，与父母的关系也变得紧张。他试图通过各种方式来反抗父母的干涉，包括偷偷与女同学见面、撒谎等。

最终，这种强行干涉的做法不仅没有解决艾文的情感问题，反而加剧了他的逆反心理，影响了他与父母的关系，也对他未来的人际交往能力产生了负面影响。

4. 找对方家长，公开化私人问题

将孩子的情感问题公开化，尤其是直接找对方家长讨论，可能会让孩子感到尴尬和羞愧，损害他们的自尊心。青春期的孩子对社交评价极为敏感，这样的做法无异于将他们置于社交的风口浪尖。

> 小明和小华是同一所学校的中学生，两人因为一次班级活动而逐渐熟悉，并发展出了超越友谊的情感。然而，这段情感并没有得到双方家长的认可和支持。小明的父母在得知此事后，没有选择与小明进行深入的沟通，而是在一次家长会上直接找到了小华的家长，希望他们能够阻止这段关系的发展。这一行为不仅让小华感到尴尬和羞愧，还让小明在同学和老师面前抬不起头来。他们开始被同学们议论，甚至有人嘲笑和排挤他们。

小明和小华的故事警示我们，家长在处理孩子的情感问题时，应避免公开化私人问题，以免给孩子带来不必要的伤害和困扰。尊重孩子的隐私和感受，以更加温和的方式私下沟通，才是解决问题的正确之道。

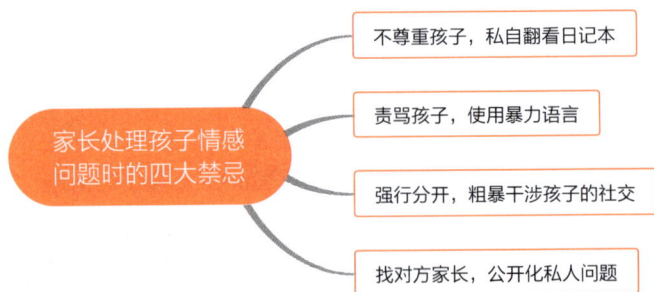

```
                              ┌─ 不尊重孩子，私自翻看日记本

                              ┌─ 责骂孩子，使用暴力语言
   家长处理孩子情感
   问题时的四大禁忌
                              ┌─ 强行分开，粗暴干涉孩子的社交

                              └─ 找对方家长，公开化私人问题
```

正如《青春之歌》所言："青春是一场美丽的冒险，需以理解和尊重为帆。"面对孩子的青春期情感问题，家长应以温和的方式私下沟通，成为孩子情感的引路人，而非阻碍者。只有如此，孩子才能在爱与尊重中健康成长，勇敢探索情感的奥秘，书写属于自己的青春篇章。

5.4.4 家长面对孩子青春期情感问题的引导策略

面对孩子青春期情感上的波动，家长应采取更加积极主动、富有建设性的引导策略，以促进孩子的健康成长。以下是几种关键的引导策略。

1. 细致观察、深入理解与耐心倾听

青春期的孩子在情感发生波动时往往会有一些明显的表现。例如，他们可能开始更加注重自己的形象，挑选着装；更喜欢独自待在房间里；情绪变化无常，时而兴奋，时而沮丧。有时，孩子还会主动和家长谈论起自己对某个同学产生的好感，特别是年龄较小的孩子可能会更频繁地提及。

> 当家长察觉到孩子可能有青春期情感的倾向时，可以试着以平和的态度询问，例如："我听说有些同学开始有喜欢的人了，你有没有遇到过这样的情况呢？"孩子可能会否认，此时家长应仔细观察孩子的微表情，是害羞、坦然还是不耐烦。接着，家长可以表达对孩子情感的理解："其实，在这个年龄段，对异性产生好感是很正常的现象。"观察孩子的反应。之后，家长可以分享自己对青春期情感的看法，可以举其他人的例子，也可以结合自己的经历，让孩子感受到家长是理解并接纳他们这个年龄段的情感的。

如果孩子此时愿意分享自己的情感经历，那么无论内容如何，家长都应给予充分的尊重和接纳。通过耐心倾听，家长可以更深入地了解孩子的内心世界，找到问题的根源。同时，这也是建立亲子间的信任、鼓励孩子继续表达心声的重要步骤。

2. 耐心分析与引导

在耐心倾听孩子的心声后，家长应把握时机，引导孩子深入分析情感背后的动因及其可能带来的影响。例如，可以一起探讨为何会对某位异性产生特别的情感，这种情感是否干扰到日常的学习与生活，以及应当如何妥善应对这份情感。通过这样的引导过程，帮助孩子树立起正确的价值观念，学会区分友情与爱情，并理解情感的复杂性和阶段性特征。

对于孩子而言，对异性产生好感是一种自然的情感反应，但他们往往难以准确界定这种情感的性质。孩子可能会将好感简单地等同于喜欢，而一旦受到同学的怂恿或大人的标签化解读，他们便可能误将这种情感视为所谓的"早恋"。

> 我曾遇到过一个孩子，他告诉我他特别喜欢一个女生。当时，我并未立即下结论，而是决定先与他进行深入的交流。我问他："你为什么喜欢这个女生呢？"他回答说："因为她对我好，会帮助我学习。"我接着引导他："确实，这个女生乐于助人，大家都很喜欢她。那么，她除了对你好，对其他同学好不好呢？"孩子想了想，说："也很好！"我趁机进一步引导："你看，她这么好，你也可以向她学习，成为一个受大家欢迎的人。"随后，我又试探性地问他："你长大了想娶她当老婆吗？"孩子摇了摇头，说："不想！"我笑着说："既然你不想娶她当老婆，那就和她做好朋友吧，向她学习，一起成为更好的人。"

经过这次交流，虽然这个孩子偶尔还会提起那个女生，但他已经不再那么困惑和迷茫了。这样的引导方式不仅可以帮助孩子厘清情感思路，还可以促进他们的成长和进步。

3. 情感转化与升华

在孩子成长的道路上，情感的起伏与变化是他们内心世界的真实写照。尤其是当孩子对某个人产生特别的情感时，这种情感往往占据了他们大量的时间和精力，有时甚至影响到学习、生活和社交。然而，作为家长，我们有机会引导孩子将这份单一的情感转化为更广泛的兴趣爱好或目标追求，从而开启一段从情感束缚到自我实现的华丽蜕变之旅。

> 以小美为例，她曾对班上的某个男同学产生了深深的倾慕之情，这份情感让她时常陷入沉思，甚至影响了她的学习状态。小美的妈妈敏锐地察觉到这一点，但她并没有直接干涉或批评，而是选择了一种更为智慧的方式——鼓励小美参加学校的绘画社团。起初，小美是听从妈妈的建议而尝试的，但很快她发现绘画不仅让她能够用色彩和线条表达内心的情感，还让她结识了一群志同道合的朋友，共同探索艺术的奥秘。随着时间的推移，小美对那个男同学的情感也逐渐转化为一种淡淡的欣赏，而她对绘画的热爱却日益加深，甚至开始梦想成为一名专业画家。

4. 责任感与安全感教育

青春期的孩子正处于形成责任感的关键时期。家长应通过与孩子讨论情感问题，引导他们认识到自己的行为对自己、对他人以及对家庭的影响。教育孩子学会承担责任，无论是学业上的还是情感上的，都是他们成长中不可或缺的一部分。

在电视剧《小别离》中，家长面对青春期的孩子，不仅关注其学业成绩，更重视情感交流与责任感培养。剧中通过家庭会议等形式，让孩子明白自己的行为对家庭、对自己的未来有着重要影响，从而学会承担学业与情感上的责任。这种教育方式有助于孩子在成长中逐渐形成稳定的责任感，为将来的独立生活打下坚实的基础。

在鼓励孩子探索情感的同时，家长也要加强安全教育，特别是性教育和网络安全教育。确保孩子知道如何保护自己，避免受到伤害。这包括性健康知识、网络安全意识，以及遇到问题时如何寻求帮助等。

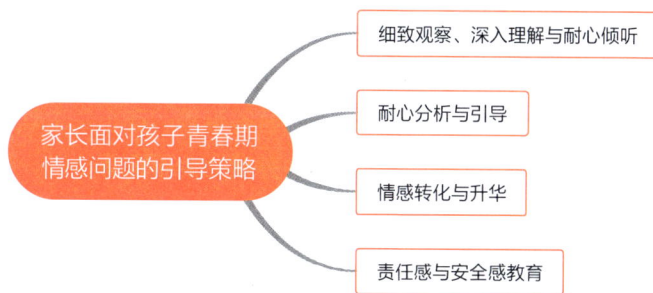

家长面对孩子青春期情感问题的引导策略

- 细致观察、深入理解与耐心倾听
- 耐心分析与引导
- 情感转化与升华
- 责任感与安全感教育

许多孩子之所以早恋，往往是因为在家中感受不到足够的温暖与爱。 当他们在外部世界得到些许关怀时，便会不由自主地追寻这种被爱的感觉。因此，一个充满爱与温暖的家庭环境对孩子的成长至关重要。

正如情景喜剧《家有儿女》中所展现的那样，一个温馨的家庭不仅能为孩子提供情感上的满足，还能促进家庭内部开放，建立无压力的沟通氛围。在这样的家庭中，孩子深知无论遇到什么问题，家都是他们最坚实的后盾，在遇到困扰时愿意第一时间向家人倾诉。

青春期的情感探索是孩子成长道路上不可或缺的一部分。在青春期的旅程中，异性朋友就像旅途中的美丽风景，为孩子的生活增添了色彩和活力。

在青春期的情感探索中，家是孩子最坚实的后盾。卢梭曾说：**"教育始于家庭。"** 家庭是爱的港湾，温暖的家庭是孩子心灵的庇护所。家长不必对孩子与异性的交往过度恐慌，而是要以开放、理解和支持的态度，引导他们正确处理情感问题，帮助他们在这个充满挑战和机遇的时期健康成长。

5.5　如何助力修复受损的人际关系

小兰是一位文静而善良的女学生，她满脸悲伤地走进了我的辅导室。她的眼神中透露出无尽的困惑和失落，仿佛整个世界都失去了色彩。她低声告诉我，她与最好的朋友小会闹掰了，现在小会不再理会她，吃饭、回宿舍都不再等她。小兰感到无比的难过，因为她一直对小会很好，无论是分享好东西还是日常关心，都从不吝啬。然而，她不明白为什么小会突然变得如此冷漠。

在与小兰的深入交谈中，我逐渐了解到，在日常生活中，小会对小兰还是非常不错的，比如在学习上，小会会热心帮助小兰解答难题；在小兰生理期不适时，小会也会主动为她倒热水。这些细节表明，小会并非完全不在意小兰，只是两人之间的关系出现了某种微妙的变化。

小兰非常珍视与小会的友情，她不愿意失去这个朋友，但又不知道该如何挽回。她的心情就像被乌云笼罩着，久久不能消散。

小兰的情况是一个典型的人际关系受损案例。下面我们首先分析导致人际关系受损的原因，然后给出五点建议帮助孩子修复受损的人际关系。

5.5.1　导致人际关系受损的原因

小兰与小会之间的友情危机，实际上反映了人际关系中的复杂性和脆弱性。在心理学上，人际关系是指人们在相互交往过程中形成和发展起来的一种心理关系。它受到多种因素的影响，包括个人性格、价值观、利益冲突等。

在小兰的案例中，我们可以看出导致两个人关系受损的原因可能有以下几点。

1. 情绪的影响

情绪是一种复杂的感觉状态，会导致影响思想和行为的生理与心理发生变化。

小兰因为小会的冷漠而感到非常难过和困惑，这种情绪状态影响了她的判断力和应对方式。小兰可能过于关注自己的感受，而忽略了小会可能也有她的难处和考虑。同时，强烈的负面情绪可能导致小兰采取一些不理智的行动或避免与小会接触，从而加剧了关系的紧张。

2. 沟通不畅

沟通是人际关系中的关键环节。小兰和小会之间可能缺乏有效的沟通，从而导致双方无法准确理解对方的意图和感受，从而产生误会和隔阂。

此外，心理投射现象在沟通中可能起了负面作用。小兰可能将自己的想法和感受投射到小会身上，认为小会也应该像她一样来对待自己，而忽略了小会可能有的不同想法和感受。这种投射可能导致双方对彼此的行为产生误解，从而加剧了关系的紧张。

3. 自我认知不足

在友情中，自我认知不足可能导致个体无法准确评估自己在关系中的角色和责任，也无法理解对方的行为和感受。这可能导致双方在关系中产生不平衡和误解，从而损害了关系的稳定性和和谐性。

小兰在反思自己的问题时，可能过于自责或过于自信。她需要更加客观地评估自己在友情中的角色和责任，以及自己是否有哪些行为可能伤害了小会。

4. 处理冲突的能力不足

处理冲突的能力在维护人际关系中至关重要。小兰在面对友情中的冲突和矛盾时显得手足无措，这凸显了她处理此类情况的技能欠缺。处理冲突不仅需要冷静的头脑以进行理性分析，还需要有效的沟通技巧来确保双方能够充分表达并理解彼此的观点。

同时，寻找共同点、建立共识也是处理冲突的关键步骤。小兰需要提升自己在这些方面的能力，学会如何在冲突中保持冷静，运用恰当的沟通技巧，并努力寻找双方都能接受的解决方案，从而更有效地处理人际关系中的冲突。

```
                              ┌─────────────┐
                         ╱────│  情绪的影响  │
                        ╱     └─────────────┘
                       ╱      ┌─────────────┐
┌──────────────────┐  ╱───────│   沟通不畅  │
│ 导致人际关系受损的原因 │───────┤  └─────────────┘
└──────────────────┘  ╲       ┌─────────────┐
                       ╲──────│  自我认知不足 │
                        ╲     └─────────────┘
                         ╲    ┌───────────────┐
                          ╲───│ 处理冲突的能力不足 │
                              └───────────────┘
```

克里斯托弗·莫利曾言： "**真正的友谊像磷火，在你周围最黑暗的时刻显得最亮。**"在人际关系的长河中，理解与沟通是桥梁，自我认知是灯塔，处理冲突的能力则是航行的舵，指引孩子穿越误解与隔阂的暗流，驶向和谐与理解的彼岸。

5.5.2 助力修复受损的人际关系的五点建议

在深入剖析了小兰与小会之间友情问题的具体情况后，我结合实际情况，精心提炼出以下五点实用的建议。这些建议旨在帮助小兰有效应对当前的友情危机，同时也为那些处于类似的人际关系困境中的孩子提供可借鉴的解决之道。

1. 平复情绪，理性思考是否都是朋友的错

面对众多关于友情的咨询案例，我注意到一个普遍现象：当孩子谈及友情问题时，他们往往情绪激动，第一时间指责对方是问题的根源。然而，在我的耐心引导下，一旦他们的情绪得以平复，便开始展现出更为理性的思考，逐渐认识到友情中的困扰并非单方面责任所致，而是双方互动的结果，即所谓"一个巴掌拍不响"。

在小兰的案例中，面对友情危机，小兰首先需要平复自己的情绪。她可以试着做一些放松的活动，如深呼吸、散步或听音乐等，让自己的心情逐渐平静下来。只有情绪稳定下来，她才能更加理性地思考问题的原因和解决方法。

在情绪逐渐平复后，小兰可以试着回想自己与小会相处的点滴。回想有助于她更全面地了解两人之间的关系，以及可能存在的问题。通过回想，小兰可能会发现一些之前未曾注意到的细节，这些细节或许能为解决问题提供新的线索。

在这个过程中，小兰可以问自己一个问题："这都是朋友的错吗？"通过反思，她可能会意识到，友情中的问题往往不是单方面的责任。每个人都有自己的立场和感受，需要相互理解和包容。

可见，平复情绪，理性思考这一过程不仅能帮助孩子跳出情绪化的框架，还能促进他们进行自我反思，使他们更加成熟地看待友情中的冲突与挑战。

2. 自评反思，是否自己也有做得不对的地方

在小兰的情绪逐渐平稳之后，我鼓励她踏上一段深入的自我探索之旅，旨在发现自己在友情互动中可能存在的盲点。以下是小兰在这一过程中的几个关键反思点。

第一，依赖与期望。小兰开始审视自己是否对小会产生了过度的依赖，期望她能如影随形地陪伴左右。这种近乎苛刻的依赖感，是否无意中给小会施加了压力，悄然间为两人之间的关系埋下了隐患？

第二，尊重与理解。小兰反思自己是否真正做到了尊重小会的个人空间和选择。在小会渴望独处或沉浸于个人事务的时候，她是否给予了足够的理解与支持，而不是让自己的需求成为对方的负担？

第三，沟通清晰度。小兰还审视了自己与小会之间的沟通是否畅通无阻。她是否总能清晰、直接地表达自己的意愿和感受，比如对于共同行动（如去食堂、回教室）的期待，是否都明确无误地传达给了小会？

第四，行为影响。小兰深入剖析了自己的行为模式对小会可能产生的影响。她是否意识到，自己的磨蹭和拖拉，对于时间观念严谨、热爱学习的小会来说，可能是一种无形的干扰，甚至影响到了对方的学习效率和日程安排？

通过这一系列深刻而细致的自评与反思，小兰得以从一个全新的视角审视自己在友情中的角色和行为，从而揭示了自身可能存在的不足。这些宝贵的自我发现，不仅极大地丰富了她的自我认知，还为她接下来修复与小会之间的友情提供了坚实的内在支撑。

3. 审慎评估，自己是否在意和朋友的关系

在认清自身问题之后，小兰接下来需要审慎地评估她与小会之间的友情是否值得投入精力去修复。这一评估过程可以通过以下几个关键问题来引导。

第一，对友情的价值认知。小兰首先要明确这段友情对她个人的意义所在。如果这段友情对她而言是不可或缺的，为她带来了情感支持、成长机会或生活的乐趣，那么修复它就显得尤为重要。反之，如果这段友情对她来说并无太多实质性的影响，那么她可以基于自己的感受决定是否继续投入。

　　第二，友情基础与价值观。小兰应考虑她与小会之间是否存在坚实的友情基础，包括共同的价值观、兴趣爱好或生活目标。这些共同点往往是友情稳固的基石。如果她们在这些方面存在根本性的分歧，那么修复友情的努力可能会面临较大的挑战。

　　第三，双方的和解意愿。小兰需要评估她与小会是否都有意愿为这段友情付出努力。友情是双向的，需要双方的共同维护和经营。如果她们都愿意为修复友情投入时间和精力，那么这段友情就有可能重焕生机。如果只有一方积极，而另一方持冷漠或拒绝的态度，那么修复的可能性就会大打折扣。

　　通过这一系列的评估，小兰能够更加清晰地认识到自己在友情中的位置和价值，从而做出更加明智和符合自己内心需求的决策。

4. 主动和解，给对方台阶迈出和解的步伐

　　如果小兰决定修复与小会之间的友情，那么她需要主动迈出和解的一步。她可以试着给小会一个台阶下，主动与她沟通。在沟通时，小兰需要注意以下几点。

　　第一，选择合适的时机和地点。小兰需要选择一个双方都方便的时间和地点进行沟通，避免在对方忙碌或情绪不稳定时提出和解。

　　第二，坦诚表达自己的想法和感受。小兰需要真诚地给小会道歉，明确指出自己之前行为的不当之处，并表达对此的深刻反省。坦诚地告诉小会自己内心的真实想法和感受，包括失去这段友情的痛苦，以及渴望修复关系的意愿。明确表示自己愿意倾听并尊重小会的所有想法和感受，展现出对友情的珍视和对对方的尊重。

　　第三，倾听对方对自己的看法和对友情的看法，以及和解意愿。小兰需要给予小会充分的时间来表达她的观点、感受和对于和解的看法，不打断，不反驳，全心全意地倾听。同时，小兰也需要尝试站在小会的角度理解她的感受和立场，这有助于增进相互之间的理解和共情。

　　第四，小兰可以根据她们的问题预先提出一些具体的和解方案。首先，针对导致矛盾的具体问题，小兰可以预先采取一些具体的改进措施，如调整个人习惯以减少对小会的影响等。其次，小兰可以提议一起参加一些双方共同喜爱的活动，如户外运动、观影或共同学习某项技能等，以此增进感情，重建信任。同时，也可以一起探讨并约定解决可能出现的小摩擦的方法，以减少误解。

5. 积极行动，并对能否和解的结果保持顺其自然的态度

　　在采取和解行动的过程中，小兰应当明白，虽然她的努力至关重要，但最终的

结果并非完全由她掌控。这是因为在人际关系中，每个人都是独立的个体，拥有自己的想法、情感和选择权。因此，小兰需要采取一种既积极又顺其自然的态度来面对和解的进展。

第一，保持积极的心态。小兰应当坚信，通过真诚的道歉、坦诚的沟通和具体的改进措施，她可以修复与小会之间的友情。同时，她也要保持耐心和信心，相信时间会冲淡过去的误解和伤痛，让双方重新建立起信任和尊重。

第二，接受任何可能的结果。小兰要做好心理准备，接受任何可能的结果。如果小会接受了她的和解，那么她们可以共同努力，重建友情；如果小会仍然心存疑虑或拒绝和解，小兰也要尊重对方的选择，不强求、不纠缠。毕竟，每个人都有权利决定是否继续一段关系。

第三，从经历中学习和成长。无论能否和解，小兰都可以从这次经历中学到很多东西。她可以反思自己在友情中存在的不足，学会更好地处理人际关系；她也可以更加珍惜那些愿意与她共渡难关、共同成长的朋友。更重要的是，小兰通过这次经历，可以培养自己的同理心和宽容心，学会理解和包容他人。

第四，保持开放和灵活的态度。在和解过程中，小兰还要保持开放和灵活的态度。她可以根据小会的反应和态度，适时调整自己的沟通方式和和解策略。如果小会表现出愿意沟通的迹象，小兰可以更加积极地提出和解方案；如果小会仍然保持沉默或冷漠，小兰则可以与她暂时保持距离，等待合适的时机再行尝试。

总之，小兰在和解过程中应当保持既积极又顺其自然的态度。她可以努力争取，但也要学会接受和尊重对方的选择。通过这次经历，小兰不仅可以更好地解决人际关系中的冲突，还可以提升自己的情商和人际交往能力。

助力修复受损的人际关系的五点建议
- 平复情绪，理性思考是否都是朋友的错
- 自评反思，是否自己也有做得不对的地方
- 审慎评估，自己是否在意和朋友的关系
- 主动和解，给对方台阶迈出和解的步伐
- 积极行动，并对能否和解的结果保持顺其自然的态度

小兰与小会的友情危机，就如同人生旅途中的一次风雨。通过平复情绪、自评反思、审慎评估、主动和解与积极行动，小兰学会了在人际关系的海洋中航行。正如《小王子》所言："眼睛是看不见真正东西的，必须用心去寻找。"小兰用心找回了友情，也收获了成长。每一次挑战都是成长的契机，愿孩子们都能在人际关系的海洋中乘风破浪，驶向理解与和谐的彼岸。

本章思维导图

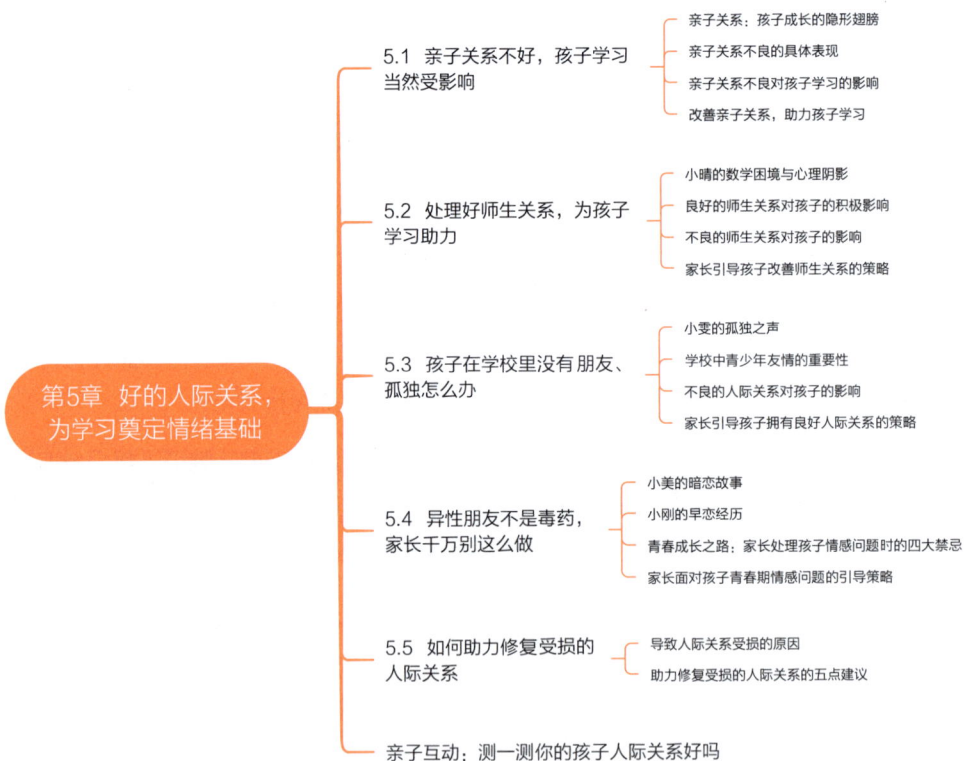

```
                          ┌─ 5.1 亲子关系不好，孩子学习 ─┬─ 亲子关系：孩子成长的隐形翅膀
                          │    当然受影响              ├─ 亲子关系不良的具体表现
                          │                           ├─ 亲子关系不良对孩子学习的影响
                          │                           └─ 改善亲子关系，助力孩子学习
                          │
                          ├─ 5.2 处理好师生关系，为孩子 ─┬─ 小晴的数学困境与心理阴影
                          │    学习助力               ├─ 良好的师生关系对孩子的积极影响
                          │                           ├─ 不良的师生关系对孩子的影响
                          │                           └─ 家长引导孩子改善师生关系的策略
                          │
                          ├─ 5.3 孩子在学校里没有朋友、 ─┬─ 小雯的孤独之声
  第5章 好的人际关系，      │    孤独怎么办              ├─ 学校中青少年友情的重要性
  为学习奠定情绪基础 ──────┤                           ├─ 不良的人际关系对孩子的影响
                          │                           └─ 家长引导孩子拥有良好人际关系的策略
                          │
                          ├─ 5.4 异性朋友不是毒药， ────┬─ 小美的暗恋故事
                          │    家长千万别这么做         ├─ 小刚的早恋经历
                          │                           ├─ 青春成长之路：家长处理孩子情感问题时的四大禁忌
                          │                           └─ 家长面对孩子青春期情感问题的引导策略
                          │
                          ├─ 5.5 如何助力修复受损的 ────┬─ 导致人际关系受损的原因
                          │    人际关系                └─ 助力修复受损的人际关系的五点建议
                          │
                          └─ 亲子互动：测一测你的孩子人际关系好吗
```

亲子互动
测一测你的孩子人际关系好吗

测试工具：中学生人际交往能力测验

测试对象：中学生（也适用于小学高年级学生）

测试背景

人际交往是人与人之间相互作用、相互影响的过程，涉及信息、思想、情感、需要与经验的交流，旨在实现相互认识、理解、合作及建立复杂关系。人际交往能力作为社会生活的基本能力，关乎个人与周围环境的协调适应。随着文明的进步，人际交往的重要性日益凸显，其内涵与功能不断扩展，对个人的生活品质、事业成就乃至国家的竞争力均有深远的影响。

中学生的人际交往能力直接影响其人际关系的好坏，而人际关系又对其学习、生活和身心健康至关重要。研究表明，大约 30% 的中学生因交往能力不足而陷入孤独，表现为胆小、不合群等，这不仅阻碍了其认知水平的提升和集体氛围的营造，还影响了其情绪与人格发展。因此，测量和评价中学生的人际交往能力显得尤为重要，有助于及时发现并解决潜在的社交问题，为他们的心理健康和全面发展提供有力支持。

指导语

下面是关于人际关系的一些问题，共计 36 道题目。完整而真实地回答这些问题有助于了解你的人际交往能力。请仔细阅读每道题目，若符合题目中描述的情况选择"是"，不符合选择"否"。每道题目没有对错之分，请尽快根据实际情况作答，不要在每道题目上进行过多的思索。

注意：

（1）请将你最近的情况与相应的描述进行对照。如果你的过去符合描述的情况，而现在自身的情况已经有变化，那么要按现在的情况来选择。

（2）如果题目中描述的情况你没有经历过，请你参照在类似事件中表现的情况进行选择，或者根据你估计自己在描述的情况下最可能的表现进行选择。

（3）对于每道题目只能选择一个答案，不要遗漏，也不要多选。

（4）虽然对作答没有时间限制，但应尽可能争取以较快的速度完成。

题目内容

题号	内　容	是	否
1	你平时是否关心自己的人缘？		
2	你在食堂里一般都是独自吃饭吗？		
3	和一大群人在一起时，你是否会产生孤独感或失落感？		
4	你时常不经同意就使用他人的东西吗？		
5	当一件事没做好时，你是否会埋怨合作者？		
6	当你的朋友遇到困难时，你是否时常发现他们不打算来求助于你？		
7	假如朋友们跟你开玩笑过了头，你会不会板起面孔，甚至反目？		
8	在公共场合，你有脱掉鞋子的习惯吗？		
9	你认为在任何场合下都不应该隐瞒自己的观点吗？		
10	当你的同事、同学或朋友取得进步或成功时，你是否真的为他们感到高兴？		
11	你喜欢拿别人开玩笑吗？		
12	当你和与自己兴趣爱好不同的人在一起相处时，你会感到兴味索然、无话可谈吗？		
13	当你住在楼上时，你会往楼下倒水或丢纸屑吗？		
14	你经常指出别人的不足，要求他们去改进吗？		
15	当别人在融洽地交谈时，你会贸然地打断他们吗？		
16	你是否关心并且经常谈论别人的私事？		
17	你善于和老年人交谈他们关心的问题吗？		
18	你讲话时经常出现一些不文明的口头语吗？		
19	你是否经常做出一些言而无信的事？		
20	当有人对你讲解一些事情时，你是否时常觉得很难聚精会神地听下去？		
21	当你处于一个新的集体中时，你觉得结交新朋友是一件容易的事吗？		
22	你是一个愿意慷慨地招待同伴的人吗？		
23	你是否时常向别人述说自己的抱负、挫折以及个人的种种事情？		
24	在告诉别人一件事情时，你是否试图把事情的细节都交代得很清楚？		

题号	内　　容	是	否
25	遇到不顺心的事，你会精神沮丧、意志消沉，或者拿家里人、朋友、同学（同事）出气吗？		
26	你是否经常不经思索就随便发表意见？		
27	你是否注意赴约前不吃葱蒜，并防止身上带其他异味？		
28	你是否经常发牢骚？		
29	在公共场合，你会很随便地喊别人的绰号吗？		
30	你关心报纸、电视等信息渠道中的社会新闻吗？		
31	当你发觉自己无意中做错了事或损害了别人时，你会很快地道歉或承认错误吗？		
32	在闲暇时，你是否喜欢跟别人聊聊天？		
33	你跟别人约会时，是否经常让别人等你？		
34	你有时会与别人谈论一些自己感兴趣而他们不感兴趣的话题吗？		
35	你有逗乐儿童的小手法吗？		
36	你平时告诫自己不要说虚情假意的话吗？		
	总　　分		

计分方法

选择"是"计 1 分的题目：1、9、10、17、21、22、23、24、27、30、31、32、35、36。

选择"否"计 1 分的题目：2、3、4、5、6、7、8、11、12、13、14、15、16、18、19、20、25、26、28、29、33、34。

预警

0 分≤得分≤ 14 分

结果及建议

1. 30 分≤得分≤ 36 分

结果：一级，人际交往能力很好。

建议：继续保持你的人际交往能力，这将有助于你在学习和生活中建立良好的人际关系。同时，也要注意倾听他人的意见和感受，持续提升自己的社交技巧。

2. 15 分≤得分 ≤ 29 分

结果：二级，人际交往能力一般。

建议：你的人际交往能力有待提高。你可以通过参加社交活动、加入兴趣小组、参与团队项目等方式来锻炼自己的社交技能。同时，可以学习一些沟通技巧，如倾听、表达、培养同理心等，这些都有助于提升你的人际交往能力。

3. 0 分≤得分 ≤ 14 分

结果：三级，人际交往能力较差。

建议：你可能需要在人际交往方面做出一些改变。首先，自我反思在人际交往中可能存在的问题，如是否过于内向、是否缺乏主动性等。其次，可以寻求专业的心理咨询，或者参加一些人际交往的培训课程。最后，可以多参加集体活动，主动与他人交流，逐步提升自己的社交能力。

得分说明

得分越高，表示你的人际交往能力越好。得分低，表示你的人际交往能力有待提升。

注意

"中学生人际交往能力测验"只是一个初步的评估工具，它不能全面反映一个人的人际交往能力。如果你对自己的人际交往能力有疑虑，则建议咨询专业人士进行更深入的评估和指导。

此外，人际交往能力是可以通过学习和实践来提升的，不要因为一次测试的结果而感到沮丧。积极地参加社交活动，学习有效的沟通技巧，都是提升人际交往能力的有效方法。

"人之相识，贵在相知，人之相知，贵在知心。"

——孟子

写给朋友

岁月是一本美好的书　　　　　　因为距离
刚好你我曾有幸共读　　　　　　慢慢地少了交集
点滴互动　　　　　　　　　　　默默关注你的讯息
让温暖留驻心中　　　　　　　　却不忍打扰忙碌的你

因为有你的鼓励　　　　　　　　所有的情感也许经过时间的洗礼
梦想变得更加美丽清晰　　　　　都将会慢慢地淡去
那时的和风和细雨　　　　　　　但所有曾经美好的记忆
变成世间最美的相遇　　　　　　却都已经镌刻在心底

时间如一把飞梭　　　　　　　　偶尔也会回忆青春年少的你
有的话还来不及诉说　　　　　　那浅浅的笑
面对别离 道声珍重　　　　　　　那淡淡的美
让祝福弥留在风中　　　　　　　以及那曾经不变的默契

第 6 章

用对方法，
轻松提高孩子的学习成绩

> "成功的人是从错误中走出来的，而不
> 是从成功中走出来的。"
>
> ——亨利·福特

6.1　搞清记忆原理，解决学了记不住的问题

6.1.1　认识海马体：破解勤奋背后的无奈

> 小丽是一个学习非常认真的孩子，每天放学后，她都会认真完成作业，并额外花时间复习课本和笔记。她的书桌上堆满了笔记和练习册，其中每一页都记录着她努力的痕迹。然而，每当考试来临时，小丽总是感到焦虑和困惑，明明自己很用功，但在考试中很多知识点就是想不起来，成绩始终徘徊不前。小丽的父母看到女儿如此努力却得不到应有的回报，心里也充满了无奈和困惑。

为什么孩子明明很努力，却记不住所学的内容呢？很多家长都有这样的困惑。这背后隐藏着记忆的秘密，也是许多孩子在学习过程中遇到的痛点。

要解开这个谜团，我们需要了解大脑中的一个关键部位——海马体。**海马体是大脑中的一个重要结构，负责将短期记忆转化为长期记忆**。然而，海马体并不是对所有信息都一视同仁，它会根据信息的重要性和情感价值来进行筛选和加工。

当我们遇到一些痛苦或强烈的情感事件时，比如被开水烫伤、被蜜蜂蜇了，或者受到情感上的伤害，这些经历会立刻被海马体标记为重要信息，并深深地烙印在我们的记忆中。这是因为这些经历与我们的生存和安全息息相关，海马体认为它们具有极高的情感价值，因此会投入更多的资源进行加工和存储。

然而，对于学习中的知识点，尤其是那些枯燥、抽象的内容，海马体往往会认为它们不够重要，因此不愿意投入过多的资源进行加工和整理。这就是小丽明明很用功，却记不住所学内容的原因。

那么，如何破解这一现象呢？既然海马体不认为学习中的知识内容是重要的，那么关键就在于引起它的重视。如何引起它的重视呢？我们不妨回忆一下生活场景：一个人，我们见一次面可能记不住他的模样，但多见几次就记住了，甚至会觉得"好有缘啊，哪里都能碰见"。其实并非真的有缘，而是之前根本不熟悉、不认识，也觉得不重要。知识也是如此，如果一个知识多次在海马体面前出现，海马体就会思考：这个知识为什么老是出现呢？是不是比较重要？一旦被海马体判定为重要，那就容易记住了。所以，要让一些知识被海马体重视，多次重复呈现是一种有效的方法。

经过多次重复，让海马体逐渐认识到这些知识的重要性，从而投入更多的资源进行加工和存储，进而帮助孩子更好地记住所学内容。这样一来，像小丽那样用功却记不住知识点的情况就有可能得到改善，提高孩子的学习效果和记忆能力。

6.1.2 临时抱佛脚：为何不是长效学习策略

在求知的征途中，不少学习者或许都有过这样的经历：在日常学习中对知识点缺乏足够的重视，直至月考、期末考试等关键考核节点临近，才采取突击复习的"临时抱佛脚"策略。然而，他们往往发现，在紧张的复习期间看似记住了大量内容，实则在考试的情境中这些记忆却如晨露般迅速蒸发，甚至导致思维空白。这种现象不仅揭示了"临时抱佛脚"策略在应对考试时的无力感，而且从更深层次来看，它违背了记忆形成的科学原理。

1. 从记忆的三阶段理论看"临时抱佛脚"的局限性

要理解为何"临时抱佛脚"不可靠，首先需要了解记忆的三阶段理论。

（1）**瞬时记忆**：这是记忆的初步阶段，类似于照相机的快门功能，能够迅速捕捉并短暂保留外界信息，但其存续时间极短。

（2）**短时记忆**：信息从瞬时记忆转入短时记忆后，如同被记录在便笺上，虽然能暂时存放，但若缺乏进一步的处理和巩固，这些信息将很快被遗忘。

（3）**长时记忆**：长时记忆是真正的学习成果所在，它类似于大脑中的知识仓库，能够长期保存信息，并且可以随时从中提取所需信息。

"临时抱佛脚"具有局限性，它不能有效促进长时记忆的形成，原因在于它主要依赖短时记忆。学习者在突击复习时，虽然能在短时间内快速吸收大量信息，但这些信息未经充分巩固和深化，难以从短时记忆转化为长时记忆。海马体作为记忆转化的关键部位，需要时间和重复刺激来强化记忆连接，而"临时抱佛脚"显然未能提供这样的条件。

因此，当考试的压力和紧张感来临时，这些未得到充分巩固的信息便如同沙滩上的足迹，被海浪迅速冲刷干净。这就是许多学习者在考试中发现，明明是自己复习过的内容，却怎么也想不起来的原因。

综上所述，"临时抱佛脚"作为一种学习策略，其可靠性和有效性是值得质疑的。

为了真正掌握知识，学习者应更加重视日常学习的积累，通过间隔复习和深度加工等策略，促进信息从短时记忆向长时记忆的转化。

2. 间隔复习法让记忆更深刻

那么，如何根据记忆规律来强化记忆、提升学习效果呢？根据海马体的记忆特性，多次重复是加深记忆的关键。为此，我们可以将学习内容切割成小块，初次学习后，要规划多次复习，并在每次复习之间设置合理的间隔时间，以此巩固记忆，同时减轻一次性突击复习带来的沉重压力。

间隔复习法能有效减轻一次性记忆大量信息所带来的负担，让记忆过程变得更为轻松和高效。以孩子们常感困扰的英语单词背诵为例，可以设定每天背诵一定数量的单词，如 20 个或 50 个。在第二天学习新单词时，不妨先回顾第一天的单词，特别是那些较为难记的单词，需要多看几遍。第三天，继续复习前两天的单词……到了第六天，再次回顾第一天的单词。一周后，再次复习，半个月后亦不例外。通过这样周而复始的复习，记忆将愈发深刻，背诵速度也会逐渐提高，所需时间自然越来越少。

临时抱佛脚：为何不是长效学习策略
- 从记忆的三阶段理论看"临时抱佛脚"的局限性
- 间隔复习法让记忆更深刻

可见，与"临时抱佛脚"相比，间隔复习法是一种更为科学、高效的学习策略。它遵循记忆规律，帮助学习者在学习的道路上走得更远、更稳。从长远来看，制订科学的复习计划并付诸实践，才是提升学习效果、真正掌握知识的关键。

6.1.3　家长指导孩子提高记忆效率的策略

在追求学习进步的道路上，记忆效率与学习成绩的提高是孩子面临的重要课题。为了帮助孩子更有效地学习，家长可以引导孩子采取以下策略。

1. 精心规划，科学安排学习计划

首先，制订一个详细且切实可行的学习计划至关重要。孩子应将学习内容分解为多个小块，分散到日常的不同时间段进行复习，避免考前突击"临时抱佛脚"。例如，可以设定每天学习的目标，如完成数学公式、英语单词或历史事件的记忆，

并确保这些任务在相对轻松的环境中完成。其次，合理管理时间是关键。应确保孩子有充足的睡眠和休息时间，让大脑在最佳状态下运作。例如，小杰的妈妈为他制订了一个每天两小时的学习计划，并安排他在睡前进行半小时的复习，这样既提高了学习效率，又避免了过度劳累。

2. 深度加工，在理解中深化记忆

记忆不仅仅是死记硬背，更重要的是对知识的深度加工和理解。家长可以鼓励孩子通过讨论、举例、实践应用等方式，将所学知识转化为自己的理解和见解。比如，在学习物理中的牛顿运动定律时，可以通过观察身边的物体运动，尝试用定律解释现象，这样的过程不仅能加深记忆，还能培养解决问题的能力。小丽在学习生物细胞结构时，通过绘制细胞结构图并标注各部分功能，将抽象的知识形象化，极大地提高了记忆效率。

3. 巧妙运用记忆原理，优化复习策略

根据记忆曲线的原理，多次复习比一次性记忆更有效。家长可以指导孩子采用间隔复习法，即在初次学习后，每隔一段时间回顾一次，以减少遗忘。此外，还可以尝试联想记忆、故事记忆、图像记忆等多种方法，使记忆过程更加生动有趣。例如，在记忆历史事件时，可以将其编织成一个有情节的故事；在背诵化学元素周期表时，可以将其编成歌曲，这些都能显著提高记忆效果。

4. 费曼学习法，输出是为了更好地学

课堂上的知识往往如流水般迅速涌入我们的脑海，却又在不经意间悄然流逝。初时的新鲜感与理解可能在一节课后已减半，一天后更是所剩无几，一周过去，似乎已忘得一干二净。然而，通过有效的知识输出，我们可以大大增强对知识的巩固与记忆。费曼学习法正是这样一种高效的学习策略，它强调："如果你能够用简洁明了的语言向他人解释一个概念，那么你就真正掌握了这个概念。"

家长应当鼓励孩子成为知识的传播者，当小讲师，尝试用自己的语言向家人、朋友甚至宠物解释所学内容。这种看似简单的"教授"行为，实则是对孩子理解深度的极大考验。在解释的过程中，孩子需要调动自己的知识储备，用清晰的逻辑和准确的表达来阐述观点。这一过程不仅能够帮助他们检验自己的理解程度，更能够使他们在不断的思考和表述中深化对知识的理解与记忆。

5. 睡前学习，把握大脑黄金整合期

当夜色深沉，万籁俱寂时，大多数人或许已沉入梦乡，然而，这正是大脑进行高效信息整合的绝佳时机。科学研究揭示了一个令人惊讶的事实：睡前进行学习，能够促使大脑在睡眠期间对白天接收的信息进行深度加工与整理，进而巩固记忆，显著提升学习效果。

鉴于此，家长可以引导孩子充分利用这一宝贵的时间窗口，将睡前时光转化为学习的助力。无论是复习一天的课程内容，还是背诵一些英语单词，都是值得尝试的选择。当孩子怀揣着满满的知识沉入梦乡时，他们的大脑正悄无声息地进行着知识的整合与巩固。

以我儿子为例，他曾在一个宁静的夜晚面临着一次突如其来的挑战。那时他 7 岁，临时决定参加次日的英语比赛。他需要在比赛中背诵古诗《春晓》的英文版本。由于时间仓促，他边学边记这首古诗，尽管他反复记忆了好几遍，却依然难以记住。在无奈与疲惫中，他索性选择去睡觉。然而，令人意想不到的是，第二天清晨，他告诉我，他竟然奇迹般地已经能够完整背诵这首英文古诗了。那一刻，我深刻体会到了睡前学习的魅力与大脑在休息时仍持续工作的神奇力量。

这一案例不仅验证了睡前学习的有效性，更让我们看到了大脑在睡眠期间的无限潜力。因此，家长不妨鼓励孩子养成睡前学习的习惯，让他们在轻松愉悦的氛围中享受学习的乐趣，同时收获知识的果实。

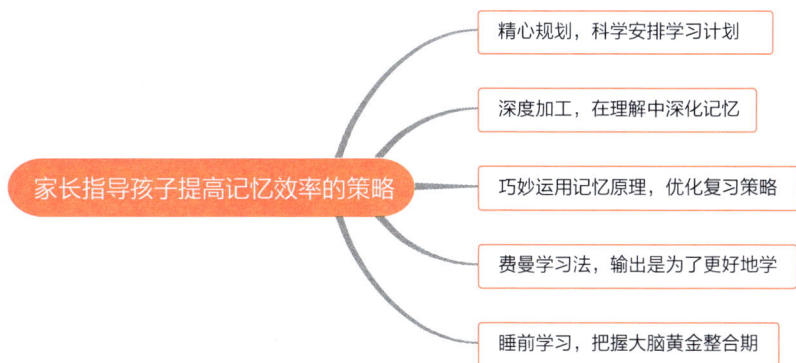

家长指导孩子提高记忆效率的策略
- 精心规划，科学安排学习计划
- 深度加工，在理解中深化记忆
- 巧妙运用记忆原理，优化复习策略
- 费曼学习法，输出是为了更好地学
- 睡前学习，把握大脑黄金整合期

"学习不只是努力，更需要智慧。" 在孩子的学习旅程中，家长的智慧引导至

关重要。这些策略不仅使学习变得更加高效，还让孩子在轻松愉悦的氛围中享受学习的乐趣，为他们的未来铺设坚实的基石。

阿尔伯特·爱因斯坦曾说："学习就像一场马拉松，需要持续的努力和坚持。"了解记忆原理并应用科学的学习方法，对于提高学习效果至关重要。通过科学记忆和有效复习，不仅解决了孩子学了记不住的问题，还提高了孩子的学习效率和学习成绩。在学习的道路上，只有勤奋与策略并重，才能取得真正的成功和进步。

6.2 警惕大量刷题导致"消化不良"

6.2.1 大量刷题为何会导致"消化不良"

在当今教育体系中，大量刷题成为许多学生提高分数的"捷径"。他们夜以继日地埋头于书山题海，试图通过反复练习来提高解题能力。然而，这种做法往往忽略了学习的本质——理解与消化。不少学生虽然做了大量的题，但却没有时间去真正消化所学内容，尤其是对错题的反思与总结。这种学习方式，就如同一个人在马拉松赛道上不停地奔跑，却没有时间停下来恢复精力，最终可能导致"消化不良"，即看似投入大量精力，学习效果却事倍功半。

从心理学的角度来看，这种学习方式存在一个问题：信息过载。当我们的大脑在短时间内接收到大量信息（比如大量的题和答案）时，它就会像胃一下子摄入过多食物一样，感到难以消化。大脑需要时间来处理和整合这些信息，否则就会像食物未经咀嚼而被直接吞下，虽然看似吃了很多，但实际上并未真正吸收营养。

因此，大量刷题而不注重反思和总结（即"消化"这些信息），只是机械地重复解题步骤，缺乏对知识的深入理解和灵活应用，则会导致学习效果不佳。看似投入了大量精力，但实际上并未真正提高解题能力或理解水平。这就是所谓的"消化不良"。

可见，学习不仅仅是接收信息，更重要的是消化和吸收这些信息，将它们转化为自己的知识和能力。只有真正理解和内化了所学内容，孩子才能在学习的道路上走得更远。

6.2.2　战胜"消化不良"的良方——建立错题本

针对"消化不良"的现象，一种有效的解决方法是建立错题本。错题本不仅记录了孩子在解题过程中遇到的错误，而且是他们掌握知识情况的"晴雨表"。通过整理错题，孩子可以清晰地看到自己在哪些方面存在薄弱环节，从而有针对性地进行复习和巩固。

那么，如何建立错题本呢？

1. 收集错题

在做题过程中，一旦遇到做错的题目，就立即将其记录下来。

2. 分类整理

根据错误类型或知识点，对错题进行分类整理，方便后续复习。例如，可以按照数学、物理、化学等学科进行分类，或者根据题目类型（如选择题、填空题、解答题等）进行分类。

3. 分析原因

对于每道错题，都要深入分析错误原因——是概念不清、方法不当还是计算失误。明确错误原因，有助于后续有针对性地改进。

4. 正确解答

在错题本中写下正确的解题步骤和答案，确保自己能够真正掌握这道题。同时，也可以附上一些相关的知识点或解题技巧，以便在复习时能够更全面地回顾。

5. 定期回顾

错题本不是一次性的，而是需要定期回顾和复习的。每隔一段时间，孩子都应该拿出错题本，重新做一遍之前的错题，看看自己是否真正掌握了这些知识点。同时，也可以根据自己的掌握情况，调整复习的重点和策略。

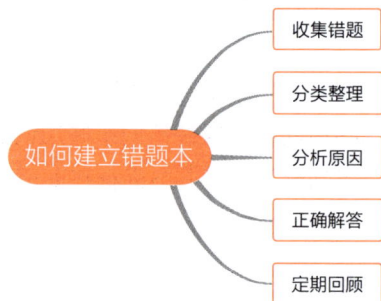

建立错题本是孩子高效整理与深入理解错题、规避盲目刷题所致"消化不良"的有效途径。此外，错题本在孩子自我反省与成长中还扮演着不可或缺的角色。家长可以鼓励孩子坚持**"每日清理错题""每周回顾""每月总结"**的习惯，通过持续性的复习与归纳，逐步提升自己的解题技巧与学习效能。

6.2.3 选择性刷题：高效学习的明智策略

有些孩子常常抱怨，尽管每天投入大量的时间刷题，但效果并不理想。还有些孩子则因为时间紧迫，感觉题永远也刷不完。那么，如何在有限的时间里实现高效刷题呢？选择性刷题便是明智之举，它能帮助孩子避免陷入"消化不良"的困境。

在深入探讨选择性刷题之前，我们需要明确一个前提：刷题并非盲目追求数量，而是要在保证质量的前提下有针对性地进行练习。选择性刷题正是基于这一理念，通过科学合理地选择题目，使孩子在有限的时间内获得最大的学习效益。接下来，我们将从选择性刷题的原则和优势两个方面进行详细阐述。

1. 选择性刷题的原则

（1）**针对性原则**。孩子可以根据自己的学习情况和目标，选择有针对性的题目进行练习。例如，如果某个知识点掌握得不牢固，则可以专门挑选相关题目进行强化练习；如果需要提高解题速度，则可以选择限时训练题目。

（2）**难度适中原则**。孩子可以选择难度适中的题目进行练习，避免题目过于简单或过于难。过于简单的题目无法有效提升孩子的解题能力，而过于难的题目可能打击孩子的学习信心，增加认知负荷。

（3）**质量优先原则**。刷题要注重题目的质量和代表性，可以选择经典题目和历年真题进行练习。这些题目往往涵盖了重要的知识点和解题技巧，有助于孩子更好地掌握学习内容。

（4）**反思与总结原则**。无论选择什么样的题目进行练习，都要注重反思和总结。通过反思和总结，孩子可以发现自己的不足之处，并及时进行纠正和改进。同时，可以从错误中汲取经验和教训，提高自己的解题能力和学习效率。

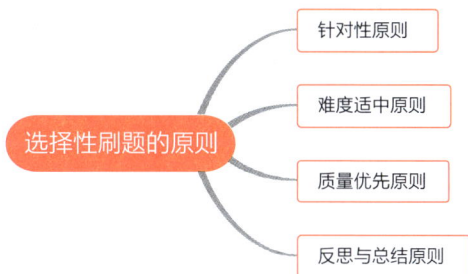

2. 选择性刷题的优势

（1）**高效利用时间**。在有限的时间内，孩子通过选择适合自己的题目进行练习，可以避免盲目刷题带来的时间浪费。

（2）**提升学习效果**。孩子可以针对自己的薄弱环节进行强化练习，有助于快速提升学习效果。

（3）**培养自主学习能力**。通过选择性刷题，孩子可以逐渐学会如何根据自己的学习情况和目标来规划学习时间与学习进度。

（4）**增强时间管理能力**。通过选择性刷题，孩子可以在有限的时间内完成高质量的学习任务，有助于增强时间管理能力。

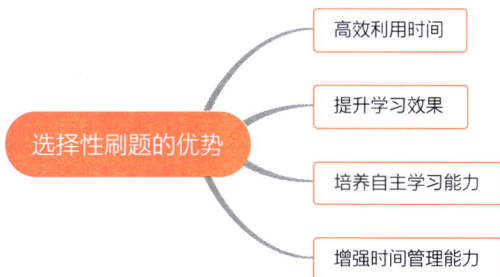

托马斯·爱迪生曾言："方法比知识更重要。"可见，选择性刷题是一种高效学习的策略。它不仅能帮助孩子避免盲目刷题带来的"消化不良"问题，还能让孩子在有限的时间内获得更好的学习效果。同时，它还有助于培养孩子的自主学习能力和时间管理能力，为未来的学习打下坚实的基础。

6.2.4 学霸的学习之道：借鉴与启示

学霸之所以能够在学习中取得优异的成绩，不仅仅是他们努力的结果，更重要的是他们掌握了科学的学习方法。我们可以汲取他们的学习经验，以指导孩子的学习。总的来说，学霸的学习具有以下几个特点。

1. 注重基础

学霸往往非常注重对基础知识的学习和掌握。他们深知只有打好基础，才能在后续学习中游刃有余。因此，在学习新知识时，他们总是先从基本概念和原理入手，确保自己真正理解了这些内容。

2. 独立思考

学霸善于独立思考和解决问题。他们不会盲目地跟随老师的思路或同学的答案，而是会结合自己的理解和实际情况进行思考和判断。这种独立思考的能力不仅可以帮助他们更好地掌握所学内容，还可以培养他们的创新思维和解决问题的能力。

3. 高效刷题

学霸并不会盲目地刷题，而是会有选择地刷题。他们会根据自己的学习情况和目标，选择适合自己的题目进行练习。同时，他们也非常注重对错题的整理和反思，通过不断地纠正错误来提高自己的解题能力。

4. 合理安排时间

学霸非常注重对时间的合理安排和利用。他们会根据自己的学习计划和目标来分配时间，确保每个知识点都能得到充分的复习和巩固。同时，他们也会注意休息、运动和放松，避免长时间的学习导致疲劳和厌倦。

5. 保持积极心态

学霸通常具有积极的心态和乐观的精神。他们相信自己能够通过努力取得优异的成绩，即使遇到困难和挫折也不会轻易放弃。这种积极的心态不仅可以激励他们不断前进，还可以帮助他们在学习中保持自信和乐观。

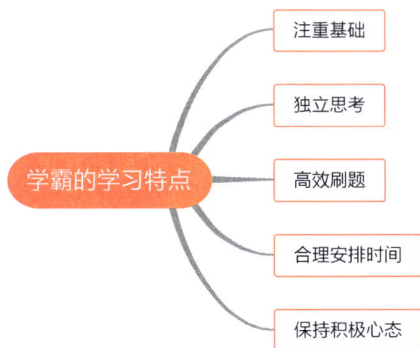

从学霸的学习经验中，孩子可以学到很多有益的学习方法和策略。这些方法和策略不仅可以帮助孩子提高学习效率和学习成绩，还可以培养他们的自主学习能力和创新精神。

正如著名教育家**叶圣陶**所说："**活读运心智，不为书奴仆。**"学习不仅仅是机械地重复和记忆，更是理解和应用的过程。孩子只有掌握了科学的学习方法，才能真正实现学习的本质提升和全面发展。在学习的征途中，只有勤奋与策略并重，才能取得真正的成功和进步。

6.3　善于自我提问，才能找到精准提分项

在为学生做生涯规划、升学指导的过程中，我也经常为他们做学习指导。每当对孩子进行指导时，我总会特别关注他们最近一次考试的做题状态。这不仅能帮助我更好地了解他们的考试状况，还能为他们提分提供更具针对性的指导建议。

6.3.1　学会问问题，找出问题原因

在与学生的交流中，我时常听到各种关于考试失分的理由。有的学生会告诉我："老师，我这次没考好，是因为题目没有读完，看了一半就答题了。"有的学生则说："老师，我没考好，是因为在计算时把数字和符号看错了。"还有的学生会抱怨："老师，我觉得题目太难了，让我心情烦躁，根本不想做。"更是有学生说："老师，我没考好，是因为时间不够，做得特别匆忙。"甚至有的学生说："老师，

我机读卡上的选择题都没涂完。"还有的学生懊恼地表示："老师，我漏题了。"……

这些理由五花八门，但仔细分析后不难发现，它们大多指向了非知识性的问题。学生们在描述失分原因时，往往更多地讲述自己在考试过程中的失误和心态问题，而不是真正不会做的题目。这不禁让我思考：如果能帮助学生解决这些非知识性的问题，他们的分数是否会有显著的提高呢？

答案是肯定的。事实上，很多时候，学生在考试中失分并非完全因为知识掌握得不牢固，而是由于一些可以避免的错误和不良习惯导致的。因此，要想在考试中提分，关键在于找到并解决这些问题。

那么，如何做到这一点呢？我认为，关键在于引导孩子学会自我提问，精准定位非知识性问题的提分项。

首先，我们需要引导孩子学会问自己："我为什么会失分？"这是一个看似简单却极具深度的问题。通过这个问题，孩子可以迫使自己深入思考考试中的每一个细节，从而找出导致失分的真正原因。

其次，在引导孩子自我提问的过程中，我们要鼓励他们从以下几个方面进行反思。

- 读题方面：怎么确保把题目读完，并找出关键信息？

- 计算粗心方面：怎么避免因粗心大意、看错数字或符号而导致计算错误？

- 心态稳定方面：怎么避免因题目难度过大或时间紧迫而容易心慌紧张，导致发挥失常？

- 考试时间管理方面：怎么避免因为时间分配不合理而导致某些题目没有完成？

- 答题习惯是否良好：怎么避免因漏题、涂卡不完整等答题习惯问题而导致失分？

通过这些问题，孩子不仅可以更加清晰地认识到自己在考试中的不足之处，还能为后续思考和解决这些问题打下坚实的基础。

6.3.2 对问题原因进行分类，并有针对性地解决

在找出问题原因后，我们需要对这些原因进行分类，并给出有针对性的解决方案。根据我的经验，这些问题大致可以被分为两类：心态问题和粗心问题。

1. 心态调整策略

心态问题主要源于孩子对考试的认知和态度，常因恐惧、焦虑或过度紧张而影响表现。针对这一问题，以下策略可供参考。

- 正确认知考试：引导孩子将考试视为检验学习成果的机会，而非决定命运的唯一标尺。理解考试的本质，有助于减轻心理负担。

- 倾听孩子的担忧：了解孩子对考试结果的担忧，特别是孩子担心家长的反应。通过沟通，让孩子感受到家长的支持与理解，减轻其心理负担。

- 积极心理暗示：教导孩子在面对难题时保持冷静，相信自己的实力。强调分数与题目的难易程度相关，而升学与排名挂钩。鼓励孩子认真做自己会做的题目，细心应对简单的题目。

- 试卷预判技巧：建议孩子在拿到试卷后先浏览一遍，了解整体难易程度。对难题做好标记，避免过度耗时，保持心态平和。

- 放松训练：教导孩子利用深呼吸等放松技巧来缓解紧张情绪。将注意力转移到做题上，用积极暗示为自己加油。

2. 粗心应对策略

粗心问题主要与孩子的做题习惯和注意力有关，孩子常因注意力不集中、粗心大意而失分。以下策略有助于改善这一问题。

- 培养专注做题习惯：引导孩子养成专注做题的习惯，排除杂念，避免分心。例如，避免在做题时哼歌、想其他事情或玩玩具等。

- 提升审题技巧：强调审题的重要性，要求孩子仔细阅读题目，确保理解正确。教孩子掌握关键词圈点勾画技巧，如最大值、最小值、数字、范围、正确、错误等。

- 运算准确性训练：教导孩子看清数字和符号，通过口中默念、眼睛认真看、手眼口并用等方式提高运算的准确性。鼓励孩子养成"秒检查"习惯，即每写一行运算步骤，眼睛就扫视一下所写的内容，确保每一步都运算无误。

- 防范漏题问题：认真检查试卷，核对是否完成所有题目，并填涂好机读卡。在检查过程中注意填涂是否错位。

- 调整做题态度：建议孩子在做题时保持认真、细致的态度。即使速度稍慢，也要确保正确率，避免因粗心大意而导致失分。虽然很多孩子检查不出什么问题，但还是要给孩子强调检查的重要性，鼓励孩子在做完题后认真检查，确保无误。

通过采取上述策略，孩子可以更好地调整心态，克服粗心问题，从而在考试中发挥出自己的最佳水平。

```
                          ┌─────────────┐
                          │ 心态调整策略 │
         ┌──────────────┐ └─────────────┘
         │ 问题分类解决策略 │
         └──────────────┘ ┌─────────────┐
                          │ 粗心应对策略 │
                          └─────────────┘
```

爱因斯坦曾说："提出一个问题往往比解决一个问题更重要。"学会自我提问，是通往成功的第一步。通过引导孩子学会自我提问、精准定位提分项，我们可以帮助他们更加清晰地认识到自己在考试中的不足之处，并给出有针对性的解决方案。这样不仅能够提高他们的考试成绩，更重要的是能够培养他们的自主学习能力和解决问题的能力。

在未来的学习道路上，愿每一个孩子都能学会自我提问、精准定位、持续进步。记住：**每一次的反思和总结都是对自己的一次提升和超越。**只有不断地审视自己、挑战自己，才能在学习的道路上走得更远、更稳。

6.4　成绩不稳定，分析考后态度很重要

在孩子的学习过程中，成绩不稳定是一个让许多家长和老师都颇为头疼的问题。很多家长向我抱怨，孩子的考试分数就像坐过山车一样，忽高忽低，让人捉摸不透。甚至有些家长无奈地祈祷，希望孩子在大考前能考差一点儿，这样大考就能考好了。这种矛盾的心态，恰恰反映了家长对孩子成绩不稳定的担忧和困惑。

我也经常和成绩不稳定的孩子进行交流，试图找出问题的根源。而从这些孩子那里得到的答案大多与态度相关。比如小郑是一名高三的学生，他就是典型的一次考好、一次考差的例子。当问他为什么这次能考好时，他说因为上次没考好，所以

考后学习特别认真，也不敢贪玩了，考试时也特别注意。而当问他为什么没考好时，他的回答却是上次考得太好了，所以松懈了。这个答案让人哭笑不得，这是典型的随性态度。

6.4.1　成绩波动原因的深度剖析

在与众多学生进行了深入的交流和探讨后，我逐渐意识到，孩子成绩波动并非仅仅受到前次考试成绩心理效应的单一影响，而是由多种复杂因素交织而成的结果。

1. 心理状态的"双刃剑"

面对考试结果，孩子的后续学习行为和学习成绩往往受到前次考试成绩的深刻影响，这一现象的背后蕴含着丰富的心理学原理。

成功后的松懈，根源在于"**自我满足偏误**"。当孩子在考试中取得佳绩时，他们容易过度自信，认为自己已经掌握了足够的知识，从而在后续学习中放松警惕，减少努力。这种心理懈怠不仅导致学习态度变得消极，学习动力减弱，还可能引发"**成功后的下坡效应**"，即成功后因缺乏持续的努力而导致成绩下滑。

相反，面对考试失败，孩子可能会经历挫败感，但这也可能成为他们奋发向前的契机。这体现了"**挫折 − 努力理论**"的积极作用，即个体在面对失败和挫折时，可能会产生强烈的改变现状的动机，通过增加努力来克服挑战，提升自我。这种心态的转变，若能转化为实际行动，将显著提高学习效率和学习成绩。

成功后的松懈是自我满足的陷阱，而挫败后的反弹则是自我超越的契机。无论是成功后的松懈还是挫败后的反弹，都凸显了心态对行为和结果的重要影响。这符合"自我效能感"理论的核心观点，即个体对自己能力的信念会直接影响其努力程度、坚持性和最终成就。因此，保持适度的自信而不至于自满，以及从失败中汲取力量，都是孩子在学业道路上取得持续进步的关键。

2. 学习策略的僵化

如果孩子在前次考试中凭借特定方法取得好成绩，那么他们可能会故步自封，不根据考试内容的变化来调整学习策略。事实上，每场考试都有其独特性，要求孩子运用不同的学习方法和解题策略。缺乏灵活性，可能导致成绩波动。

- **死记硬背的局限**：单纯依赖记忆而不理解知识的本质，虽然在某些考试中能奏效，但在需要综合分析和灵活应用的场景中，则显得捉襟见肘。

- **缺乏归纳和总结**：盲目刷题而忽视对解题思路的归纳和总结，不仅效率低下，还容易在相似题型上重复犯错，影响成绩的稳定性。

3. 知识掌握的不均衡

成绩波动的一个重要原因在于孩子对知识掌握的不均衡。在学习过程中，孩子往往会根据自己的兴趣和难度感知来选择性地关注某些知识点，而忽略其他内容。因此，在前次考试中，孩子可能恰好遇到了自己较为熟悉和擅长的知识点，从而取得了优异的成绩。然而，当下次考试涉及他们不熟悉或掌握得不够深入的知识点时，他们便可能感到力不从心，导致成绩大幅下降。这种不均衡的知识掌握状态，使孩子在面对不同的考试内容时，成绩会表现出较大的波动性。

4. 知识的遗忘效应

知识遗忘是导致成绩波动的一个重要因素。考后，若孩子未能及时复习和巩固所学知识，随着时间的推移，他们对这些知识的记忆将逐渐减弱，甚至完全遗忘。这种遗忘效应不仅影响孩子对知识点的掌握程度，还可能导致他们在后续学习中产生混淆和误解。当再次遇到这些曾经学过的知识点时，孩子可能会因为记忆模糊而犯错，从而影响考试成绩。因此，及时复习和巩固所学知识，对于减少知识遗忘、提高学习效率和保持成绩稳定至关重要。

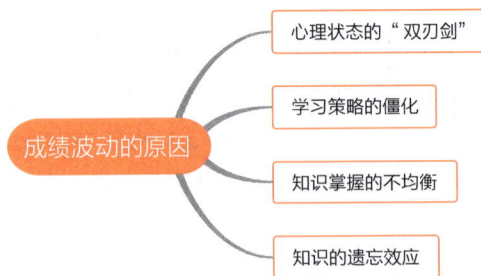

```
                              ┌─────────────────┐
                         ┌────│ 心理状态的"双刃剑" │
                         │    └─────────────────┘
                         │    ┌─────────────────┐
                    ┌────┼────│ 学习策略的僵化    │
         ┌──────────────┐│    └─────────────────┘
         │ 成绩波动的原因 │     ┌─────────────────┐
         └──────────────┘├────│ 知识掌握的不均衡  │
                         │    └─────────────────┘
                         │    ┌─────────────────┐
                         └────│ 知识的遗忘效应    │
                              └─────────────────┘
```

"学如逆水行舟，不进则退。"孩子成绩波动是一个复杂而多维的现象，它要求我们在关注孩子心理状态的同时，也要重视其学习策略的灵活性、知识掌握的均衡性，以及对知识的及时复习和巩固。只有这样，孩子才能在学业道路上稳健前行，不断取得新的进步与成就。

6.4.2 如何克服成绩不稳定

在学习的征途中，成绩起伏不定常常让家长与孩子心生焦虑。然而，这并不是不可逾越的障碍，而是孩子成长路上必经的磨砺。下面我们将携手探索三大法宝，助力孩子克服成绩不稳定，迈向更加坚实的学习之旅。

1. 调整心态

首先，正确看待成绩。成绩，不过是一面镜子。成绩，只是孩子某一阶段学习成果的反映，而非衡量其全面能力的标尺。当孩子取得佳绩时，不妨给予他们温暖的拥抱与适度的鼓励，同时引导他们保持谦逊，持续前行；当孩子遭遇挫折时，这更是亲子间情感联结的良机，用理解与支持替代责备，一同剖析原因，鼓励孩子从失败中汲取养分，勇敢地站起来。

其次，树立正确的学习目标。帮助孩子树立正确的学习目标，让他们明白学习的真正意义在于提升自己的能力和素质，而不是仅仅为了取得好成绩，或受到表扬。一个明确的学习目标可以激发孩子的学习动力，让他们在学习过程中更有方向感。同时，学习目标也应该具有一定的挑战性，但又不能过高，以免让孩子感到压力过大。

最后，培养良好的心理素质。良好的心理素质是孩子在学习中保持稳定状态和在考试中保持稳定发挥的关键。遇到难题能稳住心态，遇到简单题不掉以轻心。家长和老师可以通过一些方法来提升孩子的心理素质，比如让孩子多参加一些竞技活动，如体育比赛、演讲比赛等，让他们在竞争中锻炼自己的心理承受能力。此外，还可以教孩子掌握一些应对压力和挫折的方法，如深呼吸、放松肌肉、积极自我暗示等，让他们在面对困难和挑战时能够保持冷静，从容应对。

2. 改进学习方法

第一，制订科学的学习计划。学习计划是孩子行动的指南，可以根据孩子的学习目标来制订学习计划。例如，可以根据上一次考试成绩来制订针对下一次考试的学习计划，但不能因为考试考得好而省掉这个计划。一个科学的学习计划可以帮助孩子合理安排时间，提高学习效率。

此外，要根据孩子的实际情况，包括学习进度、学习能力、时间安排等，制订具体可行的计划。同时，学习计划也要具有一定的灵活性，以便在实际执行过程中能够根据情况对其进行调整。

第二，夯实基础知识。 基础知识是孩子学习的根基，就如同高楼大厦的地基，唯有根基稳固，方能支撑起更高远的学业梦想。在学习过程中，孩子要注重基础知识的学习，认真听讲、做好笔记、及时复习，确保对基础知识的掌握牢固。

第三，善用参考书。 面对"听懂不会做"的困境，家长需要引导孩子使用优质参考书，通过多样化的题型练习来加深对知识点的理解与应用。这样坚持一段时间后，学会了如何迁移应用，举一反三，那么在做题的时候就比较容易了。

3. 及时复习和巩固

知识遗忘是不可避免的，因此，孩子要及时复习和巩固所学知识。对所学知识多看几次，印象才会更深刻。千万不要有自满心理，认为自己上次考试考得好，这次考试不用复习也能考。孩子可以采用定期复习的方式，比如每天复习当天所学内容，每周进行一次小结复习，每月进行一次全面复习等。通过及时复习和巩固，可以加深对知识的理解和记忆，减少知识的遗忘。

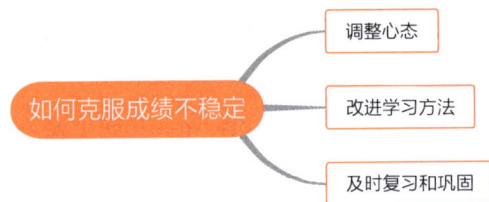

```
                          ┌──── 调整心态
如何克服成绩不稳定 ──┼──── 改进学习方法
                          └──── 及时复习和巩固
```

成绩不稳定，调整心态是关键。孩子要正确看待成绩，树立正确的学习目标，培养良好的心理素质。改进学习方法也非常重要，及时复习和巩固，查漏补缺，可以确保孩子对知识的掌握更加牢固。

在未来的学习道路上，愿每一个孩子都能找到自己成绩不稳定的原因，积极采取措施加以克服。记住：**成绩的稳定不是一蹴而就的，需要孩子不断地努力和坚持。** 孩子只有通过不断地反思和总结，调整自己的学习态度和学习方法，才能在学习的道路上取得更加稳定的成绩，实现自己的人生目标。

6.5　合理安排时间，才是解决偏科问题的最佳途径

在孩子的学习生涯中，偏科是一个普遍存在且令人困扰的问题。作为一名心理老师和生涯规划导师，每次孩子大型考试结束后，我都喜欢与他们探讨考试情况，并根据他们的问题给出一些建议。然而，在探讨过程中，我频繁听到孩子们说关于偏科的苦恼。他们或者对某一科目束手无策，或者因时间管理不当而导致弱势学科得不到有效提升。这些问题不仅困扰着孩子们，更反映了他们在学习过程中面临的挑战和困境。

6.5.1　孩子偏科的困惑与分析

1. 孩子偏科的困惑

小明的数学难题："老师，我的数学是弱势学科，我已经积累了 100 多道错题和难题，但就是没有时间去消化它们。每次看到那些错题，我都觉得头疼，我想复习，但是感觉问题太多了，不知道从哪里开始复习。"

小红的计划落空："老师，我甚至制订了很多计划来提升我的弱势学科，但到头来，我什么都没有做，成绩也没有起色。每次计划都制订得很完美，但一到执行时，就总是被其他事情打乱。"

小李的英语与物理："老师，我的英语学得很好，我花了很多时间去提升它，但我的弱势学科如数学和物理，一提起来就头疼。我真的很想提高这些学科的成绩，但总是找不到合适的方法。"

这些声音是孩子们面对偏科问题时的真实写照。他们或者对错题堆积如山感到无助，或者因为计划无法执行而沮丧，或者因为无法平衡各科的学习时间而苦恼。这些问题看似简单，实则涉及了学习方法、时间管理、心理调节等多个方面。

2. 孩子偏科的分析

从心理学原理的角度对孩子偏科的困惑进行综合分析，我们可以看到这背后隐藏着复杂的心理机制。

小明的情况深刻揭示了**"习得性无助"**这一心理学现象。面对数学难题和大量

错题，他可能逐渐累积起一种无法克服困难的无力感，这种心理状态往往源于反复尝试却未能成功的经历。这种无力感进而促使他回避复习，形成了一种消极的学习循环。为了打破这一困境，关键在于引导小明重新树立对数学的信心，找到最容易攻克的问题来积累成功体验，从而减少挫败感，增强自我效能感。

小红的问题与"计划谬误"和"自我控制力"这两种心理学原理紧密相关。计划谬误指的是人们在制订计划时往往过于乐观，未能充分考虑到在计划执行过程中可能遇到的困难和挑战。小红虽然制订了看似完美的计划，但往往因为缺乏足够的自我控制力，容易受到其他事情的干扰，导致计划无法得到有效执行。针对这一问题，需要通过时间管理和自我监控的训练来提升小红的执行力和抗干扰能力。

小李的情况则主要体现了"兴趣偏好"和"认知资源分配"的心理学原理。兴趣偏好是个体在选择学习内容时的重要影响因素，小李对英语有浓厚的兴趣，因此愿意投入更多的时间和精力去学习。然而，对于数学和物理等学科，因为他缺乏兴趣，学习效果自然不佳。这背后涉及认知资源的分配问题，即个体在面对多个任务时，会根据兴趣、重要性等因素来分配有限的认知资源。

孩子在偏科问题上有着诸多困惑，正如华罗庚所说："聪明出于勤奋，天才在于积累。"帮助孩子克服偏科问题，需要从心理学的角度出发，综合运用多种方法，引导孩子树立信心，提升自我控制力，合理分配认知资源，从而在学习的道路上实现全面发展。

6.5.2 孩子偏科的深层原因

偏科问题不是一下子形成的，偏科是由多种深层原因交织而成的复杂现象。了解这些原因，不仅有助于我们更全面地认识孩子的学习困境，还能为制定有效的应对策略提供重要依据。下面我们将深入探讨孩子偏科的五大深层原因，并对其进行细化分析。

1. 认知风格差异

每个孩子都有其独特的认知风格，这是由他们的生理结构、成长经历以及个性特点共同塑造的。有的孩子可能更偏向于视觉学习，善于通过图表、图片等视觉信息来理解和记忆知识；有的孩子更擅长听觉学习，喜欢通过听讲、讨论等方式来吸收信息；还有的孩子则更倾向于动手操作，通过实践来加深理解和记忆。

当学科内容与孩子的认知风格不匹配时，他们可能会感到困惑和挫败，学习效率也会因此降低。例如，一个视觉型学习者在面对有大量文字描述的学科时，可能会感到难以理解和记忆，从而对该学科产生抵触情绪。

2. 智能结构差异

每个孩子在智能结构上都有所不同。有的孩子擅长思考与推理，具备强大的数理逻辑能力，因此，在理科领域往往表现出色。这类孩子能够迅速理解复杂的数学公式、物理定律和化学原理，享受解决逻辑问题所带来的乐趣。而有的孩子拥有卓越的语言能力，无论是母语还是外语，都能游刃有余地掌握。他们擅长文字表达，对语言的结构和韵律有着天然的敏感度，因此，在文科尤其是语言类学科上往往能取得优异的成绩。

然而，当孩子的数理逻辑能力和语言能力发展不平衡时，就容易出现偏科现象。有的孩子可能在理科上得心应手，但在文科上却倍感吃力；反之亦然。这种智能结构上的差异，导致他们在面对不同的学科时，表现出截然不同的学习效率和兴趣程度。

以我的一位朋友为例，他在数学、物理、化学等理科学科上的考试几乎接近满分，展现了非凡的数理逻辑能力。然而，他在英语这一语言类学科上的考试却难以及格，明显表现出智能发展不平衡的特点。这种智能结构上的差异，正是导致他偏科的重要原因。

3. 学习策略不当

学习策略是学习者为了有效学习而采用的程序、规则、方法和技巧的总和。有效的学习策略能够帮助孩子更好地理解和掌握知识，提高学习效率。然而，对于一些学科，孩子可能没有找到适合自己的学习方法，导致学习效率低下。他们可能过于依赖死记硬背，而忽视了理解记忆的重要性；或者缺乏归纳和总结的能力，无法将零散的知识点整合成系统的知识体系。这些不当的学习策略不仅会影响孩子对某一学科的理解和掌握，还会削弱他们的学习动力和自信心。

4. 情绪与动机

情绪状态是影响学习动力的重要因素之一。当孩子对某些学科产生恐惧或厌恶情绪时，他们的学习意愿会大幅下降，甚至可能产生逃避心理。这种情绪状态可能源于过去的失败经历、学科内容的难度过大或老师的教学方式不当等因素。

同时，缺乏明确的学习目标或外在奖励也会降低孩子的学习动机。他们可能不知道为什么要学习这些学科，或者觉得学习这些学科没有实际意义和价值。这种缺乏目标和奖励的学习状态会让孩子感到迷茫和动力不足，从而导致产生偏科现象。

5. 家庭与社会环境

家庭氛围、父母的教育态度以及社会对学科价值的评价都可能对孩子的学科兴趣和学习态度产生深远的影响。温馨、和谐、支持性的家庭氛围能够激发孩子的学习兴趣和学习动力；而父母的教育态度则直接决定了孩子对学习的看法和态度。如果父母过分强调某些"重要"学科而忽视其他学科，那么孩子可能会因此产生某种偏见和歧视心理。

此外，社会对学科价值的评价也会影响孩子的学科选择和学习态度。当某些学科被社会普遍认为是无用的或不重要的时候，孩子可能会对这些学科失去学习兴趣和学习动力。例如，我曾经问过一些英语学得不太好的孩子，为什么英语学不好，他们的回答是："我是中国人，为什么要学外语，我又不出国！"这些孩子典型因受到"英语无用论"的影响失去英语学习动力而偏科。

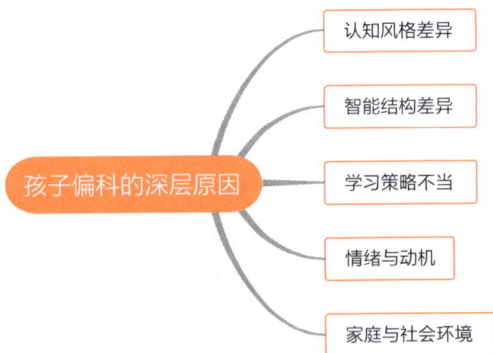

```
孩子偏科的深层原因 ─┬─ 认知风格差异
                  ├─ 智能结构差异
                  ├─ 学习策略不当
                  ├─ 情绪与动机
                  └─ 家庭与社会环境
```

综上所述，孩子偏科的深层原因是多方面的，只有深入了解这些原因，我们才能制定出更加有效的应对策略来帮助孩子克服偏科问题。

6.5.3 帮助孩子解决偏科问题的对策

在教育的广阔天地里，每个孩子都是一颗独特的星，有的在某一领域光芒四射，却在另一片天空下略显暗淡。偏科，这个让众多家长与孩子共同面对的难题，不仅关乎学习的均衡发展，更影响着孩子的自信心与未来潜力。那么，如何帮助孩子跨越偏科的鸿沟，让每一颗星都在各自的轨道上璀璨夺目呢?

1. 正确看待偏科问题

偏科是一种正常的现象，每个人都有自己的优势学科和劣势学科。家长要引导孩子正确看待偏科问题，不要过分焦虑和自责。要认识到偏科并不是不可克服的难题，只要采取正确的方法和策略，就能够逐步提高弱势学科的成绩。

2. 做好弱势学科的时间管理

时间管理是解决偏科问题的基石。面对弱势学科，不妨尝试"每日 20 分钟挑战"——每天抽出 20 分钟时间，专注于弱势学科的学习。这看似微不足道的时间，却能通过日复一日的积累，让孩子逐渐构建起对弱势学科的兴趣与信心。正如滴水穿石，非一日之功，但持之以恒，必见成效。

3. 预习为先，巩固在后

方法上的革新同样至关重要。对于孩子不太擅长的学科，预习成为破冰的第一步。通过提前阅读教材，孩子可以在课堂上更加主动地吸收知识，减少"听不懂"的尴尬。而课后，家长可以引导孩子善用各种学习资源，如教材、参考书、网络课程等，来拓宽自己的知识面，加深对弱势学科的理解和掌握。这样，不仅能帮助孩子解决课堂遗留的问题，还能提升他们的知识综合应用能力。这样的学习策略让学习不再是被动接受，而是主动探索。

4. 学科因材施教，精准施策

学习之道，在于因材施教，精准施策。面对不同的学科，孩子需要依据自身学习状况，灵活采用更具针对性的学习方法。

在数学、物理等偏理科的学科中，多做练习题、总结解题方法能有效提升解题能力。当遇到数学理解困难时，通过作图辅助理解和结合实际生活举例，可以将抽象的概念转化为直观的形式。而在化学学科中，利用歌诀和故事等创新记忆方法记忆元素周期表、结合化学反应实验加深理解，以及运用化学式解析物质的构成，都是提高学习效率的有效途径。

对于语文、英语等偏文科的学科，多读多写、背诵经典作品则能显著增强语言表达能力和阅读理解能力。在语文的学习中，面对阅读难度大的问题，要学会从老师的课堂分析中提炼解题思路，通过大量阅读练习题来实践应用，并参考标准答案的格式，掌握规范答题技巧。而在英语的学习中，增加词汇量是关键，通过多记单词、阅读英文材料，让词汇在语境中生动起来，提升语言应用能力。

此外，当面对大量需要记忆的内容时，思维导图则成为梳理思路、总结重点的得力助手，它能帮助孩子更高效地掌握知识点。

5. 加强与老师的沟通，及时解惑

加强与老师的沟通，是克服偏科问题不可或缺的一环。家长可以鼓励孩子在遇到难题时要勇敢地提问，老师的专业指导往往能一针见血，解决学习中的瓶颈问题。同时，家长的适时介入，与老师共同为孩子的学习把脉，制订更为个性化的学习计划，也是不可或缺的。

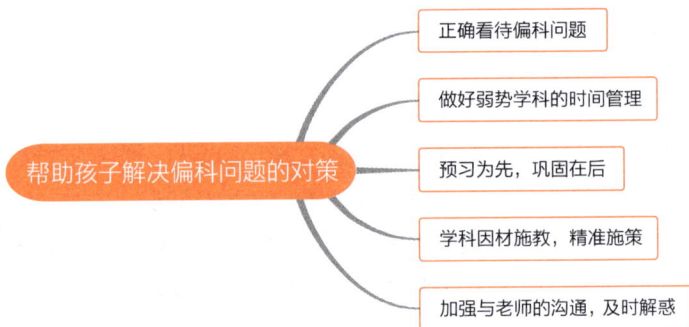

帮助孩子解决偏科问题的对策
- 正确看待偏科问题
- 做好弱势学科的时间管理
- 预习为先，巩固在后
- 学科因材施教，精准施策
- 加强与老师的沟通，及时解惑

"时间就像海绵里的水，只要你愿意挤，总还是有的。" 在学习中，合理安排时间是解决偏科问题的关键。解决偏科问题是一场需要耐心、智慧与爱的持久战。只有通过不断的努力和坚持，才能在学习的道路上获得更加全面的发展，实现自己的人生目标。

6.6　善用人际支持，收获的不仅仅是学习上的进步

在学习的征途中，孩子常常需要面对各种挑战和困难。这些挑战和困难不仅来自知识本身，还来自心理、情绪以及社交等多个层面。然而，许多孩子往往忽视了人际支持在学习过程中的重要作用。人际支持如同一束温暖的光，能够给予孩子克服困难的力量，激发他们的潜能，使他们在学习的道路上更加坚定和自信。善用人

际支持，收获的不仅仅是学习上的进步，更是个人的成长与社交能力的提升。

6.6.1 人际支持的维度和作用

1. 人际支持的维度

人际支持是一个复杂而多维度的概念，涵盖了来自不同方面的支持和帮助。在学习环境中，人际支持主要包括以下几个方面。

- **老师的支持**：老师不仅是知识的传授者，更是学生心灵的引路人。老师的鼓励、指导和反馈，能够极大地提升孩子的学习动力和学习效果。

- **同学的支持**：同学之间的互助和合作，能够创造积极的学习氛围，促进知识共享和相互启发。在遇到困难时，同学的支持和鼓励能够帮助孩子更好地应对挑战。

- **家庭的支持**：家庭是孩子最重要的情感依托。家长的关爱、理解和支持，能够给予孩子极大的心理安慰和动力，帮助他们在学习上取得更好的成绩。

- **社会的支持**：社会上的各种资源和机会，如社区活动、学术竞赛等，也能够为孩子提供广阔的学习平台和丰富的实践经验。

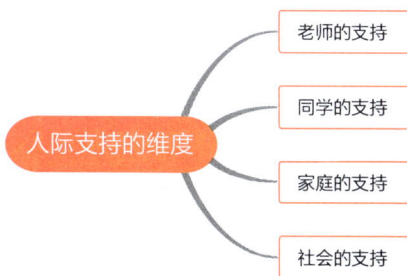

这些不同维度的支持相互交织，共同构成了孩子成长过程中的重要支撑网络。

2. 人际支持在学习中的具体作用

人际支持在学习中的作用是全方位的，它不仅能够直接影响孩子的学习成绩，还能够促进孩子的全面发展。以下是对人际支持在学习中的具体作用的详细分析。

（1）增强学习动力。

人际支持能够极大地增强孩子的学习动力。老师的鼓励和认可，能够让孩子感受到自己的进步和成就，从而更加积极地投入到学习中。同学之间的良性竞争与互助合作，能够激发孩子的求知欲和探索精神，使他们更加主动地学习新知识。家庭的支持和鼓励，能够让孩子感受到温暖和关爱，从而更加珍惜学习的机会，努力提升自己的学习成绩。

> 小张是一名对数学感到困惑的学生，在数学课上，他常常因为无法理解复杂的公式和定理而感到沮丧。然而，他的数学老师并没有放弃他，而是耐心地为他解答疑惑，并给予他积极的鼓励和肯定。在老师的帮助下，小张逐渐找到了学习数学的方法，成绩也有了明显的提高。他感受到了自己的进步，学习数学的热情也愈发高涨。

（2）提升学习效果。

人际支持能够提升孩子的学习效果。老师的专业指导和及时反馈，能够帮助孩子更好地理解和掌握知识点，提高学习效率。同学之间的交流和讨论，能够拓宽孩子的思路，促进知识共享和相互启发。家庭的支持和督促，能够让孩子更加专注地投入到学习中，减少分心和干扰。

> 小李是一名对历史感兴趣的学生，但他常常因为缺乏系统的学习方法和学习资料而感到苦恼。他的同学小王对历史也有着浓厚的兴趣，两人经常一起讨论历史问题，分享学习心得。在相互启发和相互帮助下，小李逐渐找到了适合自己的学习方法，学习效率也有了显著的提高。他不仅掌握了更多的历史知识，还培养了对历史的深入思考能力，拥有独立见解。

（3）培养社交能力。

在学习的过程中，人际支持还能够培养孩子的社交能力。通过与不同背景、不同性格的人交往，孩子能够学会如何与他人沟通、协作，以及如何解决问题。这些社交技能不仅在学习中有用，而且能够帮助孩子找到好朋友，并且使孩子在未来的职业生涯和生活中获得成功。

小赵是一名内向的学生，他不太善于与他人交流。然而，在参加了学校的辩论社团后，他逐渐学会了如何表达自己的观点，如何与他人进行辩论和协商。在社团成员的帮助和支持下，小赵的社交能力得到了极大的提升。他不仅变得更加自信、开朗，还结交了许多志同道合的朋友。

（4）增强心理韧性。

在学习的过程中，困难和挫折是不可避免的，但人际支持能够增强孩子的心理韧性，帮助他们更好地应对挑战。老师的鼓励和引导，能够让孩子保持积极的心态，不轻易放弃。同学之间的支持和理解，能够让孩子感受到集体的力量和温暖，从而更加坚定地面对困难。家庭的支持和关爱，能够让孩子感受到安全感和归属感，减轻他们的焦虑和压力。

小刘在准备高考的过程中感到压力巨大，他担心自己的成绩不够理想，无法进入心仪的大学。但是，他的父母给予他充分的理解和支持。他们告诉小刘，无论结果如何，都会为他感到骄傲。在父母的鼓励下，小刘逐渐调整好自己的心态，以更加平和和自信的态度面对高考。最终，他取得了优异的成绩，成功进入心仪的大学。

人际支持在学习中的具体作用
- 增强学习动力
- 提升学习效果
- 培养社交能力
- 增强心理韧性

人际支持在学习中的作用是不可估量的，它不仅是知识的催化剂，更是心灵的滋养剂。人际支持就像一把钥匙，它能够开启学生的内在潜能，增强学习动力，提升学习效果，同时培养学生的社交能力，增强心理韧性。在爱与鼓励的氛围中，孩子能够更加自信地探索未知，勇敢地面对挑战，最终在学习的征途上绽放属于自己的光彩。

6.6.2 如何在学习中善用人际支持

在学习的过程中，人际支持如同一盏明灯，能够照亮孩子前行的道路。然而，有些孩子却因为种种原因而忽视了这一重要资源，导致他们在学习中遇到困难时孤立无援，最终对学习失去信心。

小明就是这样一个例子。他在学习中遇到了很多问题，但又不喜欢向他人寻求帮助。每当遇到难题时，他总是选择自己琢磨，虽然花费了大量的时间和精力，但是也无法解决。渐渐地，他开始对学习感到厌烦和挫败，成绩也一落千丈。如果小明能够善于利用人际支持，主动向老师、同学或家长请教，他的学习之路可能会更加顺畅。

那么，孩子该如何在学习中善用人际支持呢？以下是一些具体的策略。

1. 积极向老师寻求帮助

老师是孩子学习旅程中的关键引路人。他们不仅负责传授学科知识，还能在孩子遇到学习瓶颈时，提供宝贵的帮助和专业的指导。因此，当孩子在学习中遇到难题时，我们应当积极鼓励他们勇敢地向老师提问，不要因为害怕受到批评或认为问题过于简单而犹豫不决。事实上，老师往往非常欣赏那些敢于提问、展现出强烈求知欲的孩子。只要孩子怀揣着真诚求知的心，老师就会倾囊相授，耐心解答。

老师的鼓励和积极反馈如同甘霖滋润着孩子的心田，成为他们不断前行的强大动力。对于那些性格内向、担心受到责备的孩子，我们可以引导他们这样想："这个问题，只有老师能提供最专业的解答。一旦问题得到解决，自己就会在这个学科取得显著的进步，进而提升整体学习成绩。"这样的正面激励能够帮助孩子克服心理障碍，鼓起勇气向老师请教。记住，每一次勇敢的提问都是通往知识殿堂的重要一步。

2. 主动向同学寻求帮助

当孩子在学习中遇到难题时，主动向同学寻求帮助同样至关重要。正如古语所言："三人行，必有我师。"在学习的道路上，孩子总会遇到一些在某些学科上更为出色的同学，他们就是孩子宝贵的学习资源。鼓励孩子主动向他们请教，不仅能快速解决学习上的困惑，还能在这个过程中增进彼此之间的了解和友谊。这种相互帮助、共同进步的学习氛围，将是孩子学习生涯中宝贵的财富。

3. 培养团体支持意识

除了同学间的个体支持，团体支持在学习过程中的作用同样不可小觑。通过参加学习小组、学术竞赛等多样化的团体活动，孩子能够结识更多志同道合的学习伙伴，携手应对学习中的种种挑战。在这样的团体环境中，孩子们能够相互激励、取长补短，实现共同进步。

我喜欢在孩子大型考试结束后组织交流分享会，邀请几个孩子一起探讨考试中的得失，并鼓励他们针对彼此出现的问题提出建设性建议。这样的互动不仅促进了知识与方法的共享，还增强了孩子间的支持与信任。通过团队合作，孩子不仅收获了解决考试难题的策略，更在无形中培养了团队协作精神和高效沟通能力。

4. 重视家庭的支持

家庭是孩子学习旅程中最坚实的支撑力量。家长的鼓励与支持对于孩子的学习进步具有举足轻重的作用。家长不仅是孩子情感的避风港，能够有效缓解其学习压力，还是孩子学习路上的监督者与指导者，确保孩子按时完成作业、高效复习。家长与孩子保持密切沟通，能够帮助孩子明确学习目标，制订并执行科学的学习计划。

对于年龄较小的孩子，家长的引导与协助尤为关键。面对学习难题，家长应鼓励孩子勇于寻求帮助，与孩子并肩作战，共同攻克难关。这样的过程不仅能确保孩子及时掌握知识，还能有效增强他们的自信心，激发学习兴趣，为孩子未来的学习之路奠定坚实的基础。

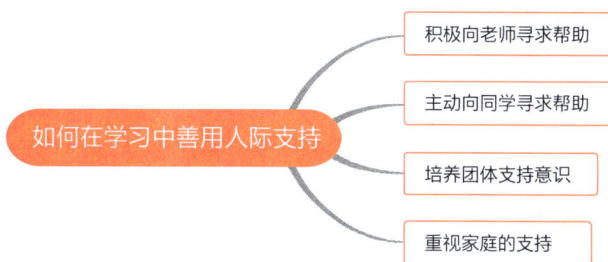

如何在学习中善用人际支持
- 积极向老师寻求帮助
- 主动向同学寻求帮助
- 培养团体支持意识
- 重视家庭的支持

总之，善用人际支持是孩子学习征途中的一项核心能力。它不仅助力孩子跨越学习障碍，更是推动其全面成长的重要驱动力。正如**爱因斯坦所言："我并无特殊才能，唯有对问题不懈探究的热情。"**在人际网络的温暖与力量支撑下，愿每个孩子都能怀揣着求知热忱，不断追寻并领悟知识的深层奥秘。

6.7　要想得高分，考试公式要牢记

考试，作为学生生涯中不可或缺的一部分，不仅是检验知识掌握程度的重要手段，还是衡量个人综合素质的重要标尺。基于我为众多高三学生所做的考试心理分析，我发现了一个简洁而深刻的公式：**分数 = 知识 + 心态 + 仔细**。这一公式从知识积累、心理状态和应试技巧三个方面，全面揭示了获得高分的关键所在。下面我们就来详细探讨这个公式的内涵及其在实际考试中的应用，并且对知识部分进行了深入解析。

6.7.1　知识是分数的基石

知识是考试分数的基石，也是衡量一个人学习能力的基础。无论考试的形式如何变化，对知识的理解和掌握始终是取得优异成绩的前提。要想把知识学好，需要做到以下几步。

1. 预习新知识

预习是学习的起点，它能帮助孩子提前了解即将学习的内容，标记出难点和疑问点，从而在课堂学习中更有针对性地听讲和思考。

2. 系统学习

系统学习是知识积累的第一步。在学习的过程中，要注重知识的连贯性和整体性，将零散的知识点串联起来，形成完整的知识体系。这有助于孩子在面对复杂问题时，能够迅速从知识库中调取相关信息，进行综合分析和解答。

但是，仅仅记住知识点是不够的，更重要的是理解其背后的原理。通过深入思考、讨论和实践，加深对知识点的理解，才能真正做到学以致用。这种深入理解的能力，在解决综合性、创新性问题时尤为重要。

3. 复习和巩固

复习是巩固知识的重要手段。通过定期复习，可以加深对知识的记忆，减少遗忘。同时，复习也是对知识进行再加工和整合的过程，有助于发现新的学习方法和学习思路。在复习的过程中，要注重消化和吸收，确保将知识真正转化为自己的东西。

4. 拓展阅读与使用参考书

除了课本上的知识，孩子还应该广泛涉猎相关领域的书籍、文章和资料，拓宽自己的知识面。另外，参考书中的不同观点和解题思路也能为孩子提供新的启发。这不仅可以提高孩子的综合素质，还能为孩子在考试中答题提供丰富的素材和独特的视角。

```
                                    ┌──────────────┐
                              ┌─────│  预习新知识    │
                              │     └──────────────┘
                              │     ┌──────────────┐
                              ├─────│  系统学习      │
  ╭──────────────────────╮    │     └──────────────┘
  │  学好知识需要做到的几步  │────┤     ┌──────────────┐
  ╰──────────────────────╯    ├─────│  复习和巩固     │
                              │     └──────────────┘
                              │     ┌──────────────────────┐
                              └─────│  拓展阅读与使用参考书     │
                                    └──────────────────────┘
```

知识如大厦之基，唯有深根固本，方能撑起高楼万丈；而持续的学习与探索，则是知识之树常青的关键。孩子要想得高分，就必须注重知识的积累与深化。

6.7.2　心态稳定，自信才能倍增

心态，这一无形却强大的因素，对考试成绩的影响不容忽视。面对考试，一种平和、自信的心态是孩子保持冷静、发挥潜力的关键。那么，如何在考场上保持稳定与自信呢？

1. 积极心态，视考试为检验的机会

对待考试应持有一种积极的心态。将考试视为一次检验自己学习成效的宝贵机会，而非沉重的负担。这种积极的心态能激发孩子复习的热情，使他们在考场上保持高昂的斗志。自信则是成功的敲门砖。在考试前夕，回顾自己的备考历程，相信每一分努力都将在考场上得到回报。如果还有点儿焦虑，则可以问问自己担心什么，再次梳理一遍知识，做好准备，带着自信走上考场。

2. 缓解焦虑，调控情绪

焦虑是考场上的隐形杀手。面对时间的紧迫或难题的困扰，焦虑情绪可能悄然滋生，影响孩子的思维与判断。学会调控情绪至关重要。通过深呼吸、短暂闭目养

神等可以有效缓解紧张情绪，恢复冷静。每一次深呼吸都是对自己的一次肯定，提醒自己："我能够应对这一切。"

3. 保持冷静，智取难题

在考试中，遇到难题在所难免，关键在于如何保持冷静，不轻易放弃。在面对难题时，可以利用**"阿Q精神"**，将难题视为挑战自我的机会，而非阻碍。即使一时无解，也应尝试从不同的角度进行思考，或利用已学知识进行合理推测。但是，要注意合理分配时间，不能在一道题上死磕，确保每道题都能得到应有的关注，不因一题而失全局。

4. 正确面对考试最后 15 分钟

考试进入尾声，最后 15 分钟往往决定成败。此时，孩子的焦虑情绪可能再次涌现，尤其是当发现还有题目未完成或遇到难题时。但请记住，这正是检验孩子心态与应对策略的关键时刻。首先，应迅速评估剩余题目的难易程度和所需时间，优先处理分值高且相对简单的题目。其次，对于难题，采取**"能得一分是一分"**的策略，尽量写出与题目相关的知识点或解题步骤。

例如，在数学考试的最后 15 分钟，小明发现还有一道大题未做。他迅速冷静下来，分析题目的难度，决定先攻克第一小题。虽然最终未完全解答，但因第一小题回答正确，仍获得了可观的分数。

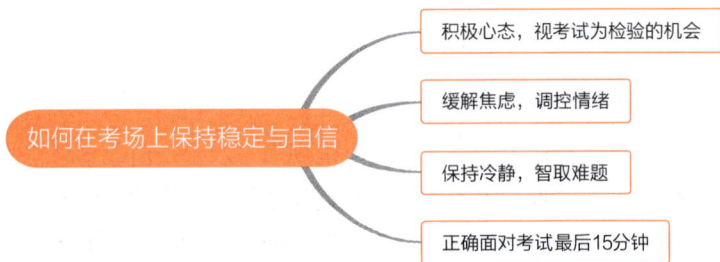

- 积极心态，视考试为检验的机会
- 缓解焦虑，调控情绪
- 如何在考场上保持稳定与自信
- 保持冷静，智取难题
- 正确面对考试最后15分钟

约翰·济慈曾说："**冷静是智慧的源泉，急躁是愚昧的起点。**"可见，稳定与自信的心态是考试取得好成绩的关键，积极面对挑战，智慧调控情绪，方能发挥出最佳水平。

6.7.3 仔细是考试制胜的关键

仔细是孩子在考试中所应具有的一种重要素质，它体现在题目理解、答题步骤和书写规范等多个方面。我曾为两名优秀学生提供辅导，他们的做题速度都很快，总希望留出更多的时间来检查，以确保万无一失。然而，遗憾的是，由于过于追求速度，他们在答题过程中往往忽视了仔细的重要性，结果反而因心慌意乱而出错，即便最后有时间检查，也未能发现问题。这一现象深刻地告诉我们，在考试中，仔细与速度同样重要，甚至仔细更为关键。

在考试的激烈竞技场上，每一个细节都可能是决定胜负的关键。那怎样才能做到仔细、不马虎呢？以下是一套从审题到细节的全方位把控策略，旨在帮助考生最大化减少失误，提高考试成绩。

1. 认真审题：精准把握，避免误读

审题是答题的首要步骤，也是确保答题方向正确的关键。考生应认真阅读题目，深入理解题目的要求和意图，避免因误解题目而失分。在阅读题目的过程中，建议考生用笔勾画关键信息，如限定词、数字等，以确保自己能够准确把握题目的要点。例如，在解答一道涉及比例的题目时，考生应特别注意题目中的比例关系，并明确比例的具体数值，避免因误读或遗漏关键信息而导致错误。

2. 规范答题：清晰表达，减少失误

答题的规范性是确保答案正确性的重要因素。考生应按照规定的格式和要求进行答题，确保书写工整、条理清晰、步骤完整。这不仅有助于提高阅卷老师的阅读效率，还能减少因书写不规范而导致的失分。例如，在计算题中，考生应明确写出每一步的计算过程和计算结果，避免因计算过程中的跳步或书写不规范而导致错误。同时，考生还应注意书写规范，避免因字迹潦草或混淆相似数字（如 6 和 0）而导致误判。

3. 检查核对：细致入微，确保无误

答题完成后，考生应留出一定的时间进行检查核对，包括检查答题卡是否填涂正确、题目是否漏答、答案是否正确等。通过细致入微的检查核对，考生可以及时发现并纠正错误，提高答题的准确率。例如，在填涂答题卡时，考生应仔细核对每个选项的填涂情况，避免因漏填或错填而导致失分。同时，在检查答案时，考生还

应结合题目的要求和自己的解题思路进行复核，确保答案的正确性。

4. 注意细节：态度严谨，减少失分

在考试中，细节决定成败。考生应注意单位换算、运算符号、小数点位置等细节，避免因粗心大意而导致失分。例如，在解答一道涉及单位换算的题目时，考生应明确换算关系并正确进行换算，避免因单位不匹配而导致错误。同时，在运算过程中，考生还应特别注意运算符号的使用和小数点位置的准确性，避免因运算错误或小数点错位而导致失分。为了减少这些细节上的失误，考生可以在心中默念题目的要求，再用眼睛确认相关细节，确保自己能够严谨对待每一道题。

认真审题：精准把握，避免误读

规范答题：清晰表达，减少失误

在考试中，怎样才能做到仔细，不马虎

检查核对：细致入微，确保无误

注意细节：态度严谨，减少失分

可见，考试不仅是对知识的检验，更是对考生的心态、应对策略和执行力的全面考察。"**成功在于细节，细节决定成败。**"在考试中，每一个细节都可能是决定胜负的关键。因此，孩子应时刻保持严谨的态度和细致入微的作风，以确保在考试中发挥出最佳水平。

"**分数 = 知识 + 心态 + 仔细**"这一公式不仅揭示了取得高分的关键所在，还为孩子在考试中取得优异成绩提供了具体的指导。一位智者曾说："**知识为舟，心态为帆，仔细为舵，三者合一，方能驶向成功的彼岸。**"可见，只有将这三者紧密融合起来，才能在考试中取得优异成绩。愿每一个孩子都能掌握这一公式，在考试中发挥出自己的最佳水平。

本章思维导图

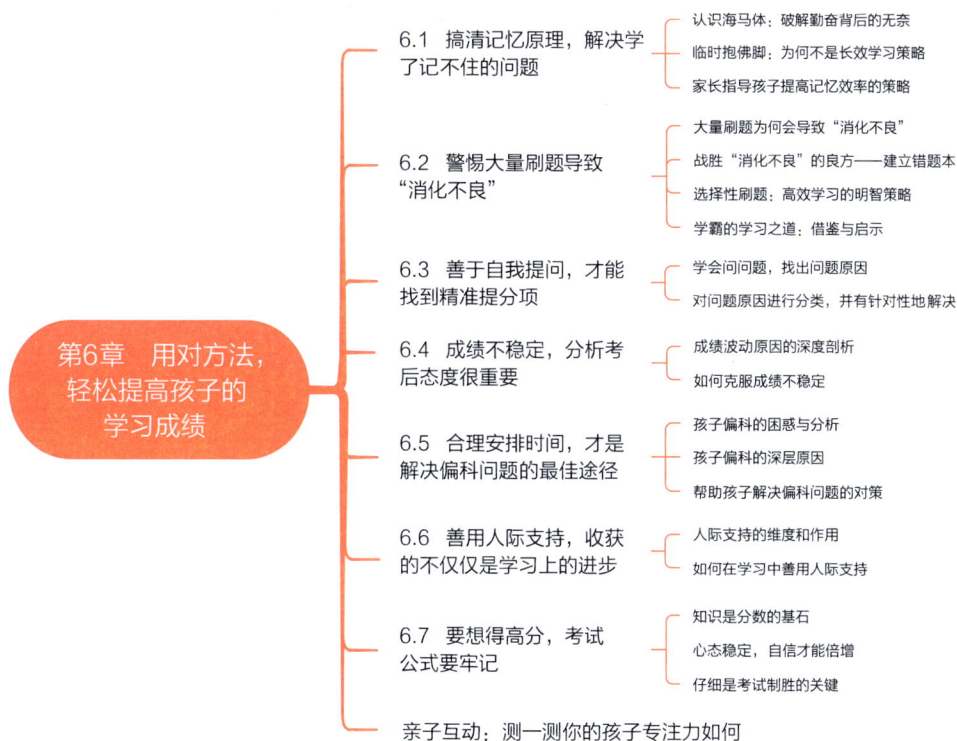

- **第6章　用对方法，轻松提高孩子的学习成绩**
  - 6.1　搞清记忆原理，解决学了记不住的问题
    - 认识海马体：破解勤奋背后的无奈
    - 临时抱佛脚：为何不是长效学习策略
    - 家长指导孩子提高记忆效率的策略
  - 6.2　警惕大量刷题导致"消化不良"
    - 大量刷题为何会导致"消化不良"
    - 战胜"消化不良"的良方——建立错题本
    - 选择性刷题：高效学习的明智策略
    - 学霸的学习之道：借鉴与启示
  - 6.3　善于自我提问，才能找到精准提分项
    - 学会问问题，找出问题原因
    - 对问题原因进行分类，并有针对性地解决
  - 6.4　成绩不稳定，分析考后态度很重要
    - 成绩波动原因的深度剖析
    - 如何克服成绩不稳定
  - 6.5　合理安排时间，才是解决偏科问题的最佳途径
    - 孩子偏科的困惑与分析
    - 孩子偏科的深层原因
    - 帮助孩子解决偏科问题的对策
  - 6.6　善用人际支持，收获的不仅仅是学习上的进步
    - 人际支持的维度和作用
    - 如何在学习中善用人际支持
  - 6.7　要想得高分，考试公式要牢记
    - 知识是分数的基石
    - 心态稳定，自信才能倍增
    - 仔细是考试制胜的关键
  - 亲子互动：测一测你的孩子专注力如何

亲子互动

测一测你的孩子专注力如何

测试工具：舒尔特方格

测试对象：年龄大于 7 岁的孩子

测试指导

舒尔特方格（Schulte Grid）是全世界范围内最简单、最有效，也是最科学的

注意力测试方法。通常是在一张方形卡片上画 25 个方格，每个方格的大小均为 1 厘米 ×1 厘米，在格子内任意填写上 1~25 共 25 个数字，且数字顺序是被打乱的。

在测试时，要求被测者用手指按 1~25 的顺序依次指出其位置，同时诵读出声，施测者在一旁记录所用时间。数完 25 个数字所用时间越短，说明注意力水平越高。

18	10	14	22	17
3	11	24	15	8
6	13	12	9	23
2	16	4	7	19
1	20	21	25	5

测试结果

（　　）秒。

结果说明

7~12 岁年龄组：能达到 26 秒以内（含 26 秒）为优秀，27~32 秒为良好，33~40 秒为中等，41~48 秒为及格，49 秒以上（含 49 秒）为不及格。

12~14 岁年龄组：能到达 16 秒以内，说明孩子的注意力水平为优良；达到 26 秒，属于中等水平；超过 36 秒，则说明孩子的注意力问题较大，需要训练。

18 岁及以上成年人：最好能达到 8 秒的程度，达到 20 秒说明注意力水平为中等。

注意

"舒尔特方格"不但可以用来简单测试注意力水平，而且可以作为很好的注意力训练方法。在寻找目标数字时，注意力是需要高度集中的，对这短暂的高强度集中精力的过程进行反复练习，大脑的集中注意力功能就会被不断地加固、提高，注意力水平会越来越高。

　　"学习不仅是获得知识，更重要的是学会如何学习。"

——彼得·德鲁克

写给四季

我和春天有约　　　　　　　我和秋天有约
约定播种希望　　　　　　　约定采撷金黄
和风细雨阳光　　　　　　　凉风冷雨秋霜
赋予万物生长的能量　　　　挡不住层林尽染最后的痴狂

我和夏天有约　　　　　　　我和冬天有约
约定花期共赏　　　　　　　约定谱写华章
狂风暴雨骄阳　　　　　　　寒风雨雪暖阳
激发花儿探头争俏的欲望　　共同迎接美好的春光

第 7 章

坚持行动，
助力孩子实现人生目标

> "告诉你使我达到目标的奥秘吧，我唯
> 一的力量就是我的坚持精神。"
>
> ——巴斯德

7.1　考试受挫，家长该如何做好挫折教育

在孩子的成长过程中，考试是他们无法避免的挑战之一。尤其是在当今竞争激烈的教育环境中，考试成为衡量学生学习成果的重要手段。然而，面对考试结果，并非所有孩子都能如愿以偿。当孩子在考试中受挫时，家长的角色显得尤为重要。家长不仅要给予孩子情感上的支持，更要通过挫折教育，帮助孩子培养坚韧不拔、勇于面对挑战的精神。那么，如何做好挫折教育成为家长亟待解决的问题。

7.1.1　小赵的挫折经历

小赵是一名高三学生，在紧张的备考阶段，一次数学考试成绩如同一颗重磅炸弹，打破了他原本平静的心。那次考试，他只考了 80 多分，而班级平均分却高达 120 分。这样巨大的差距让小赵受到了极大的打击。他开始变得沉默寡言，曾经那个开朗、自信的少年仿佛一夜之间消失了。这种沉默的背后是深深的自我怀疑，他不断地在心里问自己："我是不是真的不行？" 虽然父母也鼓励了他，但父母的鼓励只是让他暂时缓解了情绪，并未从根本上解决问题。一旦临近数学考试，他就开始满心恐慌。这种心理状态严重影响了他的发挥，在第二次考试中，成绩依然不理想。这使他彻底陷入了自我否定的深渊，对数学充满了焦虑，甚至这种焦虑开始蔓延到他的学习和生活的其他方面。

面对小赵的数学考试挫折困境，我们有必要深入分析其背后的原因，以便更好地理解这一现象，并为小赵及其他可能遇到类似问题的学生提供有效的帮助。

1. 心理层面的冲击

对于像小赵这样的高三学生来说，考试成绩具有特殊的意义。它不仅是对知识掌握程度的检验，更在一定程度上影响着他们对自身能力的认知和对未来的期望。当小赵看到自己的分数与班级平均分的巨大差距时，他的自尊心和自信心受到了严重的伤害。在心理学中，这种巨大的落差会引发个体的认知失调，他开始怀疑自己的学习方法和能力，从而陷入一种消极的自我认知循环中。

2. 情绪对行为的影响

焦虑和恐惧等负面情绪成为小赵学习数学的拦路虎。当他在考场上时，这些情

绪会占据他的大脑，干扰他的思维过程，使他无法正常发挥。从神经心理学的角度来看，负面情绪会激活大脑中的杏仁核，引发身体的应激反应，如心跳加速、呼吸急促等，这些生理反应不利于他在考试这种需要高度集中注意力和冷静思考的情境中的表现。而且，由于第一次考试失利后的情绪没有得到妥善处理，在第二次考试中，这种负面情绪被进一步强化，形成了一种恶性循环。

3. 父母的鼓励未达到效果

小赵的父母虽然对他进行了鼓励，但效果不佳。这可能是因为他们的鼓励没有真正触及小赵内心的痛点。在面对如此强烈的自我否定时，简单的言语鼓励显得有些苍白，甚至会让孩子更加焦虑。父母可能没有深入了解小赵的心理需求，没有帮助他从根本上分析考试失利的原因，也没有为他提供有针对性的应对策略。仅仅是泛泛而谈的鼓励无法帮助小赵重建对数学的信心，无法打破他内心的恐惧和焦虑。

```
                                    ┌─────────────────┐
                                    │  心理层面的冲击   │
                                    └─────────────────┘
  ┌──────────────────┐             ┌─────────────────┐
  │  考试受挫背后的原因  │─────────────│  情绪对行为的影响  │
  └──────────────────┘             └─────────────────┘
                                    ┌─────────────────┐
                                    │ 父母的鼓励未达到效果 │
                                    └─────────────────┘
```

7.1.2 挫折教育的意义

从对小赵个人经历的细致剖析中不难发现，面对学习和生活中的挫折，孩子不仅需要来自外部的鼓励和支持，更需要内在的心理调适和应对策略。这正是挫折教育的重要性所在。

挫折教育是指通过让孩子在成长过程中面对和克服挫折，培养他们的抗挫折能力，塑造坚韧品质，培养积极心态。挫折教育不仅仅是简单的鼓励或批评，更是一种系统的、有针对性的教育方式，旨在帮助孩子建立正确的挫折观，学会在逆境中成长，培养坚韧不拔的意志和积极向上的心态。

接下来，我们将深入探讨挫折教育的意义与重要性，以期为像小赵这样的孩子提供更加全面和有效的帮助。

1. 培养抗挫折能力

在孩子的学习和生活中，挫折是难免的。面对种种挑战和困难，他们往往容易陷入消极情绪中，难以自拔。然而，挫折教育正是为了培养孩子在逆境中调整心态、积极应对困难的能力，从而逐渐增强他们的抗挫折能力。这种能力对于孩子的成长至关重要，它不仅能够帮助孩子在遇到挑战时保持冷静和理智，更能够激发他们的内在潜力，让他们在面对更大的困难时也能勇往直前。

　　以托马斯·爱迪生为例，他是著名的发明家，被誉为"世界发明大王"。在发明电灯的过程中，爱迪生面临着巨大的挑战，经历了成千上万次的失败。然而，他并没有因此放弃，反而将每一次失败都视为向成功迈进的一步。他坚持不懈地努力，最终找到了合适的灯丝材料——碳化的竹丝，成功发明了电灯，为人类带来了光明，开启了电气化的新时代。

　　爱迪生的电灯发明之路，是对抗挫折能力的生动诠释。他曾说："**我没有失败，我只是发现了 1 万种行不通的方法。**"在面对无数次的失败时，爱迪生从未轻言放弃，而是坚持不懈地努力，从中汲取教训，不断提升自己的能力和素质，最终点亮了世界的每一个角落。

　　爱迪生的故事告诉我们，挫折教育的核心正是培养这种抗挫折能力，让孩子在遇到挑战时能够保持冷静和理智，激发他们的内在潜力，勇往直前，不断迈向成功。

2. 塑造坚韧品质

　　在孩子的成长道路上，挫折与困难是不可避免的。然而，正是这些挫折和困难，为孩子提供了塑造坚韧品质的重要机会。挫折教育不仅教会孩子如何在逆境中调整心态，还让他们明白，成功往往不是轻易获得的，而是需要经历无数次的失败和挫折才能最终实现。

　　以篮球巨星迈克尔·乔丹为例，他的篮球生涯充满了挑战和困难。在职业生涯初期，乔丹曾多次被对手击败，甚至面临被球队交易的危机。然而，他并没有因此放弃，而是将每一次失败都视为提升自己的机会。他坚持不懈地训练，不断克服自己的弱点，最终成为篮球历史上最伟大的球员之一。

　　迈克尔·乔丹的篮球生涯是对坚韧不拔精神的生动诠释。他曾言："**我可以接受失败，但我不能接受未曾奋斗过的自己。**"在面对挫折和困难时，迈克尔·乔丹从未放弃，而是坚持不懈地努力，最终成为篮球史上的传奇。这种坚韧不拔的品质，不仅让他在个人成就上达到了巅峰，更向我们展示了需要经历无数次的失败和挫折才能最终获得成功。

对于孩子而言，迈克尔·乔丹的故事是宝贵的启示：在学业上，他们需要保持坚定的信念和毅力，不断克服挑战，以取得更好的成绩；在未来的生活和工作中，这种坚韧不拔的精神将帮助他们面对困境，保持冷静和理智，寻找解决问题的方法，而不是轻易放弃。

3. 培养积极心态

挫折教育的深远意义远不止于教会孩子如何应对挫折，更重要的是培养他们一种积极向上的心态。在挫折面前，孩子往往容易陷入沮丧和失望的情绪中，无法自拔。然而，积极的心态如同一盏明灯，能够照亮他们前行的道路，帮助他们更好地面对困难，从失败中汲取教训，重新站起来。

> 以苹果公司的创始人史蒂夫·乔布斯为例，他的职业生涯充满了起伏和挫折。在被自己创立的公司解雇后，史蒂夫·乔布斯曾一度陷入低谷，但他并没有因此沉沦，而是利用这段时间重新审视自己的人生和事业，从中汲取宝贵的经验和教训。最终，他带着更加成熟和坚定的心态重返苹果公司，并带领公司推出了 iPod、iPhone 等一系列革命性的产品，彻底改变了世界。

史蒂夫·乔布斯的故事深刻揭示了挫折教育的真谛：**失败并不可怕，关键在于如何面对失败并从中汲取力量。**他曾说："你的时间有限，所以不要浪费时间去过别人的生活。"挫折教育传达给孩子的是学会在逆境中保持乐观和自信，寻找机会和希望。

通过挫折教育，孩子能够保持积极的心态，即使面对再大的困难，也能以明灯般的信念照亮前行的道路，坚定不移地克服困难，最终取得属于自己的辉煌成功。

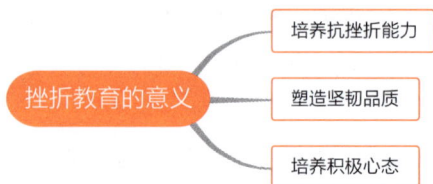

挫折教育的意义 —— 培养抗挫折能力 / 塑造坚韧品质 / 培养积极心态

可见，挫折教育是孩子成长道路上不可或缺的一课。它教会孩子如何面对挫折、如何坚持不懈、如何保持乐观。正如鲁迅所言："**真正的勇士，敢于直面惨淡的人生，敢于正视淋漓的鲜血。**"作为父母，让我们携手并进，为孩子的成长加油助力，让他们在未来的道路上更加坚韧不拔，满怀希望地迎接每一个挑战！

7.1.3　家长如何帮助孩子应对挫折

在孩子的成长道路上，难免会遇到各种挫折，尤其是当他们在学习上遭遇失败时，更需要家长的引导和支持。以下是家长可以采取的一些挫折教育方法，旨在帮助孩子从失败中汲取教训，重拾信心。

1. 建立情感共鸣，理解孩子的痛苦

当孩子考试受挫时，家长首先要做的是与孩子建立情感共鸣。让孩子知道他们不是独自在面对挫折，家长能够理解他们的痛苦。对于小赵的情况，家长可以坐下来，认真倾听他的感受。比如家长可以说："儿子，我们知道这次数学考试的成绩让你很难过，你现在心里一定不好受，我们想听听你是怎么想的。" 这种倾听和理解能够让孩子感受到家长的关心和尊重，打开心扉，愿意和家长分享内心的困惑和恐惧。

2. 帮助孩子正确归因，分析考试失利的原因

家长可以和孩子一起分析考试失利的原因，引导他们进行正确的归因。不能简单地将失败归结为能力问题，而是要从多个角度进行分析。例如，是知识点掌握得不牢固，还是考试时的心态问题，抑或是解题技巧不足等。对于小赵的情况，家长可以和他一起分析考试试卷，看看哪些题目是因为知识点不会做错的，哪些是因为粗心或者紧张导致的失误。如果是知识点的问题，则可以引导孩子制订相应的复习计划；如果是心态问题，则需要根据具体问题寻找调整心态的方法。

3. 制定个性化的学习目标，重建学习信心

当孩子经历考试挫折后，家长需要与孩子共同制定个性化的学习目标以重建学习信心。对于小赵的情况，家长应先了解他的学习需求和困扰，然后设定既具挑战性又可实现的短期目标和长期目标，如每日复习一个数学难点、每周完成一篇英语阅读练习，以及提高期末考试成绩和增加词汇量等。在设定目标的过程中，鼓励孩子参与，增强其责任感和主动性，并根据进展适时调整目标。通过实现这些目标，小赵能够逐步看到进步，重建学习信心。家长应给予孩子充分的鼓励和支持，陪伴他们勇敢地面对学习挑战，持续获得新的进步。

4. 培养积极的心态，应对考试压力

帮助孩子培养积极的心态是挫折教育的重要环节。家长可以引导孩子采用一些心理调节的方法来缓解压力，如深呼吸、积极的自我暗示等。例如，在每次考试前，小赵可以进行几次深呼吸，告诉自己"我可以的，我已经做好了准备"。同时，家长可以分享一些自己或者他人克服困难的故事，让孩子明白挫折是成长的一部分，每个人都会经历，关键是如何应对。

5. 营造宽松的家庭氛围，减少压力

家庭氛围对孩子的心理状态有着重要的影响。在孩子备考期间，家长要尽量营造一个宽松、和谐的家庭环境。不要过分强调考试成绩，避免给孩子增加额外的压力。例如，不要总是在小赵面前谈论其他同学的成绩，或者对小赵提出过高的要求。让孩子感受到家是一个可以放松的港湾，无论考试结果如何，父母都会爱他们、支持他们。

6. 鼓励孩子寻求外部帮助，拓展学习资源

如果孩子在学习过程中遇到困难，家长要鼓励他们寻求外部帮助。例如，可以向老师请教问题、参加课外辅导班，或者和同学组成学习小组。对于小赵的情况，如果他在某个数学知识点上理解困难，家长可以鼓励他去问老师，或者与数学成绩好的同学一起讨论。同时，孩子也可以利用网络上的优质学习资源，如在线课程、学习论坛等，拓宽学习渠道。此外，家长在进行挫折教育时，还可以与老师保持密切沟通，了解孩子在学校的学习情况和心理状态，共同为孩子制定更合适的教育方案。

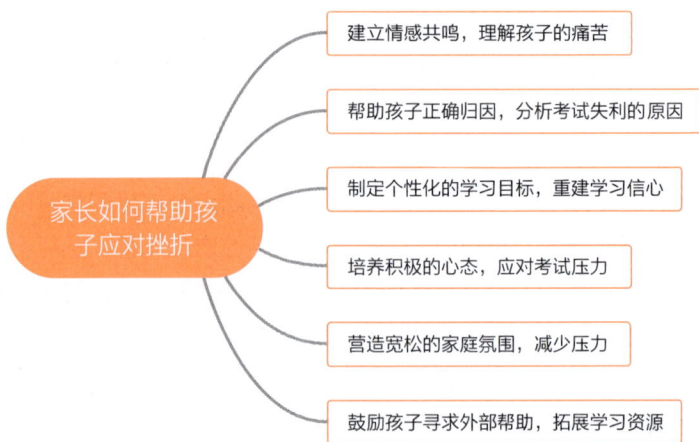

- 建立情感共鸣，理解孩子的痛苦
- 帮助孩子正确归因，分析考试失利的原因
- 制定个性化的学习目标，重建学习信心
- 培养积极的心态，应对考试压力
- 营造宽松的家庭氛围，减少压力
- 鼓励孩子寻求外部帮助，拓展学习资源

（家长如何帮助孩子应对挫折）

总之，当孩子在考试中受挫时，家长的挫折教育至关重要。通过理解孩子、正确归因、制定目标、培养心态、营造氛围和鼓励寻求帮助等多种方法，帮助孩子走出挫折的阴影，重拾信心，以积极向上的态度面对学习和生活中的挑战，让他们拥有不言败的人生态度。在这个过程中，家长要保持耐心和细心，因为挫折教育不是一蹴而就的，它需要长期的关注和引导。每个孩子都是独特的，家长要根据孩子的具体情况灵活运用这些方法，陪伴孩子度过艰难的时期，为他们的未来奠定坚实的心理基础和知识基础。

此外，家长也需要认识到，挫折是孩子成长的机遇，通过有效的挫折教育，可以让孩子在困境中学会坚强，在挫折中茁壮成长，最终实现自己的梦想。而且，这种挫折教育的理念和方法不仅适用于考试挫折，对于孩子在生活中遇到的其他困难和挫折同样具有重要的指导意义。例如，当孩子在社交中遇到挫折，如与朋友产生矛盾时，家长也可以采用类似的方法。首先与孩子建立情感共鸣，了解他们在社交中的困惑和委屈，然后帮助他们分析矛盾产生的原因——是沟通方式不当还是其他问题。接着，引导孩子思考如何解决问题，培养他们正确处理人际关系的能力，营造良好的有利于孩子心理健康发展的家庭环境和社会环境。

7.2　唯有坚持学习，才能不断提升能力

在孩子追求梦想的道路上，能力与梦想的差距常常成为一道难以逾越的鸿沟。面对这一困境，许多孩子甚至产生了放弃的念头。然而，退缩只会让梦想越来越远，唯有迎难而上，坚持前行，方能战胜一切困难。摆脱这一困境的最好方法就是学习。通过学习，孩子能够不断提升自己的能力，超越追梦途中的种种障碍。然而，有多少人一遇到困难就想退缩，结果越走越远，与梦想也渐行渐远。

7.2.1　小红的困惑

小红原本是一个优秀的孩子，她有着远大的理想和抱负。然而，面对学习中的种种困难，她选择了逃避。起初，小红只是对某些学科的学习感到吃力，但她没有积极寻求解决方法，而是选择了逃避。渐渐地，这种逃避心态蔓延到了她的整个学

习中。她开始不愿意到学校上课，甚至出现了厌学情绪。随着时间的推移，小红落下的知识越来越多，当她意识到问题的严重性，想要回到学校时，却发现已经跟不上课程的进度。曾经那个积极向上的孩子变得颓废和消极，她甚至开始考虑留级，以此逃离当前的困境。

小红的案例，不仅反映了能力与梦想的差距、面对困难的退缩心态，以及缺乏有效的应对策略这些普遍问题，还涉及了多种心理学原理。

1. 能力与梦想的差距

每个孩子都有自己的梦想，但梦想的实现需要与之相匹配的能力。小红虽然有梦想，但她的实际能力却未能跟上梦想的步伐。这种能力与梦想的差距，让她在学习过程中感到力不从心，进而产生了挫败感和逃避心理。这实际上与自我效能感有关。自我效能感是指个体对自己能否成功完成某一行为的主观判断。当小红发现自己的能力不足以支撑她的梦想时，她的自我效能感降低，导致她在学习上缺乏信心和动力，进而选择了逃避。

2. 面对困难的退缩心态

面对学习中的困难，小红没有选择积极应对，而是选择了逃避。这种退缩心态不仅让她错过了解决问题的最佳时机，还让她陷入了更深的困境。这种心态实际上与习得性无助有关。习得性无助是指个体在经历了连续的失败和挫折后，感到自己对环境无能为力，从而放弃努力的一种心理状态。小红在多次面对学习中的困难而未能有效解决后，可能逐渐形成了习得性无助的心理，导致她在学习上更加消极和被动。

3. 缺乏有效的应对策略

小红在遇到困难时，没有寻求有效的解决方法，而是任由问题恶化。她既没有向老师或同学请教，也没有通过自主学习来弥补知识的不足。由于缺乏有效的应对策略，她在困境中越陷越深，最终无法自拔。这实际上与个体的应对方式有关。应对方式是指个体在面对压力或困难时所采用的策略或行为。小红可能采用了消极的应对方式，如逃避、否认等，而没有采用积极的应对方式，如寻求帮助、调整心态等。这种消极的应对方式进一步加剧了她的困境。

中国有句俗语："**困难像弹簧，你弱它就强。**"这句话形象地描绘了人们在面对困难时的态度。小红在面对学习中的困难时选择了退缩，结果困难像弹簧一样反弹回来，让她陷入了更深的困境。如果她能够积极应对，困难或许就会迎刃而解。

7.2.2　学习是解决问题的关键

在追梦的征途中，每个孩子都是勇敢的探险家，怀揣着对未来的无限憧憬。然而，当能力与梦想之间的鸿沟横亘在前时，许多孩子，包括原本优秀的小红，都不免感到迷茫与挫败。每一次挑战都是成长的契机，每一次跌倒都是重新站起来的开始。针对小红面临的问题，解决问题的核心在于重新找回学习的动力和方法，逐步缩小能力与梦想之间的差距。在与小红的交流中，我从以下几个方面和她进行了探讨。

1. 重拾信心，从基础做起

小红首先要做的就是从基础知识开始，一点一滴地弥补遗漏。她意识到，学习就像建造高楼大厦，没有坚实的基础，再宏伟的梦想也只能是空中楼阁。于是，她耐心地复习每一个知识点，用图表、视频等多种形式辅助理解，让学习变得生动有趣。每当达成一个小目标时，她都会给自己一个小奖励，这份成就感逐渐唤醒了她对学习的热爱。

2. 调整方法，主动学习

学习，不应是被动接受知识，而是一场对未知的勇敢探索。小红深刻认识到这一点，开始积极调整学习方法，寻找最适合自己的学习节奏。她摒弃了以往只完成作业的被动模式，转而主动出击，预习新知识，复习旧知识，确保自己对每个知识点都了如指掌。面对学习中的困惑，小红不再选择逃避，而是主动向老师请教，与同学热烈讨论，甚至利用线上课程拓宽视野，深化理解。

这一转变，不仅让小红的学习效率得到大幅提升，更让她在主动学习的过程中收获了满满的成就感与自信心。她用行动证明，只有主动学习，才能真正驾驭学习的航船，驶向成功的彼岸。

3. 合理安排，保持平衡

曾经的小红，她的闲暇时光几乎被手机占据，一旦失去这份"寄托"，便陷入迷茫与烦躁之中。但经历转变之后，她深刻理解到，学习是一场持久战，而非短暂的冲刺。为此，小红精心规划日常，巧妙平衡学习与休闲。她设定了合理的手机使用时间，将户外运动纳入日程，确保身心得到充分的放松与锻炼。每晚，她保证睡眠充足，让大脑与身体得以恢复，为第二天的学习蓄满能量。此外，她还积极参加体育运动和户外活动，不仅释放了学习压力，更是在汗水中找回了活力与快乐。

这种平衡之道，让小红在学习的道路上越走越稳、越走越远，展现了持久学习的力量与魅力。

4. 积极心态，面对挑战

面对学习路上的重重难关，小红选择了以积极的心态去拥抱挑战。她深知，每一次挑战都是成长的催化剂，每一次失败都是通往成功的必经之路。因此，她不再畏惧提问，不再逃避困难，而是勇敢地站起来，积极寻找解决问题的方法。

在这个过程中，小红学会了从失败中汲取教训，从挑战中汲取力量，让自己的内心变得更加坚韧和强大。这种积极的心态与不懈的努力，不仅让她在学习上取得了显著的进步，更让她在人生的道路上拥有了面对一切困难的勇气和力量。

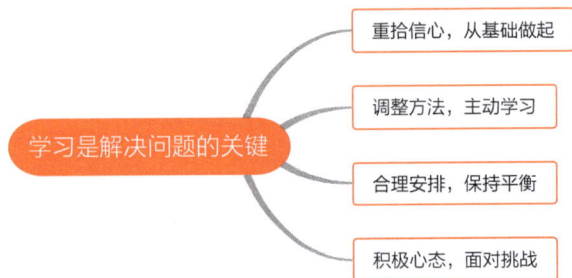

学习是解决问题的关键
- 重拾信心，从基础做起
- 调整方法，主动学习
- 合理安排，保持平衡
- 积极心态，面对挑战

可见，学习是孩子成长的金钥匙。它不仅能够让孩子获取知识，更能够让他们在挑战中成长，在困境中崛起，最终实现自己的梦想与价值。

7.2.3 家长如何成为孩子成长路上的坚实后盾

小红的故事不仅展现了她个人的成长与蜕变，而且凸显了家长在她的转变过程中不可替代的作用。面对孩子在学习和生活中遇到的种种挑战，家长如何有效地提供支持和帮助，引导孩子走出困境，重拾信心，无疑是每个家庭都需要深入思考和面对的重要课题。在与小红及其家长深入交流后，我整理出以下可供参考的建议。

1. 家长要成为孩子的倾听者和支持者

当孩子在学习中遇到困难，感到挫败时，家长要耐心倾听他们的烦恼，理解他们的情绪。不要指责或施加过大压力，而是要给予孩子足够的鼓励和支持，让他们感受到家庭的温暖与力量。家长可以与孩子共同制订学习计划，探索适合他们的学习方法，让他们逐步克服学习中的障碍。

2. 家长要引导孩子拥有正确的学习态度

学习不仅是为了应对考试和升学，更是为了提升自己的能力和素质，为未来的生活和职业发展奠定基础。家长应与孩子深入交流，探讨学习的意义和价值，激发他们的学习热情和兴趣。同时，要帮助孩子建立正确的成败观，让他们明白失败是成长的一部分，重要的是从失败中汲取经验，持续前进。

3. 家长要关注孩子的身心健康

良好的身体和心理状态是学习的基础。家长应合理安排孩子的作息时间，保证孩子有充足的睡眠。鼓励孩子参加体育锻炼和户外活动，释放压力，增强体质。在心理上，家长要给予孩子足够的关爱和陪伴，帮助他们建立自信，克服焦虑和恐惧。

4. 家长要学会适当放手

在学习上，虽然可以给予孩子一定的指导和帮助，但也要鼓励他们独立思考，自主解决问题。这有助于培养孩子的自主学习能力和解决问题的能力。

5. 家长要与老师保持密切沟通

家长需要了解孩子在学校的学习情况和表现，与老师共同探讨教育方法，形成家校共育的良好氛围。同时，家长可以鼓励孩子与同学、朋友建立良好的人际关系，培养他们的社交能力和团队合作精神。

家长要成为孩子的倾听者和支持者

家长要引导孩子拥有正确的学习态度

家长如何成为孩子成长路上的坚实后盾 — 家长要关注孩子的身心健康

家长要学会适当放手

家长要与老师保持密切沟通

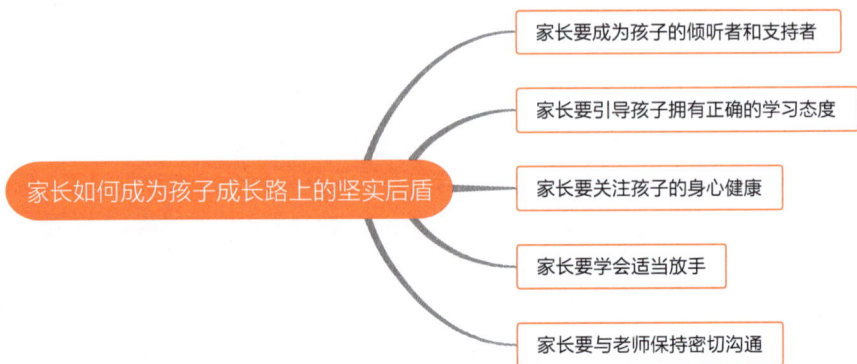

总之，家长在孩子成长过程中的助力作用至关重要。小红的故事，是每一个追梦者的缩影。它告诉孩子，面对困难与挫折，逃避永远不是答案。唯有重拾信心，调整策略，积极面对，才能在学习的海洋中乘风破浪，抵达梦想的彼岸。而家长的支持，则是孩子成长旅程中最坚实的后盾，让孩子的每一步都充满力量与希望。

7.3 带孩子出去走走，开阔眼界，提升格局

在当今社会，对孩子的教育不再局限于书本知识和应试技能，更多的是对他们综合素质的培养和眼界的拓宽。**古语有云："读万卷书，行万里路。"**这不仅是对知识追求的一种描述，更是对人生经历的一种丰富。

然而，现实中我们常发现，一些孩子对学习产生了厌倦情绪，他们或许觉得书本知识枯燥无味，或许对未来感到迷茫，不知道学习的目的何在。这时，一些家长选择让孩子出去打工体验生活的艰辛，希望通过这种方式让他们明白读书的重要性。然而，这种方式虽然可能让孩子暂时认识到读书的价值，但并未从根本上激发他们的学习热情和内在动力。

带孩子出去走走，或许是一个更好的选择。通过旅行、研学、参与公益活动等多种方式，不仅可以让孩子增长见识，还能提升他们的格局，拓宽他们的视野，从而激发他们内在的学习动力和对未来的憧憬。

7.3.1　走出课堂，感受生活的多样性

1. 小明的转变——从厌学到主动学习

小明是一个曾经对学习失去兴趣的厌学少年，他觉得书本上的知识枯燥无味，对未来也感到迷茫。家长为了让他明白读书的重要性，让他出去打工体验生活的艰辛，他干过切菜、在工地上搬过砖，这些经历让他深刻体会到了生活的艰辛和没有文化的苦楚。然而，回到学校后，他虽然不再像以前那样排斥学习，但也只是出于不想再过那种苦日子的考虑，并未真正对学习产生热情。

后来，家长改变策略，带着小明走出课堂，去旅行，感受生活的多样性和世界的广阔。在旅行中，小明见识了不同的风景和文化，更重要的是，他接触到了形形色色的人，从餐馆服务员到高级经理、从工程师到律师，这些经历让他开始意识到世界的丰富多彩和自己的渺小。一次在豪华酒店与经济酒店的住宿体验，更是让他深受触动。父母趁机引导他认识到，想要享受更好的生活，就需要有更多的资本，而这些资本往往是通过努力学习和不断提升自己获得的。这次旅行成为小明学习态度转变的关键节点。

2. 案例分析

小明的转变是体验式教育与实践学习理论生动结合的典范。

（1）认知失调理论。

初期，小明对学习的认知与实际体验存在失调。他认为学习无用，但打工的经历却让他感受到了没有文化的苦楚。这种认知失调促使他开始反思学习的意义，但并未能彻底改变他的学习态度。而旅行中的多样化体验，特别是酒店住宿的对比，进一步加剧了他的认知失调，使他深刻意识到学习与未来生活品质的直接联系，从而促使他产生了积极的学习行为。

（2）自我效能感提升。

根据心理学家班杜拉的自我效能感理论，个人对自己能够完成某项任务的信心会影响其行为选择。小明在旅行中接触到各行各业的成功人士，这些榜样的力量让他看到了自己的可能性，提升了他的自我效能感。他开始相信自己也能通过努力学习改变命运，享受更好的生活。

（3）情感共鸣与价值引导。

旅行中的情感体验，特别是父母在关键时刻的引导，激发了小明的情感共鸣。他开始真正理解并认同"学习改变命运"的价值观，这种情感上的认同成为他持续学习的强大动力。

小明的转变生动而有力地证明了体验式教育的重要意义。打工虽然让他体验到了生活的艰辛，但并未能真正触动他内心的学习热情。而旅行中的多样化体验，特别是那家豪华酒店与经济酒店的鲜明对比，以及父母的适时引导，成为他认知转变的关键。这充分说明教育不仅仅是知识的传授，更是情感的触动和价值的引导。

3. 案例启示

（1）让教育"活"起来。

正如小明在旅行中体验到的那样，教育不应仅仅局限于教室和书本。当小明亲手触摸到不同文化的脉络、亲眼见证不同职业的风采时，教育的意义在他心中悄然生根发芽。这告诉我们，家长可以创造更多的机会，让孩子走出课堂，参与实践活动，让教育"活"起来，从而激发他们的学习兴趣和学习热情。

（2）关键时刻的"点睛之笔"。

小明在两家酒店的住宿体验，成为他认知转变的关键时刻。父母的适时引导，如同画龙点睛，让小明瞬间明白了学习与未来生活品质的联系。这启示我们，家长需要善于捕捉孩子生活中的关键时刻，通过恰当的引导和讨论，帮助孩子产生深刻的认知转变，从而点燃他们内心的学习之火。

（3）从"要我学"到"我要学"。

小明的转变，最根本的是他从内心深处认识到了学习的价值。这告诉我们，教育的最终目的是培养孩子的内在学习动机，让他们从"要我学"转变为"我要学"。家长可以多关注孩子的内心需求，通过引导和激发，帮助他们找到学习的动力和目标，从而成为主动学习者，持续不断地追求知识和成长。

"实践出真知，体验促成长。" 走出课堂，体验生活的多样性，是点燃孩子的学习热情、激发其内在学习动力的关键。家长可以多创造机会，让孩子在实践中感悟，实现从"要我学"到"我要学"的转变。

7.3.2 研学旅行，拓宽视野与认知边界

除了简单的旅行，研学旅行也是一种非常有效的教育方式。它结合了学习和旅行，让孩子在游玩的过程中增长知识，提升能力。

例如，小军在父母的带领下参加了一次关于历史文化的研学旅行。他们参观了古老的遗址、博物馆，聆听了专家的讲解，还亲手制作了传统手工艺品。

在这次研学旅行中，小军不仅学到了很多从书本上无法获得的知识，更重要的是，他学会了如何独立思考、如何解决问题。例如，在制作手工艺品的过程中，他遇到了很多困难，但他没有放弃，而是通过观察、尝试和不断调整，最终成功完成了作品。这种成就感让他更加自信，也让他明白了努力的重要性。

可见，研学旅行可以多方面地促进孩子的成长与发展。

1. 拓宽视野，丰富认知

研学旅行让孩子亲身体验不同的文化、历史和自然环境，从而极大地拓宽了他们的视野。这种直观的学习方式比书本上的文字描述更能激发孩子的好奇心和探索欲，帮助他们建立更加全面和深刻的认知体系。

2. 培养独立思考与解决问题的能力

在研学旅行过程中，孩子会遇到各种意料之外的挑战和问题。为了应对这些挑战，他们需要学会独立思考，运用所学知识和技能去解决问题。这种经历不仅锻炼了他们的思维能力，还增强了他们的应变能力和自信心。

3. 增强团队协作与沟通能力

研学旅行往往以团队形式进行，孩子需要与同伴一起完成任务。在这个过程中，他们学会了如何与他人合作、如何有效沟通，以及如何在团队中发挥自己的优势。这些团队协作的技能对于孩子未来的学习和工作都至关重要。

4. 提升动手实践与创新能力

研学旅行中的实践活动，如制作手工艺品、进行科学实验等，让孩子有机会将理论知识转化为实际操作。这种动手实践的过程不仅加深了他们对知识的理解，还激发了他们的创新思维和创造力。

5. 培养责任感与公民意识

通过参观历史遗址、环保项目等，孩子可以更直观地了解社会历史和现实问题。这种经历有助于培养他们的责任感，让他们意识到自己是社会中的一员，需要为社会的发展和进步贡献自己的力量。

6. 增进亲子关系，促进家庭教育

研学旅行也是家长与孩子共同学习和成长的过程。在旅行中，家长可以引导孩子多观察、多思考，与他们分享自己的见解和经验。这种互动不仅增进了亲子关系，还提升了家庭教育的效果。

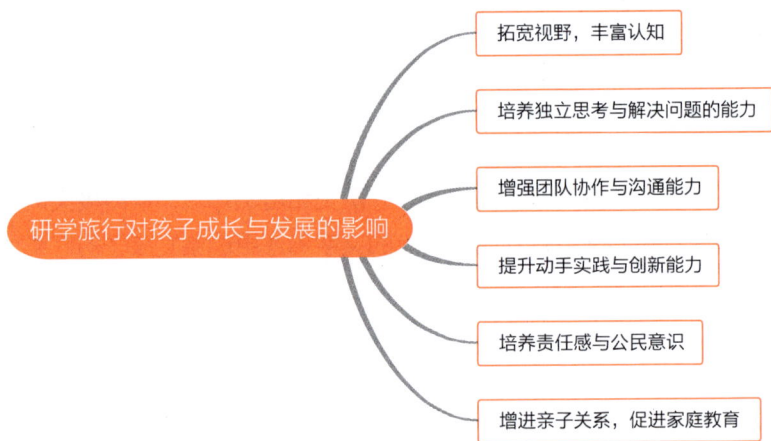

研学旅行对孩子成长与发展的影响
- 拓宽视野，丰富认知
- 培养独立思考与解决问题的能力
- 增强团队协作与沟通能力
- 提升动手实践与创新能力
- 培养责任感与公民意识
- 增进亲子关系，促进家庭教育

综上所述，研学旅行是一种富有成效的教育方式，它可以培养孩子多方面的综合能力。这些能力对于孩子未来的学习和工作都具有重要意义。因此，家长和教育者应该积极鼓励和支持孩子参加研学旅行活动。

7.3.3 参与公益活动，培养责任感与爱心

在孩子的成长旅程中，旅行与研学无疑是拓宽视野、增长见识的重要途径。当然，参与公益活动同样是一条不可或缺且意义深远的途径，它不仅引领孩子步入更为广阔的社会画卷，更在他心中播下责任与爱的种子，为他们的人生旅程增添了一抹温暖的色彩。

1. 公益活动的类型

（1）儿童基金会公益捐款。

联合国儿童基金会等公益组织发起的捐款活动，是孩子接触公益、培养爱心的起点。我曾陪伴我的儿子一同参与这样的活动，通过捐款为贫困地区的儿童送去温暖和希望。在这个过程中，孩子学会了关爱他人，理解了**"赠人玫瑰，手有余香"**的道理。对于年龄稍长的孩子，父母应鼓励他们自主参与，亲身体验公益的魅力。

（2）偏远山区送温暖。

小刚的父母带着他走进偏远山区，为那里的孩子送去了书籍、文具和关爱。这样的活动不仅让小刚看到了山区孩子的生活现状，更激发了他的同情心和责任感。在与山区孩子的互动中，小刚学会了倾听，学会了分享，更学会了珍惜自己拥有的一切。

（3）贫困地区支教。

小兰通过公益组织前往贫困地区支教，用知识的光芒照亮孩子们的梦想。支教不仅让她深刻体会到了教育的力量，更让她明白了自己作为社会成员的责任。在与孩子们的相处中，小兰学会了坚持，学会了包容，更学会了如何在逆境中寻找希望。

2. 参与公益活动的收获与成长

第一，拓宽视野，增长见识。通过参与公益活动，孩子有机会接触到不同的社会群体和文化背景，从而拓宽了他们的视野。他们开始关注社会问题，思考如何通过自己的力量去改变世界。这种对社会的认知和理解，将成为他们未来成长道路上宝贵的财富。

第二，培养责任感与爱心。在公益活动中，孩子亲眼看到了贫困和困境中的孩子们，他们的眼神中充满了对知识的渴望和对未来的憧憬。这样的场景深深触动了孩子的心灵，让他们学会了关爱他人、理解他人。他们开始意识到，一个人的价值不仅仅在于个人的成功和幸福，更在于能够为他人和社会带来多少正面的影响。

第三，锻炼沟通与协作能力。在公益活动中，孩子需要与不同背景的人进行交流和合作，这锻炼了他们的沟通能力和团队协作精神。他们学会了倾听他人的意见、尊重他人的差异，并在共同的目标下携手努力。这样的经历将为他们未来的学习和工作打下坚实的基础。

第四，激发创新思维与创造力。公益活动往往需要孩子运用所学知识去解决实际问题，这激发了他们的创新思维和创造力。例如，在偏远山区送温暖活动中，他们可能会思考如何更有效地传递爱心和资源；在支教活动中，他们可能会尝试新的教学方法来激发孩子们的学习兴趣。

拓宽视野，增长见识

培养责任感与爱心

参与公益活动的收获与成长

锻炼沟通与协作能力

激发创新思维与创造力

可见，参与公益活动不仅丰富了孩子的生活体验，更在他们心中播下了责任与爱的种子。这些宝贵的品质将伴随他们成长，成为他们人生旅途中最闪耀的光芒。正如甘地所言："你希望世界成为什么样子，你就得让它先在你的心中成形。"家长应当鼓励并支持孩子积极参与公益活动，让他们在奉献中成长，在关爱中前行。通过这样的方式，不仅能够培养出更多具有社会责任感、富有爱心和创新精神的未来公民，还能够共同构建一个更加和谐美好的社会。

7.3.4 鼓励孩子参加模拟联合国活动，提升国际视野与领导力

在孩子的成长道路上，模拟联合国活动如同一把钥匙，为孩子打开了通往世界的大门。它不仅能够帮助孩子拓宽国际视野，还能够让孩子在实践中锻炼和提升自己的领导力，为他们未来在全球化的舞台上发光发热奠定坚实的基础。

我的一位朋友就鼓励她的女儿晶晶参加了模拟联合国活动，晶晶也因此获得了宝贵的成长经历。晶晶在妈妈的鼓励下，勇敢地踏入了模拟联合国活动的殿堂。在这里，她不仅接触到了全球性的议题，如气候变化、和平与安全等，还通过角色扮演和决策模拟，亲身体验了国际政治的运作机制。

在一次模拟联合国大会上，晶晶作为某国的代表，就气候变化议题进行了深入的探讨和辩论。虽然刚开始时，晶晶对于全英文的讨论有些紧张，但在妈妈的鼓励和团队的帮助下，她逐渐克服了语言障碍，用流利的英语表达了自己的观点。这次经历不仅锻炼了晶晶的逻辑思维和批判性思维能力，更让她感受到了自己在团队中

的价值和影响力。

下面我们一起来看看模拟联合国活动为晶晶带来的收获与成长。

1. 国际视野的拓宽

通过参加模拟联合国活动，晶晶对国际事务有了更深入的了解和认识。她开始关注全球动态，了解不同国家的政治、经济和文化背景。这种国际视野的拓宽不仅让晶晶更加开放和包容，还让她更加珍惜和尊重不同文化之间的差异。

2. 领导力的提升

在模拟联合国活动中，晶晶学会了如何组织团队、协调资源、制定策略并带领团队走向成功。她逐渐展现出自己的领导才能和团队精神，成为团队中的佼佼者。这种领导力的提升不仅让晶晶在模拟联合国活动中大放异彩，还为她未来的学习和工作打下了坚实的基础。

3. 社会责任感的增强

晶晶在模拟联合国活动中深刻体会到了全球性问题的重要性和紧迫性。她开始更加关心社会，关注弱势群体，并积极参与各种公益活动。这种社会责任感的增强不仅让晶晶成为一个更加有爱心和责任感的人，还为她申请大学提供了很好的背书。

4. 英语学习兴趣的激发

虽然晶晶刚开始时对全英文的讨论有些紧张，但随着时间的推移，她逐渐发现了英语的魅力。在模拟联合国活动中，她需要用英语来表达自己的观点，与其他国家的代表进行交流。这种实践不仅提高了晶晶的英语口语能力，更激发了她对英语学习的兴趣。她开始主动学习英语，增加词汇量，提高听力水平，为未来的学习和工作打下了坚实的语言基础。

5. 获得大学录取优势

晶晶在模拟联合国活动中的出色表现不仅让她收获了成长和自信，还为她申请大学带来了很大的优势。在申请大学时，晶晶将自己的模拟联合国活动经历作为重要的申请材料之一。她详细介绍了自己在活动中的收获和成长，以及这些经历如何帮助她更好地理解和应对全球性问题。同时，她还提到了自己在活动中激发的英语学习兴趣和取得的进步。

最终，晶晶凭借出色的学术成绩和丰富的模拟联合国活动经历，成功被爱丁堡大学录取。在研究生阶段，她继续在牛津大学深造，并积极参与各种国际交流和合作项目。这段模拟联合国活动的经历不仅为晶晶的学术生涯增添了光彩，更为她未来的职业发展奠定了坚实的基础。

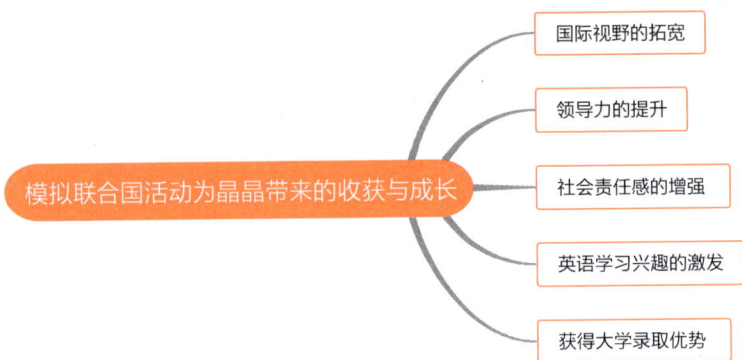

可见，鼓励孩子参加模拟联合国活动无疑是一条富有成效的成长路径。可能有些家长会担心，模拟联合国活动是全英文进行的，孩子的英语水平不够怎么办？事实上，这种担心是多余的，因为模拟联合国活动既有英文场次，也有中文场次，家长可以根据孩子的实际情况进行选择。而且，参加模拟联合国活动，说不定还能激发孩子学习英语的兴趣。

正如联合国前秘书长科菲·安南所言："模拟联合国不仅仅是一个游戏，它是一个教育的工具，通过它，年轻人能够学习如何在多元文化的环境中有效地沟通与合作。"家长可以鼓励并支持孩子积极参加这样的活动，让他们在模拟联合国活动的舞台上展现自己的才华和潜力，为应对未来全球化挑战做好准备。

作为家长，我们应该鼓励孩子积极走出课堂，走向社会，走向世界。让他们去感受生活的多样性和世界的广阔，去接触形形色色的人和事，去体验不同的文化和价值观。只有这样，孩子才能真正成长为有思想、有格局、有能力的人，才能在未来的竞争中立于不败之地。"眼界决定未来，格局成就人生。"愿每一个孩子都能拥有宽阔的眼界和宏大的格局，去迎接属于他们的美好未来。

7.4　做有意义的事情，让孩子体会被需要的感觉

在当今快节奏且充满压力的社会环境中，很多孩子常常感到空虚甚至出现抑郁。产生这种情绪的根源之一，是他们没有找到生活的意义感。**简而言之，意义感是指个体感受到自己对他人、对社会有价值，被他人和社会所需要的一种心理状态。**从心理学的角度来讲，意义感是人类心理健康的重要组成部分，是自我实现和幸福感的重要源泉。

7.4.1　意义感的心理学解释

从心理学的角度来讲，意义感通常与马斯洛的需求层次理论中的"归属与爱的需求"以及"自我实现需求"紧密相关。**马斯洛认为，人们在满足了基本的生理需求和安全需求后会追求更高层次的需求，包括归属与爱的需求（社交需求）、尊重需求和自我实现需求。**意义感正是人们在追求归属与爱、尊重和自我实现的过程中，通过为他人和社会做出贡献而体验到的一种深层次的心理满足。

具体来说，意义感来源于以下三个方面。

1. 社会贡献

通过为他人和社会做出实质性的贡献，个体感受到自己的价值和重要性。这种贡献可以是职业上的，也可以是日常生活中的小事。例如，阿里巴巴集团的创始人马云，他不仅通过电子商务改变了中国的商业格局，还通过阿里巴巴公益基金会等组织，积极参与公益事业，支持教育、环保和扶贫等项目。马云的贡献不仅在于他创造了经济价值，更在于他通过社会公益行动，让更多的人受益，从而感受到了自己的价值和重要性。

2. 人际关系

在人际关系中，个体通过被他人需要、支持和关爱，体验到归属感和意义感。这种关系可以是家庭关系、朋友关系或同事关系。例如，《老友记》中的六位主角，他们之间的友情是整部剧的核心。无论面对什么困难和挑战，他们都相互支持、相互鼓励。这种深厚的友情让他们感受到了被需要和被支持，从而获得了意义感。

3. 自我实现

个体在发挥自身潜能、追求梦想和目标的过程中，感受到成就感和自我实现的意义。这种成就感可以来自职业上的成功，也可以来自个人的成长和进步。例如，苹果公司的创始人乔布斯，他通过创新和颠覆性的产品，改变了整个科技行业。乔布斯不仅追求技术上的卓越，更注重产品的设计和用户体验。他的每一次演讲和每一次产品发布，都充满了激情和感染力。乔布斯通过实现自己的科技梦想，创造了巨大的经济价值和社会影响力，从而感受到了成就感和自我实现的意义。

意义感来源于三个方面
- 社会贡献
- 人际关系
- 自我实现

为了更具体地说明意义感的重要性，我想分享一段我个人在学生时代的经历。我曾经也遇到过让人非常烦闷的事情，那时我深感困惑和无助。然而，就在我特别难受的时候，我的朋友们也遭遇了人生的低谷，她们纷纷来找我聊天谈心。在那个时候，我尽自己所能认真倾听她们的心声，为她们提供建议和支持。看着她们从沮丧中逐渐走出，情绪逐渐好转，我深刻感受到了自己存在的意义和被需要的感觉。这种能够帮助他人的体验，正是我体会到的意义感。

这段经历不仅让我深刻理解了意义感的内涵，还成了我多年后选择做心理咨询师、帮助他人的重要起因。通过我的工作，我能够为他人提供心理支持，帮助他们走出困境，感受到生活的美好和意义。

所以，对于孩子来说，让他们参与有意义的事情，体会被需要的感觉，是帮助他们建立健康心理、实现自我价值的重要途径。

7.4.2 意义感对孩子成长的重要性

意义感，这一深植于人类心灵深处的情感体验，对孩子的成长和发展具有深远的影响。它不仅是孩子心理健康和成长动力的源泉，更是他们探索世界、实现自我价值的导航灯。在孩子的成长道路上，培养他们的意义感非常重要，就如同一场春雨，悄然无声地滋润着他们的心田，激发他们的内在潜能，引导他们走向更加美好的未来。

1. 意义感是孩子自信心的基石

意义感能够为孩子自信心的培养提供坚实的基础。在社会生活中，无论是帮助他人、参与团队活动，还是在家庭中承担一定的责任，孩子都能从中感受到自己的价值和重要性。这种积极的自我认同，如同阳光般照亮孩子的心灵，使他们的自信心和自尊心得到极大的提升。当孩子意识到自己的行为能够产生积极的影响时，他们会更加勇敢地面对挑战，更加坚定地追求梦想。这种自信心的培养，是孩子未来人生道路上不可或缺的财富。

2. 意义感能够培养孩子的责任感

意义感不仅有助于提升孩子的自信心，还能够培养他们的责任感。在承担责任和履行义务的过程中，孩子会逐渐认识到自己的行为对他人和社会的影响。他们开始学会对自己的言行负责，同时也会更加关注他人的需求和社会的期望。这种责任感的培养，是孩子形成健全人格、成为未来社会有用之才的关键。它使孩子更加懂得珍惜机会，更加懂得感恩和回报，从而在未来的道路上更加稳健地前行。

3. 意义感能够激发孩子的创造力

意义感是激发孩子创造力的源泉。在追求意义和实现目标的过程中，孩子需要不断思考和探索新的方法与途径。这种对未知领域的探索和挑战，正是创造力的源泉。意义感激发了孩子的好奇心和求知欲，使他们敢于尝试、勇于创新。他们不再满足于现状，而是不断追求更高的目标和更广阔的视野。这种创造力的培养，将使孩子在未来的学习和工作中表现得更加出色，更具有竞争力。

4. 意义感能够提升孩子的幸福感

意义感还能够提升孩子的幸福感，为他们带来满足。当孩子能够为他人和社会带来快乐与帮助时，他们内心的满足感和幸福感会油然而生。这种幸福感不仅来自他人的认可和感激，还来自孩子内心深处的那份宁静和喜悦。他们开始懂得珍惜生命中的每一个瞬间，懂得感恩和欣赏身边的美好。这种积极的生活态度和价值观将伴随孩子的一生，成为他们面对困难和挑战时的坚强后盾。

意义感是孩子自信心的基石

意义感能够培养孩子的责任感

意义感对孩子成长的重要性

意义感能够激发孩子的创造力

意义感能够提升孩子的幸福感

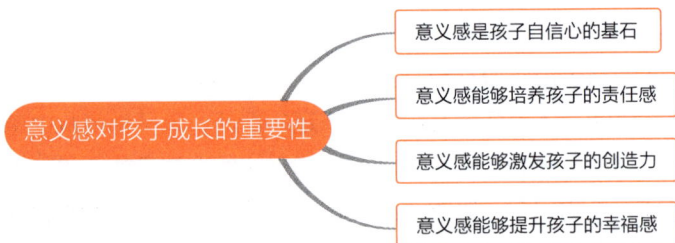

可见，意义感对孩子的成长具有全面的塑造作用。它不仅能够提升孩子的自信心、责任感、创造力和幸福感，还能够促进他们的全面发展。在意义感的引领下，孩子将更加注重自我价值的实现，更加关注社会的需求和变化。他们将学会如何与他人合作、如何解决问题、如何面对挫折。这些技能和品质的培养，将使孩子在未来的道路上更加自信、坚定和幸福。

正如维克多·弗兰克尔所言："人最终所追求的，不是生命的长度，而是生命的深度。"意义感正是赋予孩子生命深度的关键所在。因此，作为家长，我们应当高度重视孩子意义感的培养，通过引导、支持和鼓励，让他们在探索世界、实现梦想的道路上，不断发掘自己的潜力，成为未来社会的栋梁之材。

7.4.3 孩子如何找到被需要的感觉

在孩子的成长过程中，让孩子找到被需要的感觉对于其自尊心、自信心以及社会责任感的培养至关重要。为了帮助孩子在生活中找到被需要的感觉，家长可以引导孩子积极参与各种有意义的活动，让他们在实践中体验到自己的价值和重要性。

1. 培养孩子在家庭中的责任与担当

家庭是孩子成长的摇篮，也是培养孩子被需要感的首要场所。家长可以通过分配适当的家务，如整理房间、洗碗、照顾宠物或弟弟妹妹等，让孩子在家庭中承担起责任。这些看似简单的任务，实则能够培养孩子的责任感和独立性，同时让他们感受到自己对家庭的贡献和重要性。

小明是一名五年级的学生，他的父母经常让他帮忙做家务，如洗碗、扫地等。小明起初觉得这些任务很烦琐，但随着时间的推移，他逐渐意识到自己的付出对家庭的重要性。看到整洁有序的家庭环境，成就感和满足感在其内心油然而生。这种被家庭需要的感觉，会让孩子更加珍惜和感恩家庭的温暖。

2. 鼓励孩子积极参与班级活动

学校是孩子接触社会、结交朋友的重要平台。在学校中，孩子可以通过担任班级干部、组织班级活动或参加志愿服务等方式，积极参与学校生活，展现自己的才能和领导力。担任班级干部的孩子，如班长、学习委员等，可以在日常管理和协调工作中发挥自己的作用，为班级创造和谐的学习氛围。组织班级活动的孩子，如策划主题班会、班级运动会等，可以增强班级凝聚力，促进同学间的友谊。此外，孩子还可以通过帮助同学解决学习或生活上的问题，成为他们的良师益友，从而感受到被同学和班级需要的价值。

小红是一个内向的女孩，但她对绘画有着浓厚的兴趣。在学校的艺术节上，小红主动请缨担任班级海报的设计师。她用心地设计海报，最终为班级赢得了荣誉。这次经历让小红感受到了自己的价值和重要性，也让她变得更加自信和开朗。她意识到，通过发挥自己的特长，她可以为班级和学校做出奉献，被他人所需要。

3. 让孩子体会到在社会中的价值感

除了家庭和学校，社会也是培养孩子被需要感的重要舞台。家长可以鼓励孩子参与各种社会公益活动，如志愿服务、环保行动、慈善捐赠等，让孩子在为社会做出贡献的过程中感受到自己的影响力和价值。

孩子可以参与植树造林、垃圾分类等环保行动，为保护环境贡献自己的力量。他们也可以将自己的零花钱或闲置物品捐赠给需要帮助的人或机构，展现自己的爱心和善良。此外，孩子还可以根据自己的兴趣和特长，发起或参与各种公益活动，如为贫困地区的孩子捐赠书籍、衣物等，为社会带来正能量。

小刚是一名热爱运动的高中生，他了解到一些贫困地区的孩子缺乏体育设施和运动机会，于是决定发起一场"运动传递爱"的公益活动。他组织同学们捐赠运动器材和衣物，并亲自送往贫困地区。这次经历让小刚深刻感受到了自己的价值和重要性。他意识到，通过自己的努力，他可以改变他人的生活，为社会做出贡献。这种被社会需要的感觉，让小刚更加坚定了自己的人生目标。

```
                        ┌─────────────────────────┐
                        │ 培养孩子在家庭中的责任与担当 │
                        └─────────────────────────┘
┌──────────────────┐    ┌─────────────────────────┐
│ 孩子如何找到被需要的感觉 │────│ 鼓励孩子积极参与班级活动     │
└──────────────────┘    └─────────────────────────┘
                        ┌─────────────────────────┐
                        │ 让孩子体会到在社会中的价值感  │
                        └─────────────────────────┘
```

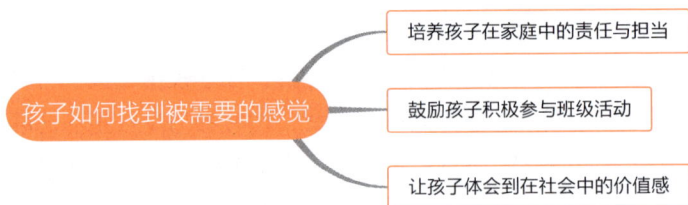

被需要是一种力量，它让孩子在成长的道路上更加坚定和自信。通过家庭、学校和社会的共同努力，我们可以帮助孩子在生活中找到被需要的感觉，让他们在实践中体验到自己的价值和重要性。这不仅有助于培养孩子的自信心和责任感，还能让他们成为更加有爱心、有担当的社会公民。

正如美国心理学家维克多·弗兰克尔所言："人类存在的本质，就是追求意义。"意义感是孩子成长道路上的灯塔，它照亮孩子前行的方向，给予他们力量和勇气去面对困难和挑战。家长可以引导和帮助孩子积极寻找和培养意义感，让他们在成长的道路上不断前行，实现自己的人生价值，做有思想、有担当、有爱心的未来公民。

7.5 调整策略，坚持也要找对方向

在孩子的成长道路上，坚持是一种宝贵的品质，它能够帮助孩子在面对困难时不退缩，迎难而上，不断前行。然而，坚持并不意味着盲目地一意孤行，如果方向错误，坚持只会让孩子离目标越来越远。

7.5.1 方向比坚持更重要

古时，一商人欲往南方，却误向北行。他备良驹、豪车，聘巧匠为车夫，信心满满地踏上了旅程。然而，途中众人屡劝其方向有误，商人却固执己见，笑他人无知。车夫虽心知肚明，却也未敢违抗。日复一日，马疲人倦，商人终于察觉方向不对，但此时已深陷困境，后悔莫及。

1. 南辕北辙的启示

《南辕北辙》这个故事，不仅是一个关于方向的寓言，更是一个关于盲目坚持

和缺乏反思的深刻警示。它告诉我们，在追求梦想和目标的过程中，方向的选择至关重要。如果方向错误，那么无论如何努力，都无法达到预期的结果。因此，不懂得调整策略，在错误的道路上坚持，只会造成时间和资源的浪费。

从心理学的角度来看，这个商人的行为反映了一种"固执"的心理状态。他因为过于自信，而忽视了外界的声音和内心的反思，最终导致了失败。这提醒我们，在面对选择时，需要保持开放的心态，善于倾听他人的建议，同时也要学会自我反思，及时调整自己的方向。

坚持，作为一种积极的心理品质，无疑能够帮助孩子在面对挫折和困难时保持坚定的信念和决心。然而，这种坚持的价值，在很大程度上取决于它是否有正确的方向和策略作为支撑。正如《南辕北辙》中的商人，尽管他努力不懈，但由于方向错误，最终只会陷入困境，后悔莫及。

在现代教育中，我们也常常看到类似的现象。一些孩子在学习上付出了巨大的努力，但成绩却始终没有提升，甚至出现下滑。这往往是因为他们坚持的是错误的学习方法或学习策略，而没有及时反思和调整。这种盲目的坚持，不仅无法帮助他们取得进步，反而可能让他们对学习产生厌倦感和挫败感。因此，无论是个人成长还是教育孩子，我们都应该注重方向的选择和策略的调整，确保自己在正确的道路上不断前行。

2. 学习上一意孤行的危害

一意孤行，即不考虑实际情况和他人的建议，固执地坚持自己的错误想法和做法。这种行为在学习上往往会导致无效的努力和心理挫败。

（1）无效的努力：勤奋背后的困境。

有些孩子在学习上付出了巨大的努力，但成绩却不见起色。他们可能会花很多的时间做题、复习，但方法却不得当。比如，有的孩子在做数学题时，总是按照自己的方法去解题，即使这种方法很复杂、很耗时，也不愿意去尝试其他更简单、更快捷的方法，也不愿意请教老师和同学。这种坚持不仅让他们在学习上进展缓慢，还可能让他们在解题过程中感到疲惫和困惑，无法真正掌握知识点。

（2）心理挫败：自信心的打击。

长时间的无效努力会让孩子感到沮丧和挫败。他们可能会开始怀疑自己的能力，认为自己在学习上没有天赋，从而失去学习的信心和动力。这种心理挫败感会对孩子的成长产生深远的影响。他们可能会变得消极，逃避学习，甚至对学习产生厌倦和抵触情绪。这种情绪一旦形成，就很难扭转，会严重影响孩子未来的学习和生活。

（3）思维僵化：创新能力的缺失。

长期的一意孤行会导致孩子的思维变得僵化，缺乏创新思维和解决问题的能力。他们习惯于按照固定的模式去思考，不愿意尝试新的方法或接受新的观点。当他们在学习和生活中遇到新问题时，这种思维方式的限制会阻碍他们找到有效的解决方案，从而限制了他们的发展潜力。

（4）社交障碍：人际关系紧张。

一意孤行的孩子往往不愿意听取他人的意见和建议，这可能导致他们在与他人的交往中产生矛盾和冲突。他们可能会因为过于坚持自己的观点而与他人产生争执，甚至可能因此失去朋友和支持者。这种社交障碍不仅会影响他们的学习和生活，还可能对他们的心理健康造成负面影响。

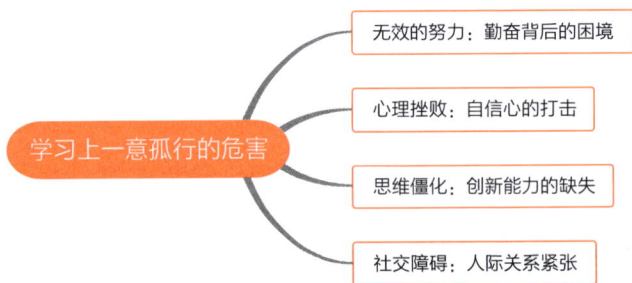

综上所述，学习上一意孤行的危害是多方面的，不仅会导致无效的努力和心理挫败，还可能引发思维僵化和社交障碍等问题。**故步自封是成长的绊脚石，而开放心态则是进步的阶梯。**因此，我们应该引导孩子学会倾听他人的建议，勇于尝试新的学习方法，不断调整和优化自己的学习策略，以克服这些危害，实现更好的学习效果和人生发展。

7.5.2 调整策略：坚持按正确的方向去行动

在孩子的求知征途中，面对固执己见可能带来的阻碍，我们需要智慧地引导他们调整策略，确保每一步都坚实地踏在正确的道路上。这不仅是为了提升学习效率，更是为了在他们心中种下积极面对挑战、自信成长的种子。

> 小杰是一名正值青春的高中生，数学成了他学业征途上的"拦路虎"。家长非常焦急，与他进行了多次沟通，但似乎并未能解开他心中的困惑与无助。深入探究后，我们发现小杰在课堂上难以紧跟老师的节奏，课后又缺乏有效的资源来巩固所学，使他逐渐对数学产生了恐惧与逃避心理。久而久之，数学成了他心中的"痛"。

针对小杰的困境，我制定了以下调整策略，供家长参考。

策略一：深度反思，精准施策

当孩子在学习中遇到瓶颈时，家长可以引导他们进行反思和总结。让孩子回顾自己的学习过程和学习方法，找出其中的不足之处，并思考如何改进。通过反思和总结，孩子可以更清晰地认识到自己的问题所在，从而更有针对性地调整学习策略。

针对小杰的问题，我与他进行了深入的沟通，一同回溯了他的学习轨迹，从课堂上的每一刻专注到课后的每一分努力，力求不遗漏任何一个可能影响他进步的细节。在这个过程中，我耐心地引导他进行自我反思，审视自己的学习方法和学习习惯。

经过这番深入的剖析，小杰逐渐敞开了心扉，他坦诚地告诉我，他在课堂上常常难以长时间集中注意力，思绪容易飘远；而课后，他又缺乏系统性的复习计划，导致知识点没有得到有效的巩固。此外，他还提到，由于缺乏一本真正适合自己的参考书，他在自学时常常感到迷茫和无助。更重要的是，他意识到自己在时间管理上存在严重的问题，总是找不到合适的时间来进行深入的学习和巩固。

这些发现，让小杰清晰地看到了自己在数学学习上的态度和不足。而这份坦诚与自我认知，正是他迈向进步的第一步。

策略二：广纳良言，多元合作

家长可以鼓励孩子在学习上多寻求帮助和听取建议，其中包括向老师请教、与同学讨论、参加课外辅导等。通过与他人的交流和合作，孩子可以学习到更多的学习方法和学习技巧，拓宽自己的思路和视野。同时，他人的建议也可以帮助孩子发现自己的盲点和不足，从而更加全面地调整学习策略。

我鼓励小杰勇敢地走出自己的小世界，向周围的人寻求帮助。班上的学习小组成了他的"新大陆"，在这里，他可以与同学们共同探讨难题，分享解题技巧，小杰的解题思路因此变得更加开阔。同时，我也鼓励他在课堂上更加主动，无论是提问还是回答，都让他感受到了参与的乐趣与成就感。老师的耐心解答、同学的热情帮助，让小杰的数学之旅不再孤单。

策略三：勇于尝试，灵活应变

在学习上，灵活变通是非常重要的。当孩子发现某种学习方法不适合自己时，应该勇于尝试其他方法。家长可以引导孩子多尝试不同的学习方法，如使用不同的参考书、参加不同的课程、合理安排时间等。通过不断的尝试和比较，孩子可以找到最适合自己的学习方法，从而提高学习效率。

我鼓励小杰看看同学们都使用什么参考书，然后选择一本适合自己水平的数学参考书，并建议他每天抽出一定的时间进行自学和巩固。参考书中的例题与解析成了他最好的老师。通过参考书的指导，小杰逐渐掌握了数学的基本概念和解题方法。针对周末小杰完成作业后就无所事事的情况，我和他一起探讨了周末可以规划出来的学习时间和学习时长。在保证自己有休闲时间的情况下，有充足的时间预习和巩固。

通过不断的尝试与调整，小杰终于找到了适合自己的学习节奏，数学成绩也随之稳步提高。

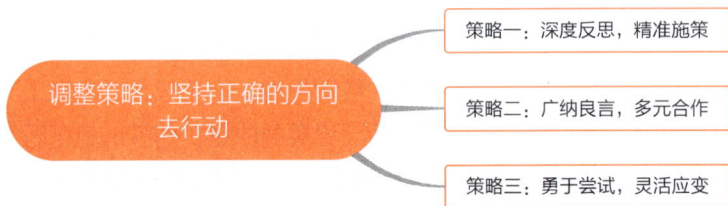

调整策略：坚持正确的方向去行动
- 策略一：深度反思，精准施策
- 策略二：广纳良言，多元合作
- 策略三：勇于尝试，灵活应变

坚持正确的方向，勇于调整策略，是孩子学业成功的关键。经过一系列的努力与调整，小杰不仅在数学上取得了进步，更重要的是，他学会了如何面对挑战，如何调整策略以应对困难。可见，在孩子的学习旅程中，引导与支持至关重要。

7.5.3 家长如何帮助孩子调整策略，坚持正确方向

家长在孩子的学习过程中扮演着重要的角色。为了帮助孩子调整策略、坚持正确的方向去行动，家长可以采取以下措施。

1. 倾听与理解

当孩子在学习中遇到困难时，家长首先要做的是倾听他们的心声和理解他们的感受。不要急于批评和指责孩子，而是要耐心地与他们沟通，了解他们的困惑和问题所在。通过倾听和理解，家长可以更好地了解孩子的学习情况，从而为他们提供更有针对性的帮助和支持。

在电视剧《虎妈猫爸》中，虎妈起初对女儿的学习成绩有严格要求，但效果并不理想。后来，她开始倾听女儿的心声，了解到女儿在学习中的困惑和压力，于是调整了教育方式，与女儿共同面对问题，最终帮助女儿取得了进步。

2. 提供资源与指导

家长可以为孩子提供丰富的学习资源和指导，其中包括购买合适的参考书和工具书、参加课外辅导和兴趣班等。同时，家长也可以与孩子一起制订学习计划和目标，帮助他们规划学习时间和学习任务。通过提供资源与指导，家长可以为孩子创造一个良好的学习环境，激发他们的学习兴趣和学习动力。

畅销书《好妈妈胜过好老师》的作者尹建莉老师曾分享她的育儿经验。她认为，家长应该为孩子提供丰富的阅读资源和良好的学习环境，而不是一味地强迫孩子学习。在她的引导下，她的女儿从小就热爱阅读，学习成绩优异。

3. 多给予鼓励与肯定

在孩子的学习过程中，家长应该多给予他们鼓励与肯定。当孩子取得进步或表现出色时，家长要及时给予表扬和奖励，让他们感受到自己的努力和付出得到了认可与肯定。这种鼓励与肯定会增强孩子的自信心和成就感，激发他们更加努力地学习和探索。

在电影《阿甘正传》中，阿甘的母亲一直鼓励他，告诉他"傻人有傻福"，并相信他能够取得成功。在母亲的鼓励下，阿甘不断努力，最终成为橄榄球明星、乒乓球冠军和成功的商人。

4. 引导与示范

家长可以通过自己的言行来引导孩子调整学习策略，坚持正确的方向去行动。例如，家长可以与孩子一起阅读和学习新知识，分享自己的学习经验和心得。同时，家长也可以为孩子树立良好的榜样和示范作用，让他们看到坚持和努力的重要性。

> 我先生每天坚持英语趣配音，坚持了很多年，我儿子在爸爸的影响下，也坚持每天阅读英语绘本，养成了每天学习英语的好习惯。

5. 保持冷静，不焦虑

家长应该保持冷静和理性，不要过于焦虑和担忧孩子的学习成绩。焦虑的情绪会传递给孩子，增加他们的压力和负担。如果孩子感到有压力，则可以请教心理老师，获取专业的指导和建议，以帮助孩子更好地应对学习中的挑战。家长和孩子一起成长，共同面对困难，共同取得进步。

> 在畅销书《正面管教》中，作者简·尼尔森提到了一位家长的故事。这位家长曾经因为孩子的学习成绩而焦虑不已，但在学习了正面管教的方法后，她开始正视孩子的学习问题，调整自己的心态，与孩子建立积极的沟通关系，最终帮助孩子克服了学习上的困难，取得了显著的进步。

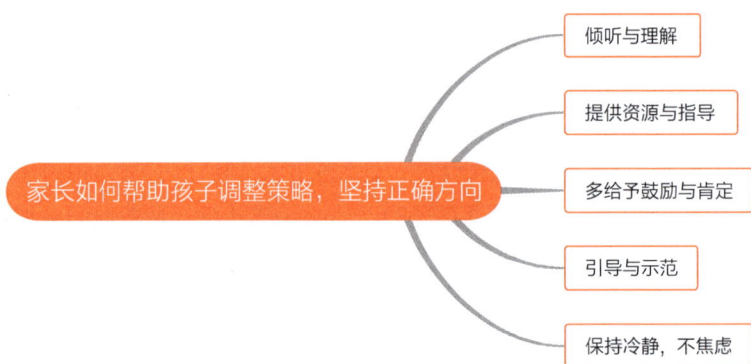

家长如何帮助孩子调整策略，坚持正确方向
- 倾听与理解
- 提供资源与指导
- 多给予鼓励与肯定
- 引导与示范
- 保持冷静，不焦虑

正如一句名言所说："成功路上并没有捷径可走，如果你真的想到达终点，就该准备好一步一步地坚持下去。"总之，坚持是一种宝贵的品质，但坚持也需要有正确的方向和策略作为支撑。当孩子在学习中遇到困难时，家长应该引导他们反思和调整学习策略，坚持正确的方向去行动。这样，孩子才能建立积极的学习态度和自信心，在学习的道路上不断前行、不断进步。

7.6　与人连接，一路前行不孤单

在前面几节的内容里，我们讨论了如何培养孩子的坚持力，以及如何在孩子遇到困难时鼓励他们不放弃。然而，人生之路漫长且充满未知，孩子不可能总是独自面对所有的挑战。因此，教会他们如何与他人建立连接、进行合作，就显得尤为重要。这种能力不仅能够让他们在遇到难题时得到他人的帮助，更能让他们在未来的道路上感受到来自同伴和团队的温暖与支持，从而更加坚定地前行。

7.6.1 合作的力量

合作，这一自古以来便被人类广泛运用的能力，无疑是一种强大的存在。它能够将多个个体的智慧、力量和资源汇聚在一起，形成一股不可小觑的力量，推动着我们不断向前。在培养孩子的坚持力时，合作的重要性更是显而易见。当孩子学会与他人携手并进时，他们便能在彼此的支持和鼓励中共同克服前进道路上的重重困难，走向更加美好的未来。

1. 分享与互助

合作首先意味着分享与互助。在合作的过程中，孩子会自然而然地学会分享自己的知识、技能和资源。这种分享不仅体现在物质层面，更体现在精神层面。

比如，在一个项目式作业中，擅长写作的孩子可能负责撰写报告，而擅长 PPT 制作的孩子则负责设计精美的演示文稿。这种分工与协作不仅提高了整个团队的工作效率，还促进了孩子之间的相互尊重和理解。他们开始意识到，每个人都有自己的长处和短处，只有相互学习、相互补充，才能共同创造出更加优秀的作品。

同时，孩子也能学会在需要时向他人求助。当遇到难题时，他们不再孤军奋战，而是会主动寻求队友的帮助。这种相互支持的模式，让他们在面对挑战时更加从容不迫。因为他们知道，他们不是一个人在战斗，而是有一个强大的团队作为后盾。

这种团队意识的培养，对于孩子未来的成长和发展具有深远的影响。

通过这样的合作经历，孩子会逐渐明白，合作不仅能带来成功，还能加深彼此之间的友谊和信任。他们开始学会珍惜与他人的每一次合作的机会，因为每一次合作都是一个学习和成长的机会。

2. 共同解决问题

合作还能帮助孩子更好地解决问题。当问题变得复杂或难以解决时，头脑的碰撞往往能激发出新的想法，提出新的解决方案。在合作中，孩子会学会如何倾听他人的意见，如何综合各种信息来做出决策。这种能力的培养，对于他们未来的学习和工作都至关重要。

在家庭教育中，父母可以鼓励孩子与家人一起解决生活中的小问题。比如一起制订家庭旅行计划、一起装饰房间等。这些活动不仅能增进亲子关系，还能让孩子在实践中体验到合作的乐趣和成就感。在与家人的合作中，孩子会学会如何倾听他人的想法，如何尊重他人的意见，以及如何在团队中发挥自己的作用。

此外，父母还可以引导孩子参与一些社区服务项目或学校组织的公益活动。这些活动不仅能培养孩子的社会责任感，还能让他们在实践中学会如何与他人合作来解决问题。通过参与这些活动，孩子会逐渐明白，合作不仅是一种能力，更是一种责任和义务。

3. 培养团队精神

团队精神是团队合作的基石。在合作中，孩子会逐渐明白团队精神的重要性。他们会学会如何为了共同的目标而努力，如何在团队中发挥自己的作用，以及如何在团队中与他人和谐相处。这种团队精神的培养，对于孩子未来的成长和发展具有不可估量的价值。

父母可以通过组织孩子参加一些团队运动或集体活动来培养他们的团队精神。比如足球、篮球等团队运动，以及学校的合唱团、舞蹈队等集体活动。在这些活动中，孩子会学会如何与他人协作，如何为了团队的胜利而拼搏。他们会明白，个人的力量是有限的，而团队的力量是无穷的。

同时，父母还可以引导孩子学会如何在团队中发挥自己的作用。每个孩子都有自己的特长和兴趣，父母可以鼓励他们根据自己的特长和兴趣为团队做出贡献。比如擅长绘画的孩子可以为团队设计海报或宣传画，擅长音乐的孩子可以为团队创作歌曲或演奏乐器等。通过这些活动，孩子会逐渐明白自己在团队中的价值和作用，从而更加珍惜与他人合作的机会。

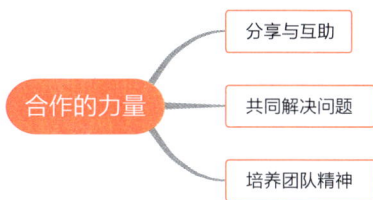

合作的力量是无穷的。正如古语所言："单丝不成线，独木不成林。"在培养孩子的坚持力时，我们绝不能忽视合作的重要性。**爱默生曾说过："最美丽的花朵，多生长在团体合作的枝头上。"**只有让孩子学会与他人携手并进、共同面对挑战和困难，他们才能在彼此的支持和鼓励中不断成长、不断进步，绽放出属于自己的光彩。

7.6.2　与人连接，建立坚实的后盾

与人连接，这一人类合作的基础，是孩子在成长道路上不可或缺的能力。它如同桥梁，连接着个体与个体，让彼此的心灵得以相通，智慧得以交汇。在孩子的成长旅程中，他们需要学会如何与他人建立联系，如何表达自己的需求和感受，以及如何倾听他人的声音。这不仅能够促进孩子与他人的和谐共处，还能在他们面临挑战和困难时，及时得到他人的帮助和支持，获得坚实的后盾。

那么，父母如何引导孩子与人连接呢？可以试试以下方法。

1. 通过积极沟通搭建理解的桥梁

沟通是与人连接的关键。它如同一条无形的纽带，将人与人之间的思想和情感紧密相连。在沟通中，孩子需要学会用清晰、准确的语言来表达自己的想法和感受，同时也要学会倾听他人的声音，理解他人的需求和意愿。

在家庭教育中，父母可以通过与孩子进行日常对话来培养他们的沟通能力。这些对话不局限于生活琐事，还应涉及孩子的情感、兴趣、梦想等深层次的话题。在对话中，父母可以鼓励孩子表达自己的观点，同时也要引导他们学会倾听和尊重他人的意见。这样，孩子就能逐渐学会如何与他人进行有效的沟通，从而建立起深厚的友谊和信任。

此外，父母还可以为孩子提供一些沟通技巧和沟通方法，比如，如何运用非语言沟通（如眼神交流、肢体动作等）来增强沟通效果，如何在沟通中保持耐心和同理心等。这些技巧和方法将帮助孩子在人际交往中更加得心应手。

2. 通过社交活动建立深厚的友谊

友谊是人与人之间最美好的连接之一。它如同阳光，温暖着每个人的心灵；如同雨露，滋润着每个人的成长。孩子在与同龄人的交往中，会逐渐建立起自己的朋友圈。友谊不仅能给他们带来欢乐和陪伴，还能在他们遇到困难时成为其坚实的后盾。

为了帮助孩子建立友谊，父母可以鼓励他们多参加一些社交活动，比如学校的社团、校外的各种活动等。在这些活动中，孩子有机会结识更多志同道合的朋友，从而丰富自己的社交圈。同时，父母也要教会孩子如何维持友谊，比如，如何给予朋友关心和支持，如何处理朋友间的矛盾和分歧等。

友谊的建立并不是一蹴而就的，它需要时间和精力的投入。因此，父母要鼓励孩子珍惜与朋友的每一次相聚，用心去经营每一段友谊。这样，孩子们就能在友谊的陪伴下共同成长、共同进步。

3. 通过寻求帮助获得问题的解决之法

与人连接的另一个重要意义在于，当孩子遇到困难时，他们知道可以向谁求助。这种求助的能力，不仅能帮助他们及时解决问题，还能让他们在面对挑战时更加从容不迫。

父母可以引导孩子，在遇到问题时不要害怕寻求帮助。他们可以向家人、朋友或老师寻求建议和支持。同时，父母也要让孩子明白，寻求帮助并不是一种软弱的表现，而是一种智慧和勇气的体现。因为一个人的力量是有限的，而团队的力量是无穷的。只有学会与他人携手并进，才能克服前进道路上的重重困难。

此外，父母还可以引导孩子学会如何寻求帮助。比如，在寻求帮助时，要清晰地表达自己的问题和需求；在接受帮助时，要心怀感激并尊重他人的付出；在解决问题后，要及时向帮助自己的人表示感谢并给予回馈。这样，孩子就能在寻求帮助的过程中学会感恩与回馈，从而培养出更加健全的人格和可贵的品质。

通过积极沟通搭建理解的桥梁

父母如何引导孩子与人连接

通过社交活动建立深厚的友谊

通过寻求帮助获得问题的解决之法

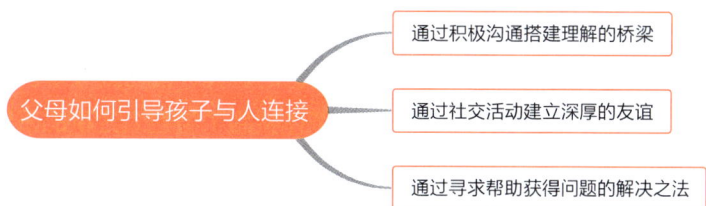

"求助不是软弱，而是智慧的闪光。"总之，与人连接是孩子在成长道路上不可或缺的能力。只有让孩子学会如何与人连接，如何建立坚实的后盾，他们才能在未来的道路上更加自信、更加坚强地前行。

7.6.3 培养社交技能，让孩子更受欢迎

社交技能，这一人际交往的润滑剂，是孩子在成长道路上不可或缺的重要能力。它如同一把钥匙，为孩子开启了通向广阔世界的大门，让他们在与人连接和合作中更加游刃有余。社交技能不仅能帮助孩子更好地融入集体，还能为他们的未来生活和职业生涯铺平道路，让他们成为更受欢迎的人。

家长作为孩子的第一任老师和引导者，可以通过以下方法帮助孩子培养宝贵的社交技能。

1. 学会尊重他人

尊重是社交技能中的核心要素。在人际交往中，尊重是稳定人与人之间关系的情感纽带。孩子需要学会尊重他人的观点、感受和选择。这种尊重不仅体现在言语的礼貌和谦逊上，更体现在行为和态度的真诚与包容中。

在日常生活中，父母可以通过细微之处培养孩子尊重他人的意识。比如，在餐桌上，鼓励孩子倾听他人的讲话，不打断、不插话；在公共场合，引导孩子保持安静，不喧哗、不扰民。这些看似微不足道的行为，实则蕴含着深刻的尊重内涵。父母还可以利用故事、电影等媒介，向孩子传递尊重他人的重要性，让他们明白，每个人都有自己的独特之处，都值得被尊重和理解。

2. 懂得分享

分享是一种美好的品质。孩子在与他人相处时，需要学会如何分享自己的快乐、资源和经验。这种分享不仅能让他们收获友谊和信任，还能让他们在实践中体验到

付出的快乐和满足。

在家庭生活中，父母可以鼓励孩子分享自己的玩具、食物或故事。这种分享不仅增进了家庭成员之间的情感交流，还让孩子体验到了与他人分享的乐趣。同时，父母还可以带孩子参加一些公益活动，如捐款捐物、志愿服务等，让孩子学会将自己的爱心和关怀传递给需要帮助的人。通过这些活动，孩子能够深刻体会到分享的价值和意义，从而更加愿意与他人分享自己的所有。

3. 理性解决冲突

冲突是人际交往中难免会遇到的情况。它如同一道难题，考验着孩子的应变能力和智慧。孩子需要学会如何妥善处理冲突，以避免矛盾升级和关系破裂。

在遇到冲突时，父母可以引导孩子保持冷静和理智，教育孩子学会换位思考，理解对方的立场和感受。这种换位思考的能力，能够让孩子更加宽容和包容他人，减少误解和摩擦。同时，父母也要鼓励孩子学会用合适的方式来表达自己的不满和诉求。父母可以教孩子如何清晰、准确地表达自己的观点，以及如何寻求双方都能接受的解决方案。这样，孩子就能在冲突中学会成长，学会如何维护和谐的人际关系。

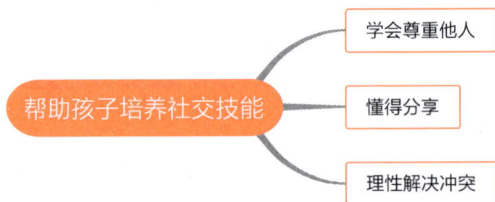

可见，社交技能是孩子在成长道路上不可或缺的重要能力。家长可以通过培养孩子的社交技能，帮助他们更好地与他人相处，成为更受欢迎的人。在未来的生活和工作中，这些社交技能将成为孩子宝贵的财富，助力他们走向更加宽广的人生舞台。

正如卡耐基所言："一个人的成功，15% 靠专业知识，85% 靠人际关系和处世技巧。"因此，家长应当重视孩子社交技能的培养，让他们在人际交往中更加自信、从容地前行。

在人生的长河中，与人连接和合作的能力如同指南针，引领着孩子向着更加光明的未来航行。通过不断的学习、分享和互助，他们将在人生的旅途中结识志同道合的朋友，共同创造属于他们的精彩故事。愿每个孩子都能珍视与人连接的宝贵机会，勇敢地走出自己的小世界，去拥抱更加广阔的人生舞台。

本章思维导图

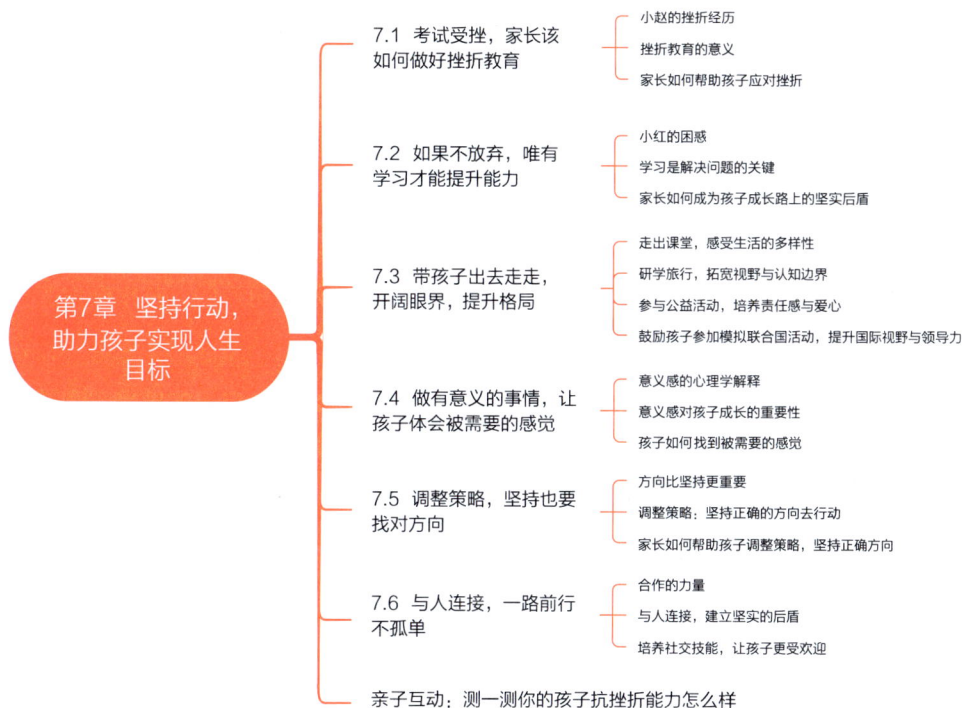

```
第7章 坚持行动，        7.1 考试受挫，家长该      ├─ 小赵的挫折经历
助力孩子实现人生          如何做好挫折教育        ├─ 挫折教育的意义
目标                                          └─ 家长如何帮助孩子应对挫折

                      7.2 如果不放弃，唯有      ├─ 小红的困惑
                          学习才能提升能力        ├─ 学习是解决问题的关键
                                              └─ 家长如何成为孩子成长路上的坚实后盾

                      7.3 带孩子出去走走，      ├─ 走出课堂，感受生活的多样性
                          开阔眼界，提升格局      ├─ 研学旅行，拓宽视野与认知边界
                                              ├─ 参与公益活动，培养责任感与爱心
                                              └─ 鼓励孩子参加模拟联合国活动，提升国际视野与领导力

                      7.4 做有意义的事情，让    ├─ 意义感的心理学解释
                          孩子体会被需要的感觉    ├─ 意义感对孩子成长的重要性
                                              └─ 孩子如何找到被需要的感觉

                      7.5 调整策略，坚持也要    ├─ 方向比坚持更重要
                          找对方向              ├─ 调整策略：坚持正确的方向去行动
                                              └─ 家长如何帮助孩子调整策略，坚持正确方向

                      7.6 与人连接，一路前行    ├─ 合作的力量
                          不孤单                ├─ 与人连接，建立坚实的后盾
                                              └─ 培养社交技能，让孩子更受欢迎

                      亲子互动：测一测你的孩子抗挫折能力怎么样
```

亲子互动

测一测你的孩子抗挫折能力怎么样

测试题目

抗挫折心理小测试。

测试目的

本测试旨在评估孩子的抗挫折能力，即面对困难、挑战和失败时的心理承受能力和应对能力。通过测试，家长可以了解孩子面对挫折时的反应和态度，从而为他

们提供适当的支持和帮助，增强他们的心理韧性。

测试对象

本测试适用于 6~18 岁的儿童和青少年，特别是那些在学习、生活或社交中可能面临挫折的孩子。无论是小学生、初中生还是高中生，都可以通过这个测试来评估自己的抗挫折能力。

指导语

亲爱的孩子，这是一个关于抗挫折能力的心理小测试，旨在帮助你更好地了解自己的心理承受能力和面对挫折时的应对能力。请仔细阅读每道题，并根据你的真实感受和经历，选择最符合自己情况的选项。

在测试过程中，请保持放松和诚实，不要刻意隐瞒或夸大自己的感受。测试结果将为你提供一个了解自己的机会，同时也有助于父母更好地了解你的需求，为你提供更有针对性的支持和帮助。

现在，让我们开始测试吧！

测试内容

1. 在过去的一年中，你自认为遭受挫折的次数为（　　）。

A. 0~2 次　　　　　　　　B. 3~4 次　　　　　　　　C. 5 次以上

2. 你每次遇到挫折时，（　　）。

A. 大部分能自己解决　　　B. 有一部分能解决　　　　C. 大部分解决不了

3. 你对自己的才华和能力的自信程度如何？（　　）

A. 十分自信　　　　　　　B. 比较自信　　　　　　　C. 不太自信

4. 你对问题经常采用的方法是（　　）。

A. 知难而进　　　　　　　B. 找人帮助　　　　　　　C. 放弃目标

5. 当有非常令人担心的事时，你（　　）。

A. 无法学习　　　　　　　B. 学习照样无误　　　　　C. 介于 A 和 B 之间

6. 当碰到讨厌的学习对手时，你（　　）。

A. 无法应对 B. 应对自如 C. 介于 A 和 B 之间

7. 当面临失败时，你（　　）。

A. 破罐破摔 B. 使失败转化为成功 C. 介于 A 和 B 之间

8. 当学习进展不快时，你（　　）。

A. 焦躁万分 B. 冷静地想办法 C. 介于 A 和 B 之间

9. 当碰到难题时，你（　　）。

A. 失去自信 B. 为解决问题而动脑筋 C. 介于 A 和 B 之间

10. 当在学习中感到疲劳时，你（　　）。

A. 总是想着疲劳，脑子不好使了

B. 休息一段时间就忘了疲劳

C. 介于 A 和 B 之间

11. 当学习环境不够安静时，你（　　）。

A. 无法完成任务 B. 能克服困难干好工作 C、介于 A 和 B 之间

12. 当产生自卑感时，你（　　）。

A. 不想再干工作

B. 立即振奋精神去干工作

C. 介于 A 和 B 之间

13. 当老师给了你很难完成的任务时，你会（　　）

A. 顶回去了事 B. 千方百计干好 C. 介于 A 和 B 之间

14. 当困难落到自己头上时，你（　　）

A. 厌恶之极 B. 认为是一个锻炼 C. 介于 A 和 B 之间

评分分析

1. 评分规则

1~4 题：选择 A、B、C 分别得 2 分、1 分、0 分。

5~14 题：选择 A、B、C 分别得 0 分、2 分、1 分。

2. 总分计算

将各题的得分相加，得出总分（　　）。

3. 结果解读

19 分以上：说明你的抗挫折能力很强，能够很好地应对困难和挑战，保持积极的心态和行动。

9~18 分：说明你虽然有一定的抗挫折能力，但在某些挫折面前可能会感到困惑或无力。你可能需要更多的支持和帮助来增强自己的心理韧性。

8 分以下：说明你的抗挫折能力很弱，在面对困难和挑战时容易感到沮丧和无助。你需要得到家长、教育者或专业人士的支持和帮助，以提高自己的心理承受能力和应对能力。

希望这个测试能帮助你更好地了解自己的抗挫折能力，让自己在未来的学习和生活中更加坚强和自信！

"伟大的作品不是靠力量，而是靠坚持来完成的。"

——约翰逊

致疲惫的旅行者

有时候
我也迷茫
感觉看不清前进的方向

有时候
我也心累
感觉疲惫已经笼罩我的心房

有时候
我也需要力量
感觉强大的力量会让我变得坚强

人生
哪有永恒的一帆风顺
起起伏伏风雨兼程才是生活的模样

允许
自己有瞬间的忧伤
风雨过后依然有属于彩虹的晴朗

昂起头
用坚定的眼神
继续追寻属于自己的诗和远方

后记

在时光的长河中，四个月或许只是匆匆一瞬，但对于我而言，从 2024 年 7 月至 11 月的每一天，都凝聚着汗水与梦想的重量。每一天，当夜色温柔地拥抱大地，我便沉浸于文字的海洋，用一个多小时的坚持，一点一滴地雕琢着这本书。如今，它终于以一种近乎完美的姿态展现在世人面前，我的内心充满了难以言表的感慨与深深的感恩。

微习惯，这个看似微不足道的力量，却在我创作的旅途中发挥了巨大的作用。它教会我，无论目标多么遥远，只要每天坚持一点点，终能汇聚成海，成就非凡。正是这份日复一日的坚持，让灵感如涓涓细流般不断涌现，最终汇聚成这部凝聚心血的书籍。

我要特别感谢我的校长，他在一次行政会培训中的随口一提，却如同火种般点燃了我心中的灵感之火。那关于干部应做的 7 件事，经过我的思考与转化，成为助力学生学习力建设的"7 把金钥匙"，也成了本书的核心架构。这份灵感的碰撞，让我深刻体会到了知识的力量与思维的魅力。

我还要感谢在我的孩子初入小学时给予我莫大安慰的朋友们，在我满心焦虑时，是他们鼓励我对孩子报以耐心、给予无条件的爱。朋友们的"静待花开"理念如同春风化雨，滋润了我焦虑的心田。这份理念与我提倡的积极心理学不谋而合，也贯穿了本书的亲子教育篇章。

当然，我的先生与儿子也是我写作路上不可或缺的陪伴者。那些静谧的夜晚，他们或静静阅读，或默默陪伴，用他们的方式给予我无限的力量与温暖。还有那些在我办公室每天 40 分钟备考雅思的学生们，他们的专注与努力也激励着我不断前行。我们相互见证着彼此的成长，他们的青春朝气也融入了我的创作之中。

此外，我还要特别感谢编辑老师的悉心指导与字斟句酌。是她们的专业与严谨，为我的书稿保驾护航，使其更加完善与精彩。同时，我也要感谢那些一直鼓励我坚守作家梦的挚友们，是他们让我有了走到终点的动力与勇气。

在此，我满怀感恩之心，向每一个助力此书诞生的人表示最诚挚的感谢。也感谢选择这本书的读者，对我的信任和鼓励。未来，我将继续精心筹备公益用书课程，深入解读本书内容，陪伴大家一起成长，为孩子的美好未来助力。

饶清

2025 年 1 月 6 日